# 国际学校认证理念与方法

莫景祺 著

人民教育出版社
·北京·

**图书在版编目(CIP)数据**

国际学校认证理念与方法 / 莫景祺著. —北京:
人民教育出版社, 2015.1
ISBN 978-7-107-27915-7

Ⅰ.①国… Ⅱ.①莫… Ⅲ.①基础教育—学校管理—认证—研究—中国 Ⅳ.①G637

中国版本图书馆CIP数据核字(2015)第 026833 号

人民教育出版社 出版发行

**网址**: http://www.pep.com.cn

保定市中画美凯印刷有限公司印装 全国新华书店经销

2015年1月第1版 2015年2月第1次印刷

开本: 787毫米×1 092毫米 1/16 印张: 23.5 字数: 270千字

定价: 39.80元



(联系地址: 北京市海淀区中关村南大街17号院1号楼 邮编: 100081)

# 序

高兰生

如果问起什么是认证，不少人都能够说上几句。他们会提到ISO 9001质量体系认证，CCC国家强制性产品认证，也许还有CE安全标准认证。但是，如果问什么是学校认证，学校认证起什么作用，怎样开展学校认证，能够给予圆满答复的人也许就寥寥无几了。这本书的写作，是基于作者多年审慎的研究和大胆的探索。我相信，阅读这本书能够为学校认证找到极有价值的资料，能为读者找到解决相关问题的办法。

教育部基础教育课程教材发展中心（以下简称“课程教材中心”）从2000年开始筹划在华国际学校（我国教育行政部门称为“外籍人员子女学校”）认证工作，2002年正式启动认证程序，派人员到学校考察。

如果有人问我，课程教材中心的在华国际学校认证有哪些特点，我认为至少应该有四个方面。

第一，适应了社会的迫切需求。开展在华国际学校认证的驱动力来自社会的迫切需求。这些需求来自在华国际学校、教育行政部门和社会公众。在华国际学校希望通过中国权威教育部门的认证，密切与中国教育系统的联系，争取它们在中国教育体系中的地位，解决它们在办学过程中面临的困难和问题；教育行政部门希望通过认证，创新对这类学校的管理方式，加强对这类学校的管理；社会公众，特别是在中国工作的外籍人员为子女选择学校时，想知道哪些学校是中国权威教育部门认可的国际学校。课程教材中心开展在华国际学校认证适时地顺应了各利益相关主体的需求。正因如此，课程教材中心的在华国际学校认证十多年来进展顺利，得到了各方面的积极支持。

第二，得到了在华国际学校的认可和响应。参加学校认证是学校的自愿行为，只有得到学校申请，学校认证才能进行。课程教材中心先选择在华国际学校开展学校认证的研究和试验，是一个明智的做法。在华国际学校在中国教育体系中是一个很小的、特殊的教育群体，但与全球范围内的国际学校有着密切联系。这类学校以前都是经过国务院教育行政部门正式批准设立的学校。它们只被准许招收在中国境内持有居留证件的外籍人员子女，这类学校实行董事会领导下的校长负责制，采用外国课程或者国际文凭组织的课程，校长和教师的主体是外籍人士。这类学校主要靠办学质量，通过市场机制来维持学校的生存和发展。这类学校为了在社会上赢得信誉，吸引家长把孩子送到学校，有申请认证机构认证的传统。在课程教材中心开展认证之前，中国境内的许多国际学校已经申请了国外学校认证机构的认证。因此，在华国际学校对国际学校认证的意义有比较深入的理解，对国际学校认证有很强的认同感。课程教材中心一经开展在华国际学校认证工作就得到了许多国际学校的响应，使工作能够比较顺利地进行，并取得了开展在华国际学校认证的丰富经验。

第三，通过建立国际合作机制，保持了工作的高起点和高水准。学校认证制度在美国已经有一百二十多年的历史。当时，课程教材中心开展在华国际学校认证工作，在国内没有现成的经验可以借鉴，迫切需要向富有认证经验的外国同行学习，特别是向最具权威的机构和专业人士学习。为高起点、高水准地开展工作，早在2001年，课程教材中心就开始与欧洲国际学校协会（ECIS，后为CIS）和北美新英格兰院校协会（NEASC）接触，探讨合作的可能性。2003年，课程教材中心与国际学校协会（CIS）、北美新英格兰院校协会和美国西部院校协会（WASC）签订了《合作框架协议》。其后，四个组织通过定期会晤、信息交流、联合认证、人员培训、学术交流等方式开展了密切合作。国际合作机制的建立，使在华国际学校认证工作避免了走弯路、缩短了摸索时间，保证了工作的高起点和高水准。

第四，课程教材中心的在华国际学校认证是一个颇具潜力的项目。国外的学校认证实践证明，学校认证在为社会提供教育质量保证、促进学校可持续发展方面发挥着重要作用，它是保障学校教育质量的一种有效模式。课程教材中心的在华国际学校认证实践也证明，在华国际学校认证在加强在华国际学校管理，保证学校质量方面也同样发挥了重要作用。在我国实现基础教育内涵发展的关键时期，特别是在推进中小学教育质量综合评价改革的大背景下，国际学校认证的理念和方法有重要的借鉴意义。希望有识之士能够借助本书，深入研究在中国开展民办学校、公办学校和其他教育机构认证的必要性和可行性，探讨如何通过学校认证开辟一条提高教育质量的新途径，作为现有途径的补充。

（本序作者系教育部基础教育课程教材发展中心在华国际学校认证委员会副主任、武汉大学教授）

2014年11月

# 目录

# 第一章　学校认证制度概述

在华国际学校认证是国外学校认证的先进经验与中国实际相结合的产物，它借鉴了国外最好的学校认证实践经验，具有宽视野、高起点、本土化的特点①。研究在华国际学校认证应将其置于国际学校认证制度发展的背景之下来考察。本章力求以国际视野来梳理学校认证制度的概念、起源和发展、基本理念、功能价值及其对中国的影响。

## 第一节　学校认证制度的概念

### 一、学校认证制度的定义

#### （一）学校认证

要想给学校认证制度下定义，首先需要明确什么是学校认证。

① 本书所称“在华国际学校”均指我国教育行政部门所称的“外籍人员子女学校”。除涉及专门文件和专用名称外，本书对“外籍人员子女学校”均称“在华国际学校”。

本书的学校认证指从幼儿园到大学各级各类学校的认证。

学校认证是以学校的办学理念与培养目标和学校利益相关者共同认可的认证标准为基础，由学校自愿参加，学校自评与同行考察相结合，旨在向社会提供教育质量保证和促进学校教育质量持续提高的过程。

以上定义是将学校认证作为一个活动过程来进行阐述的。这一定义主要包含以下几个方面的含义。

第一，学校认证以对高质量教育不断追求的质量文化为基础。学校认证为学校改进教育质量提供了一个机会，学校要借此机会保持和形成对高质量教育不断追求的氛围和文化。人是文化的载体，这就需要学校的全体员工在对高质量教育的不断追求上形成共识，每个员工都融入到这个体系中，总结优势，查找不足，为学校的改进献言献策，贡献力量。

第二，认证是学校自愿的。认证是非政府的自我管理的一种形式[①]。没有任何人或机构强迫学校申请认证。如果说有强迫的话，就是认证这种机制为学校提供的改进机会吸引着学校。

第三，认证的依据是学校的办学理念与培养目标和利益相关者共同认可的认证标准。认证标准定义了一所高质量学校的标准，并且这个标准是被政府部门、学校和社会等利益相关者共同认可的。依据学校的办学理念和培养目标，是认证基于学校的使命、历史和目的，承认和尊重学校办学自主权和差异的体现，有利于学校彰显个性和活力，有利于促进学校的多样化发展。认证过程要基于学校的办学理念和培养目标，并以认证标准为纲来分析学

① CHEA：Overview of Accreditation，http://www. chea. org/pdf/OverviewAccred_rev0706. pdf. 2008-08-19.

校运行的各个方面是否有效贯彻了学校的办学理念和培养目标，以及实施的效果如何。

第四，认证的目的是向社会提供教育质量保证和促进学校教育质量的持续提高。社会需要知道学校的教育质量，但学校自己说了不算，要由能够代表各方利益的中立的认证机构来提供保证。学校认证的最终目的是通过一个持续不断的改进过程，促进学校教育质量的持续提高。

第五，学校认证是以学校自评为基础，并通过学校自评与外部同行考察相结合完成的。

第六，学校认证是一个持续的周期性过程。只要学校不退出，就要一个周期接一个周期地走下去。学校认证的周期从 5 年到 10 年不等。

（二）学校认证制度

斯科特（R. Scott）认为："制度是社会结构，它们具有很大的弹性，由文化认知、规范和规则要素构成，这三个要素与相关的活动和资源一同为社会生活提供一种稳定性和意义。"① 本文以斯科特对制度的定义为基础，对学校认证制度进行界定。学校认证制度是以学校的办学理念与培养目标和学校利益相关者共同认可的认证标准为基础，由学校自愿参加，学校自评与同行考察相结合，旨在向社会提供教育质量保证和促进学校教育质量持续改进的一种教育质量保障模式。

学校认证制度包括以下基本要素。

第一，政府授权。实施认证的主体是被依法认可的。不管在

① ［美］理查德·斯科特著，阎凤桥译：《比较制度分析的若干要素》，载《北京大学教育评论》2007 年第 1 期。

国内还是在国外，一般都要经过政府部门的认可来获得认证学校的法律地位。

第二，专业团队。学校认证的专业团队包括四个方面的人员。一是研究人员。他们主要负责认证标准、认证指南等的制定和修订，这对于保持认证的专业水准和利益相关者的信任具有重要意义。二是候选考察人员。他们是经过认证机构的遴选和持续培训，具备从事学校考察资格，被吸收到学校认证候选考察人员库的人员。三是考察人员。他们是在认证机构的组织下，参加对学校实地考察的人员。四是认证管理人员。他们负责认证工作的日常组织和管理。

第三，认证标准。认证标准在认证体系中居于基础地位，它体现着利益相关者的利益，阐释了什么样的学校是一所高质量的学校，是学校自评和考察团考察的基本依据。

第四，认证程序。认证程序是保证认证任务完成的运行机制。一般包括：请求认证、资格考察、申请认证、初步考察、学校自评、考察团考察、认证决定、后续程序八个步骤。

第五，组织体系。组织体系包括自评组织体系和外评组织体系。自评组织体系是学校为了配合外部评估而成立的一系列组织机构，以及所形成的各个组织机构之间的关系。如学校的各个自评委员会以及它们之间的关系。外评组织体系是认证机构为组织和管理学校认证而建立的组织机构，以及所形成的各个组织机构之间的关系。如认证委员会、认证咨询委员会、认证办公室以及它们之间的关系。

第六，认证功能。学校认证的功能包括两个方面：一是向社会证明学校的教育质量；二是促进学校教育质量的持续提高。

本书主要以上述学校认证制度的基本要素为纲，详细阐述在华国际学校认证制度。

## 二、学校认证的目的

国际学校协会（以下简称“CIS”）① 和北美新英格兰院校协会（以下简称“NEASC”）② 将学校认证的目的概括为两个方面：一是为学校提供一个改进教育质量的机会；二是向社会证明学校的教育质量③。

为学校提供一个改进教育质量的机会，是通过严格的学校自评和外部的同行评估来实现的。为学校提供一个改进教育质量的机会意味着学校参加认证不一定能改进其教育质量，关键是学校能否有效利用这个机会。因此，改进教育质量的主动权在学校自己手里，动员全体员工融入到自评过程中对提高学校认证的有效性非常重要。

向社会证明学校的教育质量是社会的需要。社会使学校保持向社会提供学生学习效果的证据的责任，要有证据证明学生正在从他们个人的、财政的、学术的和情感的投资方面获取尽可能最大的收益。因此，学校要满足学生和家长的需求。社会要求学校

---

① 国际学校协会于 2003 年 7 月 1 日从欧洲国际学校协会（European Council of International Schools，ECIS）中分离出来，是一个面向全球的非营利成员组织，为全球的中小学、高等教育机构和个人提供国际教育服务，总部设在荷兰。CIS 是国际学校协会英文名称（Council of International Schools）的缩写。本书对该机构在 2003 年 7 月 1 日之前称 ECIS，在 2003 年 7 月 1 日及以后称 CIS。下同。

② 北美新英格兰院校协会成立于 1885 年，是美国成立最早的非政府非营利的院校认证机构，是美国六大地区性认证机构之一，致力于向北美所有阶段的学校和学院以及全球的美国学校和国际学校提供认证服务，总部位于美国波士顿。NEASC 是北美新英格兰院校协会英文名称（New England Association of Schools and Colleges）的缩写。

③ NEASC/CIS，*School Improvement through Accreditation*，*Guide to School Evaluation and Accreditation*，Version 7.01（US Spelling），1st September 2003，p. 3.

对社会进行质量保证，而认证承担了向社会提供质量保证的角色。

学校认证的两个目的反映了学校教育质量的两个方面。向社会证明学校的教育质量指向质量的结果，为学校提供一个改进教育质量的机会指向质量的过程。两个目的相辅相成，为了向社会证明学校的教育质量，学校必须不断改进学校的教育质量；只有持续改进学校的教育质量，才能回应社会的问责。因此，学校认证的两个目的统一于促进学校持续地改进教育质量。

## 三、学校认证与学校督导评估的关系

经常会有人问到：学校认证与学校督导评估是什么关系。在中国，学校督导评估是由政府部门主导的。例如，在高等教育领域的本科教学评估，在基础教育领域的学校督导评估等。但近些年来，中国的学校督导评估随着政府职能的转变和教育管理体制改革的深入，在各个方面正在发生一些变化。例如，评估主体除了政府部门以外，出现了一些评估专业机构；一些政府部门开始委托专业评估机构来评估学校；评估的目的，开始从鉴定性向发展性转变；政府部门的学校评估观念正在发生变化，由单纯的行政监督开始向帮助、服务转变。尽管如此，由于实施主体和文化基础不同，对学校认证与学校督导评估的关系应该在具体环境中进行具体分析。下面以中国背景下学校督导评估与学校认证的比较和分析为例，来探讨学校认证与学校督导评估的关系（见表 1-1）。

表 1-1　学校认证与学校督导评估比较

| 维度 | 学校认证 | 学校督导评估 |
| --- | --- | --- |
| 价值取向 | 学生的学习和发展 | 教育法律、法规、方针和政策 |
| 目的 | 质量保证和持续改进 | 规范办学行为 |
| 评估机构 | 非政府部门 | 政府部门 |

续表

| 维度 | 学校认证 | 学校督导评估 |
|---|---|---|
| 标准 | 政府、社会和学校认可 | 政府认可 |
| 过程 | 持续的 | 一次性/阶段性 |
| 程序 | 规范化 | 不够规范/随意性 |
| 考察人员 | 经过严格训练、经验丰富的同行 | 不强调同行 |
| 学校人员参与度 | 全员参与 | 不一定 |
| 学校态度 | 我要评 | 要我评 |
| 质量观 | 社会眼中的质量 | 政府眼中的质量 |
| 结果 | 对公众、学校和政府负责 | 主要对政府负责 |

从与政府部门关系的角度来划分，学校认证属于非政府部门主导的教育质量保障模式，学校督导评估属于政府部门主导的教育质量保障模式。

从价值取向上来看，学校认证是以学生为本的价值取向。认证引导学校的办学理念和培养目标要适合学校独特的学生群体，并使学校的办学理念和培养目标得到有效贯彻；认证标准引导学校从学校运行的各个方面来满足学生的需要。学校督导评估的目的是："为了保证教育法律、法规、规章和国家教育方针、政策的贯彻执行，实施素质教育，提高教育质量，促进教育公平，推动教育事业科学发展。"① 其价值取向侧重国家有关教育的法律、法规、方针和政策的贯彻执行。

从评估的性质来讲，学校认证属于专业服务，即从专业服务的角度帮助学校进行自我改进，不断提高教育质量，不断满足学生发展的需要。强调学校的持续改进。而学校督导评估属于"行

① 中华人民共和国国务院令（第624号）：《教育督导条例》，2012年9月9日。

政监督”，是从执行国家有关教育的法律、法规、方针和政策的角度，来监督、检查、帮助和指导学校。一般强调分等鉴定。其结果是学校在评估过程中处于被动状态，很难做到全员参与和持续改进。由于只按评估标准对学校进行评估，学校的差异得不到尊重，学校的办学活力和个性得不到张扬，容易导致“千校一面”的现象。

从操作方式来看，学校认证已经相当规范和完善，其专业化程度很高，并已经形成了完善的制度体系，例如，像本节“学校认证制度的定义”中所述的政府认可、认证标准、认证程序、专业团队、组织体系、认证功能等。而学校督导评估的操作方式目前还比较粗放，在操作过程中随意性还比较大，其专业化程度还有待提高。

总之，通过学校认证与学校督导评估的对比分析，我们会发现在中国背景下，学校认证与学校督导评估是两种不同的教育质量保障模式。两者在基本理念、价值取向和操作方式等方面存在明显差异。但两种教育质量保障模式都有其存在的价值，它们都是中国教育质量保障体系的重要组成部分，其目的是一致的，即都是为了促进学校的发展。二者不是非此即彼的关系，而是互补的关系，并在教育质量保障方面发挥着不可替代的功能。今后一个时期，中国的教育质量保障体系应是多元的，主要表现在多种教育质量保障模式并存，相辅相成，共同发展，各自发挥不同的作用。

## 第二节　国外学校认证制度

在华国际学校认证制度是教育部基础教育课程教材发展中心

(英文缩写为 NCCT，以下简称课程教材中心)① 与 CIS、NEASC 和美国西部院校协会（以下简称 WASC）② 合作的过程中形成的。即中国的在华国际学校认证制度是在借鉴美国学校认证制度和国外国际学校认证制度的基础上形成的。因此，本节将介绍美国学校认证制度和国际学校认证制度。

## 一、美国的学校认证制度

### （一）学校认证制度的起源

目前，学术界已经形成共识，学校认证制度最早起源于 19 世纪下半期到 20 世纪初的美国，但形成过程是十分复杂的。学校认证起源于高等教育领域。高等教育的专业认证最早开始于医学领域，其院校认证起源于不同的民间组织。院校认证的民间组织比较典型的是成立于 19 世纪下半期到 20 世纪初的六大地区性认证机构。它们是成立于 1885 年的北美新英格兰院校协会、成立于 1887 年的中部地区大学与中学协会、成立于 1895 年的中北部地区大学与中学协会和南部地区大学与预备学校协会、成立于 1917 年的西北部地区中等与高等教育协会、成立于 1924 年的西部院校协会。这些跨地区院校协会开始出现时，主要是为了解决中学和大学的

① 教育部基础教育课程教材发展中心是具有独立法人资格的教育部直属事业单位，主要承担组织基础教育课程教材的研究、开发、评估工作及其他相关业务工作。其英文名称是：National Center for School Curriculum and Textbook Development，Ministry of Education，China，NCCT 是其英文名称的缩写。

② 美国西部院校协会成立于 1960 年，是美国六大地区性认证机构之一。它为位于加利福尼亚州、夏威夷、关岛、北马里亚纳群岛联邦、美国管辖的萨摩亚群岛，密克罗尼西亚联邦、马绍尔群岛共和国的学校以及位于东亚的美国学校提供认证服务，总部位于美国旧金山。WASC 是美国西部院校协会英文名称（Western Association of Schools and Colleges）的缩写。

衔接问题，其功能是制订共同质量标准并代言共同关心的问题。当时，美国既有由不同宗教团体成立的私立学校和许多社会团体成立的中立学校，同时也出现了靠税收支持的免费公立学校。当时的质量标准很不统一，每所中学都有自己的标准，每所大学都有各种各样的要求，这给中学向大学输送学生和大学招生带来了困难。为了解决这个问题，这些院校协会成立之初的主要任务是使高中课程标准化，建立标准化测试方法。因此，美国院校协会是在没有政府干预的情况下自愿成立的，是院校间的规范和自律，体现出自愿、民主和信任的特点①。

总之，学校认证制度起源于高等教育领域，但最早认证的是中学，对高等院校的认证要晚于中学。因此，对大学的认证和对中学（当时，南部地区学院与预备学校协会还对小学进行认证）的认证是相伴产生的。

（二）学校认证制度的发展

在美国学校认证制度发展过程中，有一些重要因素对美国学校认证功能的变化和学校认证制度的完善起了重要作用。这些因素主要包括以下几点。

1. 美国六大地区性认证机构的出现

从 19 世纪末到 20 世纪上半叶，在美国成立了六大地区性认证机构。这些认证机构的出现标志着美国地区认证机构的发展和成熟。这些认证机构的目标除了维持学校间以及大学与中学间的信任外，开始为社会和公众提供院校质量的保证，但各个认证机构都有自己的服务范围，彼此间缺乏沟通和交流。

① 熊耕：《美国高等教育认证制度的起源及其形成动力分析》，载《外国教育研究》2004 年第 6 期；张东娇：《美国学校质量评估制度的审视与启示——认证制度和蓝丝带学校》，载《比较教育研究》2002 年第 3 期。

2. 非政府协调机构的出现

20 世纪 40 年代末，非政府协调机构开始出现，标志着美国学校认证制度（主要是高等学校认证制度）自我管理的开始。1949 年，美国全国认证委员会（The National Commission on Accrediting，NCA）成立，主要目的是对全国的专业认证组织进行协调管理，为认证活动建立必要的制度规范。同年，美国全国区域认证机构委员会（The National Committee of Regional Accrediting Agency，NCRAA）成立，主要目的是各区域认证组织之间寻求在政策原则与操作程序等方面的一致性。1964 年，NCRAA 改组为高等教育区域认证委员会联合会（The Federation of Regional Accrediting Commissions of Higher Education，FRACHE），目的是加强区域认证组织之间的协调。1975 年，NCA 和 NCRAA 合并为中学后认证委员会（The Council on Postsecondary Accreditation，COPA），负责对认证机构（包括区域认证机构和专业认证机构）的认可、协调并服务于认证机构，代表认证机构与政府交涉协商。COPA 于 1993 年底自动解散。1996 年 3 月，美国高等教育协会成立（The Council for Higher Education Accreditation，CHEA），负责对全国的认证机构（包括区域性认证机构、单一目的全国认证机构以及专业与职业认证机构）的认可，协调解决认证中的矛盾，开展认证研究①。这些全国性的非政府协调机构主要是协调、帮助认证机构改进认证工作，对认证机构进行认可，同时，沟通各认证机构与美国联邦政府的关系。认证机构的自我管理标志着认证制度逐步走向正规化和规范化。

① 熊耕：《简析美国联邦政府与高等教育认证之间控制与反控制之争》，载《比较教育研究》2003 年第 8 期。

3. 美国联邦政府的介入

美国联邦政府介入高等教育认证是在第二次世界大战以后。1952年，美国国会通过了《退伍军人法》（GI Bill）有关条款的《公法82-250》（Public Law 82-250），其中第253款要求美国教育专员（The U.S. Commissioner of Education）公布一个全国认可的认证机构名单。1968年，美国教育局（The U.S. Office of Education）设立了“认证与院校资格工作班子”（Accreditation and Institution Eligibility，AIES），同时，建立了顾问委员会，公布了一套认可标准。这标志着联邦政府介入认证机构管理的开始。随后，联邦政府很快开始了对认证机构的认可，并规定获得其认可的认证机构认证的院校才有资格参加联邦资金项目。1972年，教育修正案的颁布，正式将高中后所有形式的教育纳入中学后教育的范畴。如何评价和保证非传统院校和教育活动的质量成为认证制度面临的挑战。面对新的挑战，教育认证显得力不从心。美国联邦政府通过认可标准对认证的具体操作和认证机构内部组织等做出了更加细致的规定。1992年的高等教育法修正案中，规定在各州建立“州中学后教育评估机构”（State Postsecondary Review Entities，SPREs），首次以法律形式对认证组织提出有关其组织、运作和标准的要求以限制这些认证机构的独立性①。

美国联邦政府对高等教育认证的介入，一方面使学校认证开始向美国联邦政府提供教育质量保证，另一方面也促使认证机构进一步完善了认证制度。

① 熊耕：《简析美国联邦政府与高等教育认证之间控制与反控制之争》，载《比较教育研究》2003年第8期。

4. “评价运动”和“问责运动”

“评价运动”产生于20世纪80年代早期，是州对高等教育加强干预的表现。有的州在州范围内要求对学生的学习结果进行评价。从80年代早期到1988年，许多州参与要求对学生的学习结果进行评价之中，高等教育机构感到这对他们的自治是一种侵害。伴随着美国教育部长威廉·贝内特（William Bennett）的推动，认证机构开始将学生学习结果的评价纳入认证标准。“问责运动”产生于90年代，反映了高等教育的利益相关者对高等教育的责任和改进的呼声。当初的对话表现为多种形式，例如，费用与效益，在线学习的改进，对它服务的社区的更大的承诺，项目的更新，组织的变化，以及改变认证过程本身等。但后来，高等学校的利益相关者讨论和关心的共同基础聚焦到学生学习结果。对学生学习结果的关注不断地通过多种方法被植入认证过程中。美国高等教育协会通过对认证机构的认可对此起到了推动作用①。“评价运动”和“问责运动”不仅影响了对美国高等教育的认证标准，甚至影响了对中小学的认证标准。“评价运动”和“问责运动”标志着政府部门和公众对美国学校认证制度影响的深入，同时，也使美国的学校认证制度从其基础（认证标准）上得到进一步完善。

总之，随着美国学校认证制度的发展，认证的功能得到了不断丰富，其认证体系也得到了不断完善。在美国跨地区院校行业协会出现的早期，认证只是在学校之间以及院校之间提供一种质量的信任；后来，发展到为社会和公众提供院校教育质量的保证；政府的介入使认证开始向政府部门提供教育质量保证，并使其成

① James L. Ratcliff，Edward S. Lubinescu，Maureen A. Gaffney，*How Accreditation Influences Assessment*，Number 113，Spring 2001，Jossey-Bass，p. 5.

为提升教育质量的手段。随着认证服务范围的扩大，学校认证制度本身也得到了规范和完善。

（三）美国学校认证制度产生和发展的背景

美国学校认证制度的产生和发展与美国的政治体制和经济、文化环境密不可分。归纳起来主要有以下几个方面。

1. 美国分权制教育行政管理体制的影响

受“三权分立”政治制度的影响，美国的教育管理体制是地方分权、三级管理的体制。根据美国联邦宪法的规定，联邦政府对教育的权限非常有限，主要负责对地方补助拨款的分配和管理、制定一些研究项目、收取和统计全国教育状况的资料；而州政府对教育拥有绝对的管理和决定权，学区直接管理学校的教育教学事务。在这种管理体制下，联邦教育部、州教育委员会和学区教育委员会不是一种领导和被领导的关系，州教育委员会和学区教育委员会具有很强的独立性。学区虽然直接管理学校，但学区主要负责制订教育计划、编制教育预算、征收教育税、管理教职员人事、维修校舍、购买教材教具、提供校车等，学校具有高度的办学自主权。美国的高等教育始终保持着高度自治的传统。这种分权的管理体制为非政府组织提供了生存和发挥作用的空间。而大学的自治和中小学高度的办学自主权为院校选择认证提供了可能。

2. 美国高等教育在发展过程中对质量的要求

美国的学校认证制度产生于高等教育领域，高等教育的发展是学校认证制度产生和发展的重要动力。19 世纪末到 20 世纪初，美国通过实施《莫里尔法》《海奇法》《史密斯—来沃法》等一系列法律，给予高等教育赠地、拨款等支持，促进了一大批高等院校的建立，大学生的数量迅速增加，但这种大发展是在非常松散的管理机制下进行的，从而导致了高等教育质量的下降。为了保证高等教育的质量，高等学校认证制度应运而生。20 世纪 40—70 年代，美国的高等教育又得到了进一步的发展，高等教育的规模进一步扩展，进入了高等教育的大众化乃至普及化阶段。高等教育的大众化和普及化，在如何保证高等教育质量方面对认证制度提出了挑战，促进了认证制度自身的完善。

3. 市场经济环境的影响

从教育所处的市场环境来看，美国的教育，无论是中小学校还是高等教育，在市场经济的环境中始终面临着生存和竞争压力。对于公立学校来讲，政府是根据学校服务的学生数来拨款的，而学校的教育质量直接影响着学生的数量，进而影响到从政府得到财政拨款的数额。对于私立学校来讲，主要靠学生学费、社会团体和私人基金会资助，其教育质量更直接影响到学校获取经费的多少。学校只有不断地改进教育质量，才会有生源；同时，只有毕业生的质量高，才能在社会中赢得良好声誉，才能吸引更多的生源和资金。在市场经济环境中，建立质量保证对学校来讲尤其重要。

从市场环境下的教育观来看，无论是政府还是公众都把教育视为一种服务，将学生、家长和社会视为“消费者”和“顾客”，学校要满足教育消费者的需要。学校从政府、家长和社会吸纳了教育资源，有责任向政府部门、家长和社会提供教育质量保证，证明学校正在向学生提供政府部门、家长和社会所预期的教育。政府部门、家长和社会也有权力向学校问责。20 世纪 70 年代，美国的保护教育消费者权益运动、80 年代早期的“评价运动”以及 90 年代的“问责运动”，是上述教育观的集中体现。学校利益相关者对教育的问责不但巩固了学校认证机构存在的必要性，而且推动了学校认证制度的不断完善。

4. 政治文化的影响

美国政治文化中的个人主义、自由主义和对政府不信任等核心价值不仅影响了美国的政治体制和教育管理体制，也影响了美国公众对政府不信任、个人主义和自治等社会心理。这种社会心理对社会生活的各个方面产生了很大影响，公众不愿意依靠政府来解决问题，而是愿意个人联合，靠集体来解决问题。这是美国自愿性组织产生的根源。美国的政治文化理念为学校认证机构的产生和发展提供了社会心理基础。

总之，考察美国的学校认证制度，不仅要考察美国学校认证制度本身，还要考察美国学校认证制度产生的特定政治、经济和文化环境，这对于分析和借鉴美国学校认证制度有重要意义。

（四）美国学校认证制度的现状

美国学校认证制度自 19 世纪末产生至今已经有一百多年的历史。经过一百多年的发展，美国已经形成了相当规范和完善的学校认证制度。这个制度由对认证机构的认可体系和对院校及项目的认证体系构成。美国学校认证制度在运行机制方面的一个突出特点是：美国联邦教育部和美国高等教育协会认可院校或项目认证机构，院校认证机构对院校或项目进行认证。

1. 学校认证机构的认可

认可是基于一套特殊的标准对认证机构认证的质量和有效性进行检查的过程。在美国，对学校认证机构的认可是由美国教育部和美国高等教育协会来进行的。

认可的过程与认证的过程在许多方面是相似的：美国教育部和美国高等教育协会都有对学校认证机构认可的标准和程序。一个学校认证机构要寻求美国教育部和（或）美国高等教育协会的认可，必然要分别达到其认可标准和符合认可程序。一个学校认证机构要寻求认可，一般要进行自我评估，接受实地考察，并产生一个考察报告。美国教育部和美国高等教育协会要给予学校认证机构授予或不授予认可状态。一个学校认证机构为保持认可，要实施周期性检查。例如，截至 2005 年，有 19 个机构认证组织和 62 个专门认证组织被美国教育部或美国高等教育协会或两家同时认可①。

美国教育部和美国高等教育协会的认可标准强调的重点有所不同。美国教育部的认可标准主要强调一个机构和项目是否有充分的质量具备获取学生的财政资助和其他联邦项目的联邦基金的资格。美国高等教育协会的认可标准主要强调学术质量保证和机构及项目的改进。学校认证机构寻求美国教育部或美国高等教育协会的认可是为了不同的目的。学校认证机构寻求美国教育部认可，是由于学校认证机构所认证的大学和项目要寻求联邦学生资助资金的资格。学校认证机构寻求美国高等教育协会的认可是为了寻求学校认证机构的学术合法性，巩固这些机构和项目在国家高等教育领域的地位。

美国教育部和美国高等教育协会认可活动的经费来源也有所不同。美国教育部认可活动的经费来自美国议会给美国教育部的预算分配；美国高等教育协会认可活动的经费来自向其机构成员收取的年度费用。

有一个问题是需要注意的，美国教育部没有认证私立或公立中小学的权力，不认可从事私立或公立中小学认证的认证机构。

① CHEA：Overview of Accreditation，http://www.chea.org/pdf/OverviewAccred_rev0706.pdf. 2008-08-19.

但是，美国教育部确实要认可从事高等教育机构认证的认证机构。即使一个因高等教育被美国教育部认可的学校认证机构也认证中小学，但美国教育部的认可仅适用于这些机构对高等教育机构的认证[①]。

2. 学校认证

学校认证是地区或全国范围私立教育协会，发展评估标准和组织同行来评估这些标准是否被达到。请求认证机构的评估和达到认证机构标准的机构和（或）项目随后被这个机构授予认证[②]。

美国的学校认证机构可以分为以下三类。第一类是地区性认证机构，在美国有 8 个地区性认证机构。这些认证机构认证几乎所有的小学、初中、高中以及公立的和私立的高等教育机构。第二类是全国性的认证机构。这类认证机构有 11 个，其中一部分是负责对私立职业技术学院认证机构进行认证的，另一部分是负责全国信仰性院校认证的。第三类是专门职业性认证机构。这类认证机构目前有 62 个，它们主要负责对高等院校内各个学科领域的专业或学院进行认证，也包括对单一学科的高等院校进行认证[③]。

20 世纪 40 年代末，非政府认证协调机构开始出现。这些机构不直接认证教育机构或项目，其主要目的是为了协调和改进认证实践，负责与联邦政府的沟通。

在美国，教育认证有两种基本类型：一类是对机构的认证；另一类是专门的或项目的认证。机构认证通常以整个机构为对象，

---

①② U. S. Department of Education：Finacial Aid for Postsecondary Students，Accreditation in the United States，http://www. ed. gov/admins/finaid/accred/accreditation_pg22. html. 2008-09-02.

③ CHEA：Overview of Accreditation，http://www. chea. org/pdf/OverviewAccredSlideshow_0706. pdf. 2008-09-02.

指机构的每一个领域都要为机构的目标做出贡献，虽然不必所有的领域都在一个质量水平上。地区认证协会的各个委员会实施对机构的认证，许多全国性的认证机构也是如此。专门或项目认证通常应用于一个机构的项目、部门和学院。认证的单位可能像大学内部的学院那样大，或者像一个学科的一门课程那么小。大多数专门或项目认证机构检查高等教育内部的单位，这个高等教育机构是被其中一个地区认证委员会认证过的。但是，某些认证机构也认证职业学院和其他高等教育的专门的或职业的学院，这些学院的经费是自筹的。另外，一些专门的认证机构还认证非教育部门内部的教育项目，如医院。

在美国，教育认证主要有以下几个方面的功能：①确认一个机构或项目达到已经建立的标准；②在确定可接受的教育机构方面为学生提供帮助；③在转学信用的可接受性方面为教育机构提供帮助；④帮助公共和私人基金，确定投资的教育机构和项目；⑤保护教育机构免受有害的内部和外部压力；⑥为比较弱的项目的自我改进创造目标，在教育机构之间激励标准的普遍提升；⑦在机构的评估和计划过程中，广泛吸收教师和员工；⑧制订专业资格和证书标准，以及制订提升为学生做准备的课程的标准；⑨为联邦资助资格的确定提供依据[①]。

在美国，教育认证过程一般包括以下几方面。①认证标准。认证机构与教育机构合作制订认证标准。②自评。寻求认证的机构或项目要准备深入的自我评估，依据由认证机构制订的标准检查自己的表现。③实地评估。由认证机构选择的考察团考察机构

① U. S. Department of Education：Finacial Aid for Postsecondary Students，Accreditation in the United States，http://www. ed. gov/admins/finaid/accred/accreditation_pg22. html. 2008-09-02.

或项目，来直接决定参加者是否达到了规定的标准。④公布。参加者达到了认证机构的标准，认证机构授予认证或再认证的资格，并在官方出版物中公布其名单。⑤监控。认证机构在整个认证授予的周期内监控每一个被认证的机构或项目，来保证机构或项目持续达到机构的标准。⑥再评估。认证机构周期性地再评估其名单上的机构或项目，来保证这些机构或项目被认证或被再认证资格的持续性[①]。

## 二、国际学校认证制度

### （一）国际学校的产生和发展

国际学校是经济全球化的伴生物。经济全球化，使全球范围内出现了流动人口。为了满足来自不同国家、不同民族、具有不同文化背景的孩子的教育需求，在加入经济全球化的国家中出现了一个特殊的教育群体——国际学校。关于国际学校的产生，特别是谁是世界上第一所国际学校，在研究者中还有争议，争论的一个本质问题是研究者对国际学校的概念存在不同认识[②]。例如，希尔·伊恩（Hill Ian）从国际学校服务于来自世界各国的学生的角度出发，认为第一所国际学校应是建立于 1924 年的日内瓦城国际学校[③]；而西尔维斯特（Sylvester）从促进国家间合作的基本理

① U.S. Department of Education: Financial Aid for Postsecondary Students, Accreditation in the United States, http://www.ed.gov/admins/finaid/accred/accreditation_pg22.html. 2008-09-02.

② Nadine Dolby, Aliya Rahman. Research in International Education. *Review of Educational Research*, Sep 2008, Vol. 78, pp. 676-726.

③ Hill Ian, Early Stirrings: The Beginnings of the International Education Movement, *International Schools Journal*, Apr, 2001, Vol. 20, pp. 11-12.

念出发，认为第一所国际学校应是1867年在伦敦建立的春天小树林学校①。其实，国际学校的概念是伴随着国际学校的产生和发展，由后来的研究者建构的。时至今日，由于国际学校的不断变化而产生的多样性，研究者们对国际学校一直未形成一个明确一致的定义。考察国际学校的产生不能由后来建构的概念去鉴别，而应该历史地考察，应从实践的角度，即有文件证明的角度来确定谁是第一所国际学校。为此，将由西尔维斯特（2002）提出的第一所有文件证明的于1867年在伦敦建立的春天小树林学校作为第一所国际学校可能比较恰当（但不是从西尔维斯特的视角）。

如果从第一所国际学校产生算起，国际学校的发展已经有一百多年的历史了。国际学校在过去一百多年的发展历程中，表现出不断变化和多样性的特点。具体表现在以下方面。①国际学校群体趋向非同质化。与全世界的许多学校相比，国际学校能接纳多种不同国籍和文化的学生，从多种语言背景为学生提供服务，雇佣来自许多不同背景的教师和辅助员工②。②国际学校学生的构成发生着变化。由于一般性流动人口的重新部署，国际学校的人口构成在比较短的时期和在一定的范围内可能会有值得注目的变化③；一些学生是长期全球流动的学生，经历了后来的国际学校的体验。这些被称为“第三种文化的孩子”经常在他们持有护照的国家以外出生和出现，已经吸收了这些国家文化的价值观念和视

① Sylvester R. Mapping International Education：A Historical Survey 1893—1944. *Journal of Research in International Education*，2002，Vol. 1，pp. 101-105.

② Hayden M. *International Education*，London，Sage，2006，p. 16.

③ Miller M. *Marketing an International School：A Study of the Factors Influencing Parent Choice and Satisfaction Levels*. unpublished M Ed dissertation University of Sheffield ，2003，p. 4.

角，并在这些国家中生活，但没有这种文化的真正支柱①。有的学生正第一次经历国际教育，与祖国的文化和价值观保持着有意义的联系。还有的学生可能来自东道国，从而与他们的文化保持着日常的和较强的联系②。人们会发现在中东和拉丁美洲，这类学生的数量正在增加③。③国际学校的教师构成也发生着变化。在许多国际学校中，不仅学生的主体具有多样性，而且教师的主体也包含不同的教学背景、不同的培训和国籍。这些多样性能导致广泛教学方法的实施，还有对学生的不同预期、不同的学生管理符号，家长在教育中的角色的不同信念，以及在全校决策过程中教师的不同角色④。④除了文化的考虑以外，国际学校还建立了多样化的所有权和管理模式。在国际学校教育的早期，国际学校董事会趋向自我延续或追随美国公立学校的模式⑤。现在，存在着一种宽泛

① Pollock D，Van Reken R. E. *The Third Culture Kid Experience*；*Growing Up Among Worlds*. Yarmouth MA，Intercultural Press，1999，p. 19. Fail H，Thompson J，Walker H. Belonging Identity and Third Cuture Kids：Life histories of former international school students. *Journal of Research in International Education*，2004，Vol3，p. 325. Zilber E. International School Educators and their children：Implications for Educator-Parents，Colleagues and Schools. *Journal of Research in International Education*，2005，Vol4，p. 7.

② Hayden M. *International Education*，London，Sage，2006，p. 40.

③ Powell W，Bowley N，Schoppert G. *School Board Governance Training*. *A Sourcebook of Case Studies*. *Effective International Schools Series*. Saxmundham，John Catt，2001，p. 11.

④ Langton M，Pearce R，Rader D，Sears C. *The Essential Guide for Teachers in International Schools*. Saxmundham，John Catt，2002，p. 17.

⑤ Powell W，Bowley N，Schoppert G. *School Board Governance Training*. *A Sourcebook of Case Studies*. *Effective International Schools Series*. Saxmundham，John Catt，2001，p. 11.

的管理模式安排，并且近些年看到了私人所有的学校数量的增加①。这些多样性给国际学校带来了独特的机会和挑战，并且成为学校之间争论的话题②。

（二）国际学校认证制度的产生和发展

国际学校认证是国际学校发展到一定阶段的产物，是国际学校自身发展能力提高的体现，是自我管理、自我发展的机制。例如，从 WASC 学校认证委员会的成立来看，学校认证制度的建立是来自学校自身的需求，是不满大学的认证，是为了保护自身不受来自国家的过多干涉③。从地理意义来看，国际学校认证起源于两个中心。一个中心在欧洲的 ECIS（2003 年 7 月 1 日后为 CIS），另一个中心在美国的部分地区学校认证机构。

ECIS 是一个专门服务于国际学校的非营利的非政府组织，从 1970 年开始对国际学校进行认证④。从 NEASC 的有关史料来看，美国部分地区学校认证机构对国际学校的认证是从对美国海外学校的认证演变而来的。美国部分地区学校认证机构对其海外学校的认证开始于 20 世纪 50 年代中期。当时，美国要求各地区认证机构的部分委员会考虑，将认证的范围扩展到由美国国务院和美国国防部举办的海外学校。这个要求的核心，要求美国国务院和国

① Powell W，Bowley N，Schoppert G. *School Board Governance Training. A Sourcebook of Case Studies. Effective International Schools Series*. Saxmundham，John Catt，2001，p. 11. Robertson E. Teacher's Perceptions of Accountability at an International School. *Journal of Research in International Education*，2003，Vol. 2，p. 286.

② Miller M. *Fieldnotes Governance Training Workshop*，Bangkok，October 2007.

③ WASC. *The History of the Western Association of Schools and Colleges*，1962-87，April 10，1987.

④ CIS/NEASC/IBO/NCCT. *Accreditation Visiting Team Report to Western Academy of Beijing*，2008. 10.

防部的学校要保证在海外的美国人的子女受教育的机会、接受教育的质量，以及要与美国教育的基本原则保持一致。1956年，美国地区院校协会对参与美国海外学校的认证达成了协议。南部院校协会（Southern Association of Colleges and Schools，SACS）和中部院校协会（Middle States Association of Colleges and Schools，MSA）负责认证美国国务院的海外学校；中北部院校协会（North Central Association of Colleges and Schools，NCA）负责认证美国国防部的海外学校。西北部协会（The Northwest Association）和NEASC在当时没有参与对美国海外学校的认证。由于WASC直到1960年才成立，因此，它没有参与这项活动。1978年，在美国地区学校认证协会之间达成了一项协议，废除了管理海外学校认证的地理边界。参加NEASC会议的代表同意修改章程，拓宽协会工作的地理边界。这时，认证美国海外学校的大门向其他院校协会打开了，并使他们加入为美国海外学校服务的行列①。

当初，美国设立海外学校是为了满足美国人的需要，但后来这些海外学校却发生了较大变化，并向国际化方向发展。这些变化主要表现在两个方面。一是学生的成分发生了较大变化，具有其他国籍和文化背景的学生超过了美国学生。这种现象给这些学校带来了国际的味道。二是学校的课程也发生了一些变化。学校引进了国际文凭组织（International Baccalaureate Organization，IBO）的课程作为美国课程的一部分，主要是为更感兴趣的学生提供大学预科项目，也为寻求升入当地大学的学生做准备。因此，美国地区认证机构参与世界范围的国际学校认证是从认证美国在

① New England Association of Schools & Colleges（NEASC）. *The First Hundred Years 1885—1985*，1986：pp. 215-220.

海外的学校开始的，随着美国海外学校的国际化，美国地区认证机构的认证范围从认证美国的海外学校发展到国际学校。

经过几十年的发展，目前在全球范围内开展国际学校认证的机构，在欧洲有 CIS；在美国有 NEASC、WASC、SACS、MSA 和 NCA（见表 1-2）。

**表 1-2　国际学校认证机构分布**

| 认证机构 | 服务范围 | 起始时间 | 认证学校数 |
|---|---|---|---|
| CIS | 全球 | 1970① | 312② |
| NEASC | 全球 | 1974③ | 176④ |
| WASC | 东亚 | 1969⑤ | 202⑥ |
| SACS | 拉丁美洲 | 1930⑦ | 104⑧ |
| NCA CASI⑨ | 地中海、黑海沿岸国家及中国等。 | 20 世纪 50 年代中期⑩ | 194⑪ |

① CIS/NEASC/IBO/NCCT. *Accreditation Visiting Team Report to Western Academy of Beijing*, 2008. 10.

② Margaret Alavez, CIS, The Accreditation Service, Updates, 成都四方（CIS、NCCT、NEASC、WASC）会议，2010 年 11 月。

③ ④ CAISA: CAISA Directory of Schools, http://www.neasc.org. 2010-11-11.

⑤ WASC Accrediting Commission for Schools, WASC International Accreditation, 2008.

⑥ WASC Words 2010, Volume 22, Issue 1, September 2010.

⑦ ⑧ SACS CASI CASI Latin America Council/SACS CASI Latin America Council: AdvancED Accredited Schools, http://www.sacscasi.org/region/history/. 2009-02-25.

⑨ NCA CASI，是 The North Central Association Commission on Accreditation and School Improvement 的缩写。

⑩ New England Association of Schools & Colleges (NEASC). *The First Hundred Years 1885—1985*, 1986: pp. 215-220.

⑪ NCA CASI: NCA CASI History, http://www.ncacasi.org/history/. 2009-06-30.

续表

| 认证机构 | 服务范围 | 起始时间 | 认证学校数 |
|---|---|---|---|
| MSCES① | 中东、近东、非洲、欧洲 | 1958② | 157③ |
| CSS④ | 加勒比海及世界不同地区 | — | 26⑤ |

国际学校认证随着国际学校的发展以及美国学校认证的发展，一直处于不断变化之中。由于国际学校校长、教师和学生的流动性和多样性，使得国际学校对于世界范围内教育研究的最新成果以及教育发展趋势有天然的敏感性。在一定意义上讲，国际学校是世界教育发展趋向的风向标。国际学校认证为适应国际学校的变化而变化。除了ECIS外，大多数从事国际学校认证的机构为美国地区认证机构，而美国地区认证机构中的国际学校认证不仅起步晚，且只是各级各类学校认证中的一部分。ECIS从对国际学校认证开始时，就与NEASC合作开展联合认证，后又与WASC合作。因此，国际学校认证受到了美国学校认证的深刻影响。国际学校认证变化的本质是认证理念的变化，其变化又集中体现在认证标准的变化上。例如，NCA对学校（国际学校）认证的关注点从20世纪50年代以来，发生了以下变化：从1945年到60年代中期，关注有资质的教师、设施、实验室、图书馆、每个学生的图书占有量、师生比等资源方面；从1965到1980年，关注上述资源的投入与学校改进的过程；从80年代到90年代，开始关注学生学

① MSCES，是The Middle States Commission on Elementary Schools of Middle States Association of College and Schools的缩写。

②③ http://www.ces-msa.org.2009-07-08.

④ CSS，是The Commission on Secondary Schools of Middle States Association of College and Schools的缩写。

⑤ http://www.css-msa.org.2009-07-08.

习的结果①。其他学校认证机构国际学校认证标准的变化趋势与此基本相似。ECIS 与 NEASC 自 70 年代末合作以来，它们用于国际学校的认证标准已经从第一版发展到第八版②；WASC 于 1986 年将其学校（国际学校）的认证标准修订为“聚焦学习”（Focus on Learning），关注学生的学习。WASC 将当时学校教育的研究成果整合到认证标准之中，反映了对学校认识的变化③。

国际学校认证发展过程中另外一个重要变化，就是各个认证机构为扩张其服务区域和学校数量，不断加强彼此的合作。比较典型的是从 20 世纪 70 年代末开始，NEASC 和 ECIS 的合作。它们联合制订了国际学校认证标准和程序，并开展对国际学校的联合认证④。认证机构之间合作的一个共同特点是同一个初访、同一个自评过程、同一个考察团考察、同一个考察团报告和同一个后续程序，但认证结果由各认证机构独立决定授予⑤。ECIS 从 1998 年开始与 IBO 合作，开展对国际学校的联合认证，以及后来 NEASC、MSA 与 CIS 和 IBO 合作对国际学校进行联合认证⑥。WASC 与 15 个不同的协会开展联合认证⑦。2006 年 4 月，SACS、

① NCA CASI：NCA CASI History，http://www. ncacasi. org/history/. 2009-06-30.

② CIS，*The Main Guide to School Evaluation & Accreditation 8th Edition*，Published August 2010.

③ Marilyn George，Don Haught. *Focus on Learning：A Schoolwide Renewal Process of Analysis & Action*. October，1996.

④ New England Association of Schools & Colleges（NEASC）. *The First Hundred Years* 1885—1985，1986：pp. 215-220.

⑤ NEASC：Joint Accreditation Overview，http://www. neasc. org/about us/history/. 2009-07-08.

⑥ Council of International Schools. *Information for 7* Protocol.*

⑦ WASC Accrediting Commission for Schools，WASC International Accreditation，2008.

CASI、NCA CASI 和 NSSE[①] 组建了一个强大的联合组织——AdvancED，致力于学校的教育质量[②]。认证机构之间的合作，除了扩大了各个认证机构的服务区域和成员学校以外，还在认证的理念、程序和方法等方面出现趋同现象，增强了各个认证机构在国际学校之间的声望。

经过几十年的发展，国际学校认证已经形成了完善和规范的制度。这个制度大体上包括以下要素：①经过政府部门认可；②完整的认证标准；③规范的认证程序；④经过持续培训的专业团队；⑤完整的组织体系；⑥清晰的认证理念；⑦明确的认证功能。

从世界范围来看，申请国际学校认证已经成为国际学校日常生活中不可缺少的组成部分，国际学校认证制度已经得到了国际学校的广泛认可，在国际学校中享有很高的声望。从表 1-2 可以看出，目前 CIS 和美国一些地区认证机构的认证基本上覆盖了各大洲的国际学校。国际学校认证有两大功能：一是为学校提供教育质量保证；二是促进学校的持续发展。一所国际学校经过了认证机构认证，能够增强其在国际学校中的声望，最直接的好处是吸引更多的学生来校就读，从而增强学校的可持续发展能力；另外，一些大学在录取国际学校的学生时，对学校是否经过有关认证机构的认证非常看重，甚至将是否经过有关认证机构的认证作为录取该校学生的前提。更深层的意义是，国际学校借助认证机制，可以不断促进自身发展，提升自身教育质量。国际学校对国际学校认证的认可，实质上是国际学校借助国际学校的认证来实现自身的部分利益，甚至使其利益扩大化。总之，国际学校认证已经

① NSSE，是 National Study of School Evaluation 的缩写。

② http://www.sacscasi.org/region/history/. 2009-02-25.

成为国际学校的一种制度性资源。

## 第三节　学校认证的主要特点

学校认证作为一种教育质量保障模式，在其发展过程中形成了一些主要特点。帕特里夏·奥布赖恩（Patricia M. O'Brien，SND）从美国高等教育认证的角度对此进行了系统归纳①。以下以帕特里夏·奥布赖恩提出的框架为基础进行阐述。

### 一、使命驱动

学校认证是一个使命驱动的过程。它尊重学校使命的巨大差异。为了被认证，学校必须达到认证标准，但它们必须依据其使命来做②。

学校认证的核心理念是学校按照对它的目的和使命的清晰理解运行③。学校认证强调无论是学校自评，还是考察团考察都要依据学校的办学理念和培养目标对学校进行评估。首先要考察学校现行的办学理念和培养目标对学校特定的学生群体是否适合，其次还要考察学校运行的各个领域是否有效贯彻了学校的办学理念和培养目标、以及贯彻的效果如何。学校认证标准是基于学校的办学理念和培养目标的，是高质量教育的导向。学校自评和考察团考察，以学校的办学理念和培养目标为基础，以学校认证标准

①② O'Brien，Patricia M.，SND（Ed.）. Accreditation：Assuring and Enhancing Quality. *New Directions for Higher Education*，145，2009，pp. 1-2.

③ WASC，*Focus on Learning*，*The Accreditation Manual*，Over Edition，2006 WASC Pilot Edition，September，2006.

为纲领对学校进行评估。

由于学校认证是基于学校自己的办学理念和培养目标，所以，学校认证尊重学校的办学自主权和学校之间的差异。学校认证不向学校提供一个预设的高质量教育的典范，也不把一所学校的特点与另外一所学校的特点进行横向比较，而是基于学校的办学理念与培养目标和认证标准，自己跟自己比。

## 二、质量为本

学校认证是以对高质量教育的不断追求为导向的。虽然不同的机构、不同的个体对教育质量的理解不同，但有一点大家是具有共识的，即教育质量是学校的生命。学校从社会特别是从家长那里获取了教育资源，其教育要努力满足社会特别是家长对高质量教育的要求。如果学校的教育质量不能满足社会和家长对教育质量的要求，家长就不会帮孩子选择该校就学，社会就不会为该校提供资源。为此，学校要求得生存和发展，根本任务是推动学校教育质量的不断改进。学校的教育质量如何，不能自己说了算，而应该由政府、社会和学校认可的认证机构来提供保证。学校认证机构通过对学校的认证，向政府、社会和学校提供教育质量保证。学校高质量教育的导向是由政府、社会和学校认可的认证标准。学校为了使自己的教育质量得到政府、社会和学校的认可就会自愿申请认证机构的认证，而为了通过认证机构的认证就会不断地改进。

学校认证以质的和量的方法为基础来理解质量。它接受对成就的质的测量和量的数据①。

① O'Brien, Patricia M., SND (Ed.). Accreditation: Assuring and Enhancing Quality. *New Directions for Higher Education*, 145, 2009, p. 2.

## 三、信誉至上

学校认证很依赖于信誉。普遍认为认证非常有效是认证被广泛信任的原因之一。学校在自评过程中是坦诚的，考察团在他们的评估过程中是公正的。学校可以（许多学校都这样做了）选择让公众了解他们的自评、考察团报告以及来自认证机构的决定[①]。

## 四、同行评估

学校认证是一个同行评估的过程，即作为一种优势被许多同行评估。人们认为在本领域工作的人对学校评估会更好。另外，美国的认证系统是社团性的，它是以学校自愿确定自己的问题和解决方案为前提的。考察团的角色是验证学校已经确定的优势和改进的领域，并用他们自己的观察来补充。但是考察团和学校的关系不是对手。评估者不是用他们的白手套进来检查的[②]。

## 五、持续改进

学校自评和考察团考察不是简单地承诺检查学校是否达到了认证标准。自评与考察都聚集于改进：这所学校理解自己的优势和不足，以及发展和实施现实的计划[③]。

学校认证的机制是评估、计划、实施和再评估的过程。所谓评估，就是在认证过程中根据学校的办学理念和培养目标，以及认证标准对学校运行的各个领域进行信息的收集、分析并得出结论；所谓计划就是学校在自评的基础上制订学校改进的行动计划，

①②③　O'Brien，Patricia M.，SND（Ed.）. Accreditation：Assuring and Enhancing Quality. *New Directions for Higher Education*，145，2009，p. 2.

并根据考察团报告对行动计划进行修订、完善；所谓实施就是学校根据行动计划进行落实和改进；所谓再评估就是在学校改进的周期中对学校的行动计划的落实情况进行评估。

对于在认证过程中学校改进的重要因素，WASC 提出了以下五个方面：

(1) 在自我导向的问题解决方面，全体员工和学校社区的参与；

(2) 有意义的思想对话、协作和分享决定的机会；

(3) 有效教育项目的高质量标准和实践的应用；

(4) 当学校重新定义和建立它的目标和相应行动步骤时，来自考察团的一个附加的维度或视角的优势；

(5) 通过认证进展报告和检查，持续评价和后续程序的支持激励①。

因此，认证的过程是学校改进的过程，认证是学校获得课程改进、战略计划、员工发展和调整的一种手段。

## 第四节　学校认证的价值

学校认证能够产生和发展，说明学校认证满足了社会某方面的需要，实现了其功能价值。总体来讲，学校认证有两大功能价值：教育质量保证和教育质量改进。但对于不同的利益主体来讲，由于各个利益主体所处的立场和利益不同，其功能价值的具体表

① WASC, *Focus on Learning*, *The Accreditation Manual*, Over Edition, 2006 WASC Pilot Edition, September, 2006.

现是不同的。学校认证的功能价值主要体现在政府部门、社会和学校等方面。

## 一、对政府部门的价值

学校认证机构对政府部门的价值是由政府部门对其认可或者对它的政策来决定的。学校认证机构在申请和获得政府部门认可的同时，就对政府部门有了承诺，那就是学校认证机构的认证要体现政府部门的利益，要使政府部门的需求得到实现。例如，美国教育部在对认证机构进行认可时，要求所有认证机构必须达到在 602.21 部分（Federal Register，1999）中与认证标准检查相关的要求①。美国教育部通过对认证机构的认可标准将政府部门对教育的意志体现在认证机构对学校的认证中。中国教育部授权课程教材中心开展在华国际学校认证是为了加强对在华国际学校的管理。学校认证对政府部门的价值具体表现在以下方面。

### （一）为政府部门提供学校的有关信息

例如，美国教育部和州政府经常依赖于认证机构所提供的可接受的教育质量信息，作为对学校拨款和实施教育资助项目的依据。课程教材中心通过对在华国际学校的认证向政府部门提供学校有关办学情况的信息，为政府部门制定政策提供依据。课程教材中心主要通过以下渠道向政府部门提供信息：①课程教材中心将考察团对每一所学校的考察报告抄送教育部国际合作与交流司和学校所属的省级教育行政部门；②课程教材中心对于考察团在考察过程中遇到的法律、法规和政策问题，及时向教育部国际合

① James L. Ratcliff，Edward S. Lubinescu，Maureen A. Gaffney，*How Accreditation Influences Assessment*，Number 113，Spring 2001，Jossey-Bass，p. 18.

作与交流司报告，请求给出法律、法规和政策解释；③通过课程教材中心在华国际学校认证咨询委员会和认证委员会的机制，邀请教育行政主管部门的负责人听取认证办公室的工作汇报，了解每所学校的具体办学情况；④邀请教育行政主管部门的负责人作为观察员参加考察团对学校的考察活动；⑤利用专家队伍的优势，接受教育行政主管部门的委托，就教育行政主管部门关注的问题进行调研。例如，2002 年 4 月，课程教材中心受教育部国际合作与交流司的委托，组织专家到国际学校比较多的城市进行调研，并向该司提交了调研报告，就在华国际学校发展过程中的热点问题以及许多学校关注的问题，提出了许多建议，为修订《外籍人员子女学校管理办法》发挥了作用；2008 年 6 月，课程教材中心受教育部国际合作与交流司委托，就《外籍人员子女学校管理办法》（征求意见稿）征求了有关专家的意见。

（二）作为政府部门管理学校的手段

在美国，尽管联邦政府管理教育的权限非常有限，但联邦政府“意识到一个受过教育的公民对整个国家利益的重要性的同时，已经开始以许多间接的方式介入不同层次的教育过程”①。其中，学校认证是其介入的方式之一。首先，联邦政府通过对认证机构的认可将其对教育的利益目标融入到认可标准和认可程序之中。其次，以学校（主要指高等教育）通过认证机构认证为条件，对学校进行拨款和实施援助项目，最终实现对学校教育质量的控制和其他与教育相关的利益目标。中国教育部教育行政主管部门利用课程教材中心在华国际学校认证，加强了对在华国际学校的管

① ［美］理查德·卡特著，张民强译：《现行美国教育体制》，载《河北师范大学学报（教育科学版）》2004 年第 6 期。

理。课程教材中心作为第三方利用认证的手段，从帮助学校的角度，能及时全面了解学校的办学情况，引导在华国际学校遵守中国的法律和法规，补充了教育行政主管部门由于精力有限和直接管理的不便在管理上造成的缺位现象，且比教育行政主管部门直接管理收到了更好的效果。

## 二、对社会的价值

学校认证对社会的价值是通过向社会提供学校教育质量的信息来实现的。学校认证向社会提供教育质量的信息，提供学校教育质量的证明，增强社会对学校的了解和理解；社会公众借助认证机构所提供的信息，对学校的教育质量做出判断，进而做出有关入学、投资和捐助等教育决策。

学校认证能够向社会提供学校教育质量保证的证明，来自于学校认证机构在社会和学校中的权威。从社会公众来讲，由于教育行业和学科的专业性，社会公众不可能亲自去了解、判断学校的教育质量如何，而学校认证通过同行考察，能够从专业的角度帮助社会公众对学校的教育质量做出整体判断；作为学校来讲，由于学校是出于改进的目的自愿申请认证并接受考察团考察的，学校对考察团考察是认同的。

学校认证对社会的价值具体体现在以下几个方面。

（一）对社会公众的价值

对社会公众而言，学校认证的价值包括：为公众提供学校教育质量保证，证明学校是一所能够提供高质量的学校，并且处于一种良好的运行状态；帮助公众和私人做出正确的投资和捐助决定；对社会公众的需求进行沟通和协调，起到桥梁的作用；反映教育的发展趋势，对社会公众进行专业引领；减少社会公众对学校的直接干预，维护和增进学校的教育质量。

（二）对学生的价值

对学生而言，学校认证的价值包括：为学生选择学校提供教育质量的信息；确认经过认证的学校达到了一定的质量要求，满足了学生的需求；帮助学生在转学或升学时的学分承认和转移；为学生转学提供学历证明；满足许多职业证书的前提要求；帮助学生和家长与学校沟通；满足学生升学时就读学校的前提要求。

（三）对社会部门的价值

对社会有关部门而言，学校认证可为其提供参考信息。例如，在中国，北京市教育委员会曾依据课程教材中心对在华国际学校的认证结果来承认学校是实施学历教育的学校。由于有关规章对在华国际学校的性质没有明确的定位，至使有许多在华国际学校在注册时以企业的身份到工商部门注册，学校不能向税务行政主管机关提供国家承认其学员学历的证明，不符合免征营业税的条件，因此这些学校不能享受免征营业税的优惠待遇。为了解决上述问题，北京市教育委员会从2003年开始以课程教材中心认证结果为依据确认在华国际学校为实施学历教育的学校，并向学校开具实施学历教育的证明，学校再持该证明到北京市地方税务局办理免征营业税的手续。以上案例表明，学校认证可以为相关部门提供所需要的信息，为相关部门的决策服务。

## 三、对学校的价值

学校认证对于学校的价值，在质量保证和质量改进方面体现得最为完整和充分。从学校的角度来讲，教育质量保证就是向学校提供教育质量的证明；教育质量改进，就是要确定适当的发展目标，制订行动计划，并评估这些目标是否已经达到。

学校认证对学校的价值实现的基础是双方对质量的共识，即质量是学校永恒的主题，是学校的生命线。无论学校的质量处于什么发展水平，都存在质量改进的空间，都可以通过认证达到一个新的水平。学校认证对学校价值实现的机制是认证机构与学校的合作。双方合作的目标是一致的，都是为了促进学校教育质量的改进。学校认证程序是双方合作得以顺利进行的保障。

学校认证对于学校的价值主要体现在以下两个方面。

（一）提供教育质量保证

一所学校的质量，无论声称得如何好，如果缺乏客观的质量验证，都将会不断地受到质疑。而经过认证合格后，取得了一定的质量证明，家长就会相信这所学校的质量。同时，学校被认证合格也向社区、其他个体与组织，如大学等证明学校所提供的是高质量的教育①。

（二）促进教育质量改进

第一，获得自我评估的机会。在某种程度上，持续改进已经是所有学校的一个目标，然而，当学校努力达到已经声明的外部标准和要求的最后期限，撰写自评报告时，学校并没有真正达到自我持续改进的水平。获得认证状态的学校往往认为内省是整个过程中最有价值的方面。同样重要的益处是学校员工协作会面的一个机会，他们经常跨越学科和学校部门，讨论问题、确认有关事情，提议改进。

第二，创造改善校内联系和理解的机会。在有些学校，一年到头不同学科领域的教师之间最多也可能是模糊的了解，他们各

① NEASC/CIS, *School Improvement through Accreditation*, *Guide to School Evaluation and Accreditation*, Version 7.01 (US Spelling), 1st September 2003, p. 9.

自对其他部门的事情没有丝毫兴趣。正在进行评估的学校的共同经历是，认证的过程是在学校中聚集力量的过程。

第三，获得一个外部评估的机会。考察团要对学校进行详细的、客观的评估，这种评估反映了同行专业人员的视角。考察人员是在评估过程中经过训练的，他们熟悉认证标准和学校独特的性质和情况。

第四，获得一个面向未来的行动计划。当学校确定未来几年的发展方向时，学校自评的文件、考察团报告、第一个进展报告和五年报告作为一个导向为学校制订计划服务。

第五，确定学校的各种需要。董事会成员、员工、学生或家长可能在某些时候已经感到某些需要的存在。考察团报告将在优先满足这些需要和发展行动计划方面使大家关心的事情生效，并对董事会成员和管理者进行引导①。

学校认证对学校的价值除了上述以外，往往因学校的类型不同或学校所面临的环境不同而表现出独特性。例如，对高等学校的认证有利于公共部门和私立基金会等对学校的投资，帮助学校获得政府、企业和私人的资助；使本校的学分能与其他学校互换；帮助考生识别学校或专业的质量，为学生获得政府贷款提供依据。在中国，对在华国际学校的认证，可以促进在华国际学校规范发展；促进在华国际学校与中国教育权威部门乃至中国教育体系的沟通。

---

① NEASC/CIS, *School Improvement through Accreditation*, *Guide to School Evaluation and Accreditation*, Version 7.01 (US Spelling), 1st September 2003, p. 9.

# 第二章　在华国际学校认证制度的起源和发展

在华国际学校认证制度的诞生不是偶然的，这是在中国改革开放的大背景下，中国教育对外开放的必然结果。2000 年以来，在华国际学校认证制度的建立和发展已经历了 13 年时间。在华国际学校认证制度在中国建立和发展的过程是课程教材中心、中国教育部国际合作与交流司、在华国际学校和国外学校认证机构（CIS、NEASC、WASC）等不同利益相关主体，从不同利益出发互动的过程。

## 第一节　在华国际学校认证制度的起源

### 一、在华国际学校的定义

在华国际学校在本书中是指中国教育行政部门所称的“外籍人员子女学校”，有其特定含义。1995 年，国家教育委员会（简称国家教委）发布的《关于开办外籍人员子女学校的暂行管理办法》

（以下简称《管理办法》）规定："外籍人员子女学校是指经国务院教育行政部门正式批准，由在中国境内合法设立的外国机构、外资企业、国际组织的驻华机构和合法居留的外国人开办的学校。"从《管理办法》的相关规定来看，在华国际学校包含了以下几方面的含义。①学校的办学主体为在中国境内合法设立的外国机构、外资企业、国际组织的驻华机构和合法居留的外国人。不允许中国的机构和中国人开办此类学校。②开办此类学校的审批权是国务院教育行政部门。③学校开办地点在中国境内。④学校的招生对象为在中国境内持有居留证件的外籍人员子女。言外之意是不允许这类学校招收中国公民的子女。⑤学校的管理体制实行董事会领导下的校长负责制。⑥学校对课程设置和教材的选择有很大的自主权。

从这类学校的办学实践来看，其办学模式主要为英美模式，有的选用国际文凭组织的课程，有的选用美国课程，有的选用英国课程，有的国别学校如日本人学校、法国学校等则使用本国课程。学校校长和教师的主体为外籍人员，学校的中方员工则占少数。

世界其他国家也存在这类学校，国际上一般对这类学校称国际学校。近些年来，在中国境内，人们对国际学校这一名词使用得比较泛化和混乱。有时，社会上所称的"国际学校"除了指中国教育行政部门所称的"外籍人员子女学校"以外，也包括一些地方审批的具有双语特色的、招收部分外籍人员子女的民办学校，这常常使人们混淆在华国际学校和具有一定国际化程度的民办学校，给人们造成误解。为了避免混淆和误解，本书所使用的"在华国际学校"特指中国教育行政部门所称的"外籍人员子女学校"。

## 二、起源的背景

### （一）国外学校认证制度对中国教育领域的影响

进入21世纪以来，国外学校认证制度，特别是美国的学校认证制度对中国教育领域产生了较大影响。这一时期，在学术界发表了大量介绍美国学校认证制度，特别是美国高等学校认证制度的文章；围绕学校认证的国际交流日益频繁；在中国教育实践领域出现了不同程度的学校认证探索；学校认证的基本理念和方法在学校教育质量保障实践中产生了较大影响。主要表现在以下方面。

1. 专题研究空前活跃

通过在中国期刊网上检索，从2000—2010年的10年间，在中国的中文期刊上发表的有关学校认证的文章有近二百篇。这些文章主要是介绍和分析美国的学校认证制度，特别是高等学校认证制度，内容涉及学校认证制度的各个方面。全国教育科学规划“九五”和“十五”课题都有相关内容的立项。例如，“九五”课题关于“义务教育阶段质量保障和高等教育质量保障的研究”；“十五”课题关于“学校管理引入ISO 9000族质量认证体系标准的研究”和“基础教育质量保证与评价的比较与实验研究”等。

2. 国际交流日益频繁

近些年来，一些教育部门围绕学校认证与国外教育部门的交流不断。特别是召开了一系列国际间的学校认证评估研讨会。例如，2001年10月10—12日，由北京师范大学和（美国）国际教育认证协会联合主办的“中美民办学校认证与发展研讨会”在北京师范大学召开，中美五十多位专家、学者、民办学校校长研讨了民办学校的认证问题。2002年10月，课程教材中心与NEASC、

ECIS 和 WASC 在北京召开国际学校认证高级研讨会，研讨关于在华国际学校认证的合作问题。2003 年 10 月 14—15 日，由教育部学位与研究生发展中心承办的“中美高等教育质量评估与认证研讨会”在北京举办，来自美国高等教育认证协会、美国商学院认证委员会和美国工程教育认证委员会的专家和我国高等教育评估方面的专家就高等教育认证与评估所面对的挑战以及专业教育质量的国际互认问题进行了交流与探讨。2005 年 10 月 22—24 日，上海市教育科学研究院主办的“2005 年学校评估国际研讨会”在上海召开。来自美国、澳大利亚、泰国、中国等国家和地区的二百多名专家学者、教育行政管理人员及学校管理者参加了会议，会议研讨了国际学校认证评估与中国教育的发展、非政府组织在推进学校评估认证中的作用、校本管理与学校评估认证之间的关系等问题。

3. 在实践中积极探索

近些年来，随着中国教育管理体制改革的不断深入，受国外学校认证的影响，中国有关教育部门开始在教育实践中积极地进行学校认证的探索。

（1）学校引入 ISO 9000 认证。中国教育界关注和引入 ISO 9000 族标准，最早始于 20 世纪 90 年代后期。到 2004 年 12 月 31 日，在教育领域内已有 294 所学校获得了经中国认证机构国家认可委员会认可的认证机构颁发 GB/T19001—2000 idt ISO 9001:2000 认证证书①。当然，对学校是否应当导入 ISO 9000 族标准，在教育领域一直存在争议，还有待于深入的实践与研究。

（2）中外合作办学认证。2006 年，经上海市教育委员会批准，

① 吴霓：《学校教育管理实施 ISO 9000 族标准的研究与实践》，教育科学出版社 2006 年版，第 8 页。

上海市教育评估协会成立了“中外合作办学认证专业委员会”，并委托上海市教育评估院采用国际通行做法，对上海市中外合作办学机构进行认证试点。2008 年 1 月 17 日，上海市教育评估院与中国教育国际交流协会在北京签署合作开展涉外教育认证协议。作为合作的第一步，双方先试行合作开展中外合作办学认证活动。截至 2008 年，上海市教育评估院已累计认证了 4 个中外合作办学机构①。

（3）民办学校认证。上海现代教育鉴证评估事务所（MEAEA）与国际及跨地区鉴证委员会（CITA）自 2001 年合作以来，已对上海、浙江、江苏、西安等地近二十所幼儿园、中小学、大学进行了认证考察②。

（4）国外学校认证的基本理念和方法对中国教育领域的其他教育质量保障形式产生了较大影响。例如，中国高校的本科评估和基础教育领域的督导评估。

总之，国外学校认证制度通过学术研究、交流研讨、本土实践等方式对中国的教育质量保障体系已经产生深远影响。

### （二）国际学校认证制度对在华国际学校的影响

虽然在华国际学校出现的时间较晚，但一经出现就受到了国际学校认证制度的影响。自 20 世纪 80 年代在中国境内出现国际学校以来，国外的一些学校认证机构积极拓展在华国际学校认证的市场。在课程教材中心于 2002 年认证第一所在华国际学校之前，ECIS、NEASC 和 WASC 已经开始对在华国际学校进行认证。一些在华国际学校在办学过程中，为了寻求发展，纷纷申请了国外认证机构的

① 上海市教育评估院网站，http://portal. seei. edu. sh. cn/seei. homepage/default. aspx，2008-08-31。

② 上海现代教育鉴证评估事务所网站，http://www. meaea. org/Html/news/50117364025. html，2008-08-31。

认证。例如，2002 年，在中国境内的 56 所国际学校中，有 7 所申请并经过了 WASC 的认证①，有 1 所申请并经过了 NEASC 的认证②，有 1 所申请并经过了 ECIS 的认证③（见表2-1）。

**表 2-1　2002 年前 ECIS、NEASC 和 WASC 认证的在华国际学校**

| 学校 | ECIS | NEASC | WASC |
|---|---|---|---|
| 北京京西学校 | 1998 年 | 1998 年 | |
| 天津 MTI 国际学校 | | | 1992 年 |
| 北京 BISS 国际学校 | | | 2001 年 |
| 上海长宁国际学校 | | | 1999 年 |
| 广东蛇口国际学校 | | | 1994 年 |
| 上海协和国际学校 | | | 2002 年 |
| 广州美国学校 | | | 1987 年 |
| 厦门国际学校 | | | 1999 年 |

美国海外学校东亚地区协会（The East Asia Regional Council of Overseas Schools，EARCOS），虽然不是认证机构，但该机构每年在东亚地区的年会对在华国际学校了解和参加认证产生了较大影响。EARCOS 成立于 1968 年，它是 20 世纪 60 年代在东亚的美国学校增长和满足成员学校发展以及协作关系需要的结果。2008 年，该协会在东亚有 108 个成员学校，这些学校共有 72 000 多名学前至 12 年级学生；有 97 个协会成员；有 27 个个体成员。

① WASC Accrediting Conmission for Schools：WASC Directory of Accredited Schools，http://www. acswasc. org/pdf_general/WASC_DirectoryAccreditedSchools. pdf. 2008-06-06.

② NEASC CAISA：CAISA Directory of Schools，http://www. caisa. neasc. org/caisa_directory_of_schools/＃China. 2008-06-06.

③ CIS：CIS Membership Directory，http://www. members. cois. org/directory/isd_accred. aspx. 2008-06-06.

该协会的使命是通过它的领导和服务促进成人和学生的学习，在他们的学习社区内培育跨文化的理解、全球公民和杰出的教育实践。最早进入中国对国际学校进行认证，且拥有在华国际学校成员校最多的 WASC 是该协会的成员。2008 年，有 10 所在华国际学校是该协会的成员学校（见表 2-2），这 10 所在华国际学校是在中国成立比较早、规模比较大、在在华国际学校中影响比较大的学校。EARCOS每年 11 月在东亚地区召开该协会的年会，一些在华国际学校每年都要参加该组织的年会。在会议期间，有对国际学校教师的培训，特别是 WASC 要开展对国际学校中志愿参加国际学校认证工作的校长、教师的培训，培训内容包括如何开展自评，作为考察团成员如何去收集信息、分析信息以及撰写报告等①。

**表 2-2　EARCOS 在华国际学校成员校**

| 学校 | 批准设立时间 | 所在城市 |
| --- | --- | --- |
| 北京京西学校 | 1996 年② | 北京 |
| 北京 BISS 国际学校 | 1996 年 | 北京 |
| 北京顺义国际学校 | 1997 年 | 北京 |
| 上海长宁国际学校 | 1996 年 | 上海 |
| 天津 MTI 国际学校 | 1999 年 | 天津 |
| 广州美国人国际学校 | 1996 年 | 广州 |
| 广东蛇口国际学校 | 1997 年 | 深圳 |
| 南京国际学校 | 1996 年 | 南京 |
| 厦门国际学校 | 1997 年 | 厦门 |
| 昆明国际学校 | 2003 年 | 昆明 |

① EARCOS：About Us，http://www.earcos.org/about.html. 2008-06-06.

② 1994 年，北京京西学校经北京市教育局批准设立。1995 年，国家教育委员会《关于外籍人员子女学校设立的暂行管理办法》颁布后，北京京西学校按规定进行了重新登记，并于 1996 年经国家教委批准。

总之，在华国际学校对国际学校认证的标准、程序、方法和意义有比较深入的理解，对国际学校认证有很强的认同感。

（三）在华国际学校的迅速发展

改革开放以后，随着中国国际交往的日益频繁，在中国境内合法设立的外国机构、外资企业、国际组织的驻华机构的数量不断增加，在中国工作和居住的外籍人员逐年增多，出现了外籍人员子女在中国境内接受教育的需求。20 世纪 80 年代中期，中国境内开始出现国际学校。在 1995 年国家教委发布《管理办法》之前，经各地政府部门批准开办的外籍人员子女学校有 9 所（北京 3 所、天津 1 所、上海 2 所、大连 1 所、广州 2 所），正在筹建的有 8 所。1995 年，国家教委《管理办法》的发布，极大地促进了在华国际学校的发展，在华国际学校的数量迅速增长（如图 2-1 所示）。

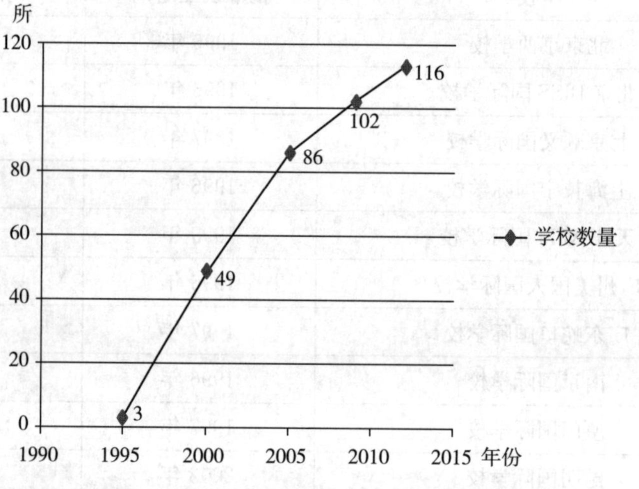


图 2-1　1995—2012 年在华国际学校发展趋势①

① 中华人民共和国教育部：教育部公布经批准设立的外籍人员子女学校名单，http://www.jsj.edu.cn/index.php/default/news/index/24,2012-12-31。

在华国际学校的迅速发展对中国社会的利益相关主体产生了以下影响。

1. 对在华国际学校的影响

随着在华国际学校的迅速发展，现行的法律法规和政府部门的管理方式已不完全适应在华国际学校发展的需要，使在华国际学校在办学过程中遇到了许多新的困难和问题。一是身份不明确。《管理办法》对在华国际学校是否是实施学历教育的机构未作明确规定，这导致这类学校的法人性质很不统一，有的办理事业法人登记，有的办理企业法人登记，有的办理民办非企业法人登记，甚至有的学校办理“其他机构”法人登记。在华国际学校身份不明确，使这类学校在中国的教育体系中找不到自己应有的地位，它们在办学中遇到了困难和问题不知道去找谁解决。二是办学不规范。一些在华国际学校在办学过程中在财务管理、招生、课程实施等方面存在不规范问题。例如，有的学校由于财务管理混乱迟滞了学校的发展，严重的导致了倒闭；有的学校在办学人或法人变更时，不遵守《管理办法》的相关规定，导致内讧和学校倒闭。三是在华国际学校长期以来处于与中国的社区和政府部门相对隔绝的状态。这种状态影响着学校与中国社区和政府部门的相互了解，对学校的长远发展是不利的。另外，在华国际学校在发展过程中还遇到了一些其他困难和问题。例如，2002 年 4 月，教育部国际合作与交流司为修订 1995 年的《管理办法》，委托课程教材中心组织专家对上海、广州、青岛和大连等地的在华国际学校进行了调研。通过对三份调研报告的分析发现，在华国际学校在发展中面临着许多复杂而具体的问题。这些问题涉及办学主体、教育年限、法人代表、招生对象、纳税、办学场地、聘用中国公民、进口设备和办公用品等问题①。面对办学过程中的种种困难和问题，在华国际学校非常希望通过与中国政府部门沟通，使其了解它们的办学状况，明确相关政策，帮助它们解决实际困难和问题。一些在华国际学校认识到，上述状况的存在对于学校今后的长远发展是不利的，它们从自身的利益出发，希望中国政府部门完善对在华国际学校的管理，建立学校与中国政府部门沟通和对话机制，为自己营造良好的外部环境。北京京西学校作为在华国际学校的代表，对此做出了积极的努力。该校认为国外的学校认证是一种更适合在华国际学校的管理方式，通过这种方式可以加强在华国际学校与中国政府有关部门的沟通。随后，北京京西学校向教育部有关部门提出了在中国建立在华国际学校认证制度的建议，得到肯定后，该校积极地推动了这一制度的建立。

2. 对政府部门的影响

面对在华国际学校发展过程中的新变化以及出现的种种新问题，中国教育行政部门当时的管理方式已经不完全适应在华国际学校发展的需要。其主要表现在以下几个方面。第一，教育行政部门对这类学校的日常管理相对薄弱。按照 1995 年的《管理办法》，省级教育行政部门负责在华国际学校开办的审核，国务院教育行政部门负责在华国际学校的审批。在日常管理中，省级教育行政部门主要负责：受理学校聘用中国公民的申请和核准；受理学校每年教职员工及学生名册、教材等的备案，并对其依法进行

① 莫景祺、张民选、董正璟、张浩良等：《修订〈关于开办外籍人员子女学校暂行管理办法〉赴上海调研报告》，2002 年 4 月；唐盛昌、程方平、廖文祺等：《修订〈关于开办外籍人员子女学校暂行管理办法〉赴青岛、大连调研报告》，2002 年 4 月；田立新、陈旭芬、禹明、吴琦等：《修订〈关于开办外籍人员子女学校的暂行管理办法〉赴广州、深圳调研报告》，2002 年 4 月。

监督和检查；受理学校校长、董事会成员变更的备案；对违反1995年《管理办法》的情形进行处罚等。但在实际工作中，教育行政部门与在华国际学校的来往很少，个别地方的在华国际学校处于放任自流状态，在华国际学校长期以来处于与中国的社区和政府部门相对隔绝的状态。第二，政府部门（特别是教育行政部门）的管理方式不完全适应在华国际学校的特点。它们往往用管理中国其他中小学的方式去管理在华国际学校。例如，对于教材的管理，有的省级教育行政部门为了加强对在华国际学校教材的监管，要求学校每学期将所有的教材报送审查。但在华国际学校的教材不同于中国其他学校的教材，它是全英文的非统编教材，是由教师选择的，因而其量大多样。对这类教材进行审查，不仅需要组织一支高素质的专家队伍，而且需要耗费大量的精力和财力。从实际来看，这种管理方式显然不适合在华国际学校的实际情况。第三，面对在华国际学校具体繁杂的问题，缺乏有效的管理机制。在华国际学校与中国政府部门处于相对隔绝的状态，使在华国际学校不了解中国相关的法律和法规。学校在办学过程中有意或无意地会触及政治敏感问题。例如，在教材和教学中对台湾问题、西藏问题的处理。也会出现违背中国法律和法规的问题。再如，学校的办学理念、课程教材以及教学过程中的宗教问题，以及学校的财务问题等。教育行政部门对在华国际学校的监管尚缺乏有效机制。面对在华国际学校的变化以及发展过程中的困难和问题，政府部门迫切需要创新管理机制，提高管理效益。

3. 对CIS、NEASC和WASC的影响

考察CIS、NEASC和WASC的发展历史，我们会发现，三个国际学校认证机构认证的范围和学校数量一直处于不断扩张的状态。从表1-2可知，CIS从1970年开始对国际学校认证，到2010

年8月，已经认证了312所；NEASC从1974年开始对国际学校认证，到2009年已经认证了176所；WASC从1969年开始对国际学校认证，到2010年在东亚地区已经认证了202所。2002年以来，在历届四方（CIS、课程教材中心、NEASC和WASC）会议上，CIS、NEASC和WASC在介绍各自的国际学校认证工作时，都把认证范围和学校数量作为一项重要内容。因此，认证范围和学校数量的扩展是CIS、NEASC和WASC的中心任务。只要有国际学校的国家，就应该是这些认证机构已经进入或准备进入的国家。同样，伴随着国际学校在中国的出现，这些认证机构开始进入中国开展认证业务。例如，在课程教材中心于2002年开展在华国际学校认证工作之前，ECIS、NEASC和WASC已经进入中国，并认证了8所在华国际学校（见表2-1）。随着中国改革开放的不断深入以及在华国际学校数量的迅速增加，CIS、NEASC和WASC对中国境内国际学校认证市场的关注应在情理之中。

4. 对课程教材中心的影响

课程教材中心是1998年在教育部机构改革和基础教育课程改革的背景下，经中央机构编制委员会办公室批复，由“国家教委基础教育课程教材研究中心”更名成立的①。但是，课程教材中心的成立，在制度设计上存在着严重缺陷，主要表现在以下几个方面。①在机构成立之前，其职能没有被明确。在中编办的文件中，涉及课程教材中心的内容只有一句话：“国家教委基础教育课程教材研究中心更名为教育部基础教育课程教材发展中心，经费形式由全额拨款改为差额补贴。”文件中没有明确课程教材中心的具体

① 中央机构编制委员会办公室：《关于教育部所属部分事业单位更名的批复》，中编办字〔1998〕42号，1998年10月30日。

职能。这种状况从1998年10月一直持续到2002年2月。②机构的职能明确了，但没有完全落实。2002年2月，教育部明确了课程教材中心的职能①，但由于某些职能分属于教育部有关行政部门，职能的落实遇到了很大阻力，至使课程教材中心缺乏常规性工作。在这一背景下，努力扩展职能，成为课程教材中心这一时期的主要任务。在华国际学校的迅速发展及其诉求为课程教材中心扩展其职能提供了一个良好的机遇。

国际学校认证经过四十多年的发展，已经成为国际学校获得社会认可和促进自身发展的重要机制，在在华国际学校中具有较大影响。这成为日后在华国际学校以及其他相关主体解决其困难和问题的潜在制度性资源。尽管在华国际学校、中国教育部国际合作与交流司、课程教材中心以及CIS、NEASC和WASC都处于不同的领域，其任务以及发展中所面临的矛盾各不相同，但上述组织有一个共同点，即受所处制度环境的影响，存在着不同的潜在利益诉求：在华国际学校希望政府部门解决它们发展中所面临的困难和问题；中国教育部在华国际学校主管部门面临着创新管理机制，加强对在华国际学校管理的挑战；CIS、NEASC和WASC希望进一步扩大在华国际学校认证的数量；课程教材中心希望进一步拓展职能，改善其发展状况。上述相关主体的潜在利益诉求成为中国在华国际学校认证制度产生的根源。

## 三、起源的过程

在华国际学校认证制度的起源经历了北京京西学校的动员、

① 教育部：《关于印发〈教育部基础教育课程教材发展中心职责任务、管理体制、机构设置和人员编制方案〉的通知》，教人〔2002〕1号，2002年2月10日。

争取行政认可和寻求国际合作等几个关键环节。通过这几个关键环节，课程教材中心、教育部国际合作与交流司、在华国际学校以及国外学校认证机构（CIS、NEASC、WASC）通过互动成为利益相关主体，并选择了国际学校认证制度向中国移植的方向和策略。

（一）北京京西学校的动员

如前所述，2000 年前后，在华国际学校在发展过程中遇到了一些困难和问题。面对这些困难和问题，不同学校采取了截然不同的办法。有的在华国际学校采取了自上而下施压的方式，例如，通过给领导人或政府部门写信，要求政府部门改变某些政策。北京京西学校则采取了另外一种方式，即希望通过在中国建立国际学校认证制度，加强国际学校与中国教育系统的沟通，提升国际学校在中国教育系统中的地位。

北京京西学校之所以采取上述方式，是因为该校的管理者对国际学校认证制度比较熟悉，北京京西学校于 1998 年 10 月底成功通过了 ECIS 和 NEASC 的联合认证①。而更重要的是该校自建立以来，规范办学，办学质量稳步提升，并与中国政府部门保持着良好关系；其管理团队热爱中国，对中国有充分的信任和尊重，并熟悉中国国情。他们认为国际学校在中国办事要透明，要主动敞开自己；不应该采取向政府部门施压的方式，而应该采取更恰当的方式让政府部门来了解国际学校的办学状况，这更有利于问题的解决。该校校长约翰·麦克布赖德（John McBryde）提出了寻求中国教育权威部门认证的思路，北京京西学校的管理者就此讨论过多次，他们认为这是一个双赢的渠道。于是，理事会派王

① 北京京西学校宣传资料：《北京京西学校背景情况》，2001 年。

燕到教育部就此问题进行咨询。理事会之所以派王燕去当然是其职责所在，但还有一个有利条件是因为王燕在20世纪90年代曾在教育部工作过，对教育部的部门和人员比较熟悉。2000年6月，王燕先是找到了时任基础教育司司长兼课程教材中心主任的李连宁，询问哪个部门可以对国际学校进行认证，得到的答复是中国尚没有学校认证制度。但李连宁将王燕介绍给了时任课程教材中心常务副主任的徐岩。王燕在徐岩办公室用了近一天时间向徐岩介绍了NEASC和ECIS对国际学校认证的情况，建议课程教材中心与NEASC和ECIS合作对在华国际学校进行认证，这引起了徐岩的浓厚兴趣，并得到了她的肯定。至此，北京京西学校以需求方身份作为在华国际学校认证制度的动员者，将该制度的引入方——课程教材中心寻引出来。

在课程教材中心国际学校认证的起源阶段，北京京西学校充当了一个非常重要的角色。北京京西学校最初是建立在华国际学校认证制度的动员者，而其在课程教材中心寻求与ECIS、NEASC和WASC合作的过程中，则变成了咨询者、协助者和协调者。北京京西学校对课程教材中心的协助，是作为学校行为实施的；该校具体人员对课程教材中心的协助是学校赋予他们的份内工作。学校对课程教材中心的协助经过了该校董事会的决议，具体工作由当时的学校校长约翰·麦克布赖德和人力资源部主任王燕来承担。北京京西学校的这一角色对于课程教材中心来讲是非常需要的，对于课程教材中心与ECIS、NEASC和WASC的沟通以及合作起到了纽带作用。

课程教材中心在寻求与ECIS、NEASC和WASC合作的过程中，大到工作策略小到具体活动安排，几乎都经过了北京京西学校的王燕和约翰·麦克布赖德。约翰·麦克布赖德成了课程教材中心名副其实的工作顾问，王燕成了课程教材中心名副其实的海外协调员。

课程教材中心在寻求国际合作的过程中，也得到了北京京西学校在其他方面的大力支持。例如，在向课程教材中心建议在中国建立国际学校认证制度之时，就帮助课程教材中心搜集并翻译了 NEASC/ECIS 的国际学校认证资料；课程教材中心与 ECIS、NEASC 和 WASC 的交流信件（包括电子邮件），以及每次交流活动的文件和相关议程几乎都要经过王燕的翻译和协调；2001 年 10 月 13—19 日，北京京西学校促成了课程教材中心评价处负责人莫景祺以观察员身份观摩 NEASC/ECIS 对泰国 the Bangkok Patana School 的考察；2002 年 6 月 22—29 日，应 NEASC 和 WASC 的邀请，约翰·麦克布赖德和王燕陪同莫景祺赴美国访问了位于旧金山的 WASC，并赴波士顿参加了 NEASC/ECIS 的联合年会。王燕承担了访问过程中的所有翻译工作。

在寻求国际合作的过程中，北京京西学校又是课程教材中心的协调者。通过约翰·麦克布赖德的牵线搭桥，NEASC 的伊娃·坎派茨（Eva Kampits）2001 年 5 月和 11 月访问了课程教材中心；WASC 的玛丽莲·乔治（Marilyn George）于 2002 年 3 月访问了课程教材中心。特别需要强调的是，由于约翰·麦克布赖德和王燕的协调工作，避免了因语言不同和文化差异给课程教材中心与 ECIS、NEASC 和 WASC 合作中造成的障碍。

（二）争取行政认可

教育部国际合作与交流司是在华国际学校的行政主管部门。课程教材中心要在中国开展国际学校认证工作，需要得到国际合作与交流司的同意或授权。为此，从 2000 年 12 月下旬到 2001 年 5 月 31 日这段时间，课程教材中心与教育部国际合作与交流司进行了比较充分的沟通，最终获得初步同意。

2000 年 12 月下旬，课程教材中心副主任王晓芜带领莫景祺前往教育部国际合作与交流司，就开展国际学校认证工作与国际合作与交流司的领导进行了第一次正式沟通。当时，接待王晓芜一行的是该司的司长助理关建，他当时协助分管国际学校工作。关建对课程教材中心开展国际学校认证工作给予了充分肯定，并阐述了开展此项工作的必要性，同时，他还对下一步要做的工作以及要明确的问题提出了一些建议。

2001 年 1 月 2 日，课程教材中心向教育部国际合作与交流司递交了第一份申请报告——《关于承接外籍人员子女学校基础教育阶段学历评估认证工作的请示》。这份报告主要从现实需求、国际惯例、遵纪守法、教学内容监控、国际交流等方面阐述了开展此项工作的必要性以及课程教材中心承担此项工作的资格和资质。该司政策规划处当时具体负责国际学校认证工作的田立新副处长很快就给课程教材中心评价处反馈，建议对开展此项工作进行调研，并提交一份开展此项工作的可行性报告。为了准备可行性报告，评价处的莫景祺和陈旭芬于 2001 年 2 月 19 日和 3 月初，分别到北京市教委国际合作与交流处、北京京西学校和北京耀中国际学校调研，并研究了 NEASC 和 ECIS 的机构情况及其认证标准和认证程序。时任北京市教委国际合作与交流处处长的丁红宇针对北京地区国际学校的发展状况，认为开展此项工作很有必要。北京耀中国际学校在给课程教材中心的报告中强调，学校愿意接受中国权威教育机构的评估认证，但希望课程教材中心参考其他国际组织的评估办法，按照国际学校的评估标准来开展评估认证工作。

2001 年 3 月 20 日，课程教材中心向中国教育部国际合作与交流司递交了第二份申请报告——《关于对外籍人员子女学校评估认证的请示》，同时，附加了《对外籍人员子女学校评估认证的可行性报告》和《有关国外学校认证机构的资料和调研报告》。同年5月21日，该司政策规划处副处长田立新打电话给课程教材中心评价处莫景祺，转答了他们对开展此项工作的意见：①政策规划处很支持开展这项工作，并已将《请示》报司领导；②希望课程教材中心着手开展前期的准备工作，如组织专家组制定在华国际学校评估办法、评估指标体系和评估程序等文件，聘请有关专家等；③可以先选择两所国际学校进行试点，验证评估标准的可行性，摸索经验；④希望就课程教材中心的法律地位、评估职能，以及将来的评估结果如何得到国际认可报一补充报告。

2001年5月24日，课程教材中心向教育部国际合作与交流司递交了第三份报告——《关于对外籍人员子女学校进行评估和学历认证的补充报告》。该报告就课程教材中心承接此项任务的法律地位作了补充说明，还就评估结果如何与国际接轨、如何得到国际认可等问题提出了建设性意见。同年5月30日，政策规划处在给该司领导的签报中谈到，从法人资格和职能来看，课程教材中心具有开展此项工作的资格，并认为选择非政府机构来承担这类评估认证服务已成国际惯例，建议同意课程教材中心在这方面做一些尝试性工作。在经过该司一位司长助理、一位主管副司长圈阅后，5月31日，时任国际合作与交流司司长的李东翔批示："同意，认真论证，先做试点，总结经验。"至此，课程教材中心开展国际学校认证工作得到了教育部国际合作与交流司的初步认可。

教育部国际合作与交流司之所以同意课程教材中心开展国际学校认证工作，首先是课程教材中心使该司认识到通过开展在华国际学校认证工作可以加强对在华国际学校的管理；同时，课程教材中心对教育部国际合作与交流司所关注的开展这项工作的可行性、课程教材中心承担这项工作的资格和资质、评估结果如何得到国际认可等问题作了比较充分的回应，满足了政府部门行政许可所需要的一些基本条件。

更重要的是，在课程教材中心寻求教育部国际合作与交流司认可的过程中，双方对开展在华国际学校认证的认识进行了共同建构。教育部国际合作与交流司同意课程教材中心开展在华国际学校认证工作的目的和意图，对课程教材中心管理者定位在华国际学校认证的目的和功能、制定相关认证文件产生了深远影响。行政许可的过程促使课程教材中心对开展这项工作的定位和可行性，承担这项工作的法律地位和资质，以及认证结果如何与国际衔接等问题进行了论证。同时，也促使课程教材中心与NEASC和ECIS沟通，研究其国际学校认证的资料，并着手制定在华国际学校认证办法和认证标准，物色相关专家等。而中国教育部国际合作与交流司在此过程中，逐步了解、认同和认可了课程教材中心即将要开展的国际学校认证工作。

特别值得一提的是，教育部国际合作与交流司对课程教材中心开展在华国际学校认证工作的初步认可，对于日后使这项工作成为课程教材中心的正式职能奠定了基础。2001年下半年，课程教材中心开始起草课程教材中心的“三定方案”（定任务、定职责、定编制），为使开展在华国际学校认证工作成为课程教材中心的一项职能，提供了千载难逢的好机会。该“三定方案”在经课程教材中心报送教育部审批过程中曾向教育部国际合作与交流司征求意见，时任国际合作与交流司政策规划处处长的徐永吉同意将其写入，并对该条目进行了修改，得到了国际合作与交流司负责人的认可。2002年2月10日，教育部在课程教材中心提交的

“三定方案”的基础上，印发的《关于印发〈教育部基础教育课程教材发展中心职责任务、管理体制、机构设置和人员编制方案〉的通知》（教人〔2002〕1号）明确规定：“经政府部门批准，承担对外籍人员子女学校的评估认证工作”。课程教材中心开展在华国际学校认证工作被写入了课程教材中心的职能，使课程教材中心开展在华国际学校认证终于有了合法地位。

（三）寻求国际合作

国际学校认证是一项专业性很强的工作。ECIS、NEASC和WASC是国际知名的学校认证机构，有几十年从事国际学校认证的经验，在国际学校中享有很高的声望。而在华国际学校认证对课程教材中心来讲，则是一项开创性的工作，挑战性可想而知。课程教材中心要高起点、高水准地开展在华国际学校认证工作，并得到在华国际学校的认可，除了获得中国教育部的认可以外，与ECIS、NEASC和WASC合作似乎是一个必然选择。

课程教材中心与ECIS、NEASC和WASC合作关系的确立不是一蹴而就的，而是经历了长达两年多的时间（见表2-3）。

**表2-3 课程教材中心寻求与ECIS、NEASC和WASC合作的典型事件**

| 时间 | 事件 | 作用 |
|---|---|---|
| 2001年5月30日 | 课程教材中心、北京京西学校和NEASC，围绕开展国际学校认证进行研讨。 | 增进了了解；NEASC向课程教材中心提供了认证资料；探讨了合作的可能性与可行性。 |
| 2001年8月14日 | NEASC的伊娃·坎派茨致信课程教材中心常务副主任徐岩，允许课程教材中心使用其认证资料，愿成为课程教材中心居于首位的合作伙伴。 | 课程教材中心获得在中国境内翻译和使用NEASC/ECIS认证资料的版权许可。 |

续表

| 时　间 | 事　件 | 作　用 |
|---|---|---|
| 2001 年 10 月 13—19 日 | 应 NEASC 的邀请，莫景祺以观察员身份和王燕一起参加了 NEASC/ECIS 考察团对泰国 the Bangkok Patana School 的考察。 | 考察报告提出了课程教材中心与 NEASC/ECIS 合作的原则和领域的建议。 |
| 2001 年 11 月 11—15 日 | NEASC 的伊娃·坎派茨访问课程教材中心。徐岩、莫景祺等听取了她对认证文件的修改意见，并与其讨论了双方的合作事宜。课程教材中心聘请伊娃·坎派茨担任课程教材中心在华国际学校认证工作顾问。 | 进一步讨论了课程教材中心与 NEASC/ECIS 合作的原则和领域。 |
| 2001 年 12 月 3 日 | 徐岩给 NEASC 的执行主任雅各布·勒德斯（Jacob Ludes）写信，阐述合作的原则和领域。 | 系统阐述了课程教材中心与 NEASC/ECIS 合作的原则和领域。 |
| 2002 年 1 月 8 日 | 雅各布·勒德斯给徐岩回信，表示很高兴与课程教材中心构建伙伴关系，期待着拓展工作，并邀请徐岩 6 月访问 NEASC。 | 徐岩的阐述得到了 NEASC 执行主任的认可。 |
| 2002 年 3 月 25 日 | WASC 的执行副主任玛丽莲·乔治在约翰·麦克布赖德、王燕的陪同下访问课程教材中心。双方互相介绍了各自开展国际学校认证的情况，并准备就进一步合作进行协商。 | 在约翰·麦克布赖德的建议下，课程教材中心开始寻求与 WASC 的合作。 |
| 2002 年 6 月 22—29 日 | 莫景祺、王燕和约翰·麦克布赖德访问 NEASC 和 WASC，课程教材中心与 NEASC、ECIS、WASC 达成签署《合作框架协议》的意向。 | 进一步明确合作的共识、沟通机制和合作领域。 |
| 2002 年 9 月 | 课程教材中心聘请北京京西学校校长约翰·麦克布赖德担任课程教材中心在华国际学校认证工作顾问。 | 课程教材中心对约翰·麦克布赖德前一阶段的协调工作给予肯定，希望他在协调四方合作方面发挥更大作用。 |

续表

| 时　间 | 事　件 | 作　用 |
|---|---|---|
| 2002年10月31日 | 课程教材中心与NEASC、ECIS、WASC在北京饭店召开首次四方会议。研讨了四方合作协议草案。教育部章新胜副部长接见并宴请了NEASC、ECIS、WASC三方的执行总裁。 | 讨论四方合作框架协议草案；四方的合作得到了教育部领导的支持。 |
| 2003年7月23日至8月18日 | 课程教材中心、CIS、NEASC和WASC以快递方式正式签署《合作框架协议》。 | 使四方在华国际学校认证合作合法化。 |

课程教材中心与ECIS、NEASC和WASC寻求合作的过程可以分为三个阶段。第一个阶段是相互沟通和学习阶段。从2001年5月30日到2001年8月14日。这一阶段通过访问、资料交换、认证资料的授权使用，增进了彼此的了解，探讨了合作的可能性和可行性。第二个阶段是合作关系的形成阶段。从2001年10月13—19日到2002年1月8日。这一阶段通过课程教材中心派人实地观察、NEASC代表的访问、课程教材中心与NEASC负责人互通信件等，课程教材中心与NEASC和ECIS基本形成了合作意向，初步确立了合作和伙伴关系。第三个阶段是合作关系的确立阶段。从2002年3月25日到2003年8月。这一阶段通过WASC的访问、课程教材中心代表对WASC和NEASC的访问、四方高级研讨会等，四方最终签署了《合作框架协议》。在这一过程中，课程教材中心与ECIS、NEASC和WASC围绕合作关系以及合作的方向和策略进行了较充分的互动。《合作框架协议》是四方互动的结晶，标志着课程教材中心与CIS、NEASC和WASC合作关系的确立，以及共同认可的合作方向和策略的形成。

国外学校认证机构在中国开展在华国际学校认证工作也需要

得到政府教育部门的行政许可。虽然课程教材中心开展在华国际学校认证工作于2002年2月已经获得教育部的正式授权，但并没有获得与ECIS、NEASC和WASC开展合作认证的许可。为此，课程教材中心将经过四方共同认可的《合作框架协议》的第四稿于2003年6月16日报教育部国际合作与交流司审核。6月25—30日，该司先后有三个处室的5位负责人以及3位司负责人审核了该《合作框架协议》。由此，课程教材中心与国外三个学校认证机构的合作获得了教育部行政主管部门的认可。

## 四、起源的完成

在华国际学校认证制度的起源是围绕两条线索进行的。一条是各个相关主体是如何走到一起而成为利益相关主体的；另一条是各个利益相关主体关于未来在华国际学校认证制度的方向和策略的共识的形成。前者是外在的现象，后者是内在本质。

### （一）组织场域的结构化

迪马吉奥（DiMaggio）曾经提出：组织场域的结构化过程由以下四个部分构成：场域中组织间互动程度的增加；组织之间明确的支配结构和联盟模式的出现；场域中的组织必须得到满足的信息量的增加；在共同参与某一任务的系列组织内部的参与者之间相互了解或共识的形成[①]。下面我们就用这四个维度来分析在华国际学校认证制度起源的完成。

#### 1. 组织间互动的增加

从2000年8月到2002年底的两年多时间里，各相关主体围绕

① ［美］迪马吉奥、鲍威尔主编，姚伟译：《组织分析的新制度主义》，上海人民出版社2008年版，第70页。

国际学校认证制度向中国移植进行了频繁的交流。其间，课程教材中心的负责人与教育部国际合作与交流司的负责人进行了一次正式沟通。两个单位处室之间沟通多次。课程教材中心先后向教育部国际合作与交流司递交了 4 份报告，并得到回应。2002 年 9 月 11 日，教育部副部长章新胜听取了课程教材中心关于在华国际学校认证工作准备情况的汇报，并对课程教材中心前一阶段的准备工作给予了充分肯定。课程教材中心受教育部国际合作与交流司的委托，组织专家就修改《关于开办外籍人员子女学校暂行管理办法》赴上海、广州、深圳、青岛和大连进行调研。特别是在 2002 年 2 月 10 日，教育部印发《关于印发〈教育部基础教育课程教材发展中心职责任务、管理体制、机构设置和人员编制方案〉的通知》，明确规定："经政府部门批准，承担对外籍人员子女学校的评估认证工作。"在此期间，ECIS、NEASC 和 WASC 的人员先后三次访问课程教材中心，课程教材中心的人员有一次访问 NEASC 和 WASC，一次作为观察员参加 NEASC/ECIS 在泰国组织的考察活动，一次随教育部代表团赴东南亚考察国际学校认证情况。NEASC、ECIS、WASC 和课程教材中心召开了第一次四方会议，在会议期间，教育部副部长章新胜接见了上述三个机构的代表。在此期间，课程教材中心先后两次到在华国际学校调研，并向三所在华国际学校征求对认证文件的意见，对北京京西学校和天津 MTI 国际学校进行了认证试点。北京京西学校作为咨询者、协助者和协调者参加了课程教材中心与上述三个机构的所有交流活动。

2. 组织之间明确的支配结构和联盟模式的出现

在国际学校认证制度向中国移植的初期，主要利益相关主体形成了以课程教材中心为中心的组织场域。课程教材中心对教育部是合法性从属关系，课程教材中心开展在华国际学校认证必须得到教育部的认可和支持；教育部对课程教材中心是目的性从属关系，希望通过课程教材中心开展国际学校认证，创新国际学校管理机制，加强对在华国际学校的管理。课程教材中心对北京京西学校是跨文化交际性从属关系，课程教材中心与 CIS、NEASC 和 WASC 的合作需要北京京西学校的协助和协调，以弥补其在语言、跨文化交际等方面的不足；北京京西学校对课程教材中心是符号性资源性从属关系，希望通过课程教材中心开展在华国际学校认证，改善这类学校的发展环境。课程教材中心对 CIS、NEASC 和 WASC 是专业性从属关系，课程教材中心要在中国高起点、高水平地从事在华国际学校认证工作，并赢得在华国际学校的认可，需要上述专业机构的认可和支持；而 CIS、NEASC 和 WASC 对课程教材中心是合法性从属关系，这些机构在中国从事国际学校认证活动，需要了解中国国情，并得到中国政府教育行政部门的许可。

3. 信息量的增多

信息量的增多往往跟相关主体之间互动程度的增加是密切相关的。组织之间的交往、资料的交换、信件的往来（主要是电子邮件）、对考察团成员的联合培训等，促进了各个利益相关主体之间信息量的增多。例如，2001 年 5 月和 11 月，NEASC 的伊娃·坎派茨对课程教材中心的访问，以及 2002 年 3 月，WASC 的玛丽莲·乔治对课程教材中心的访问，给课程教材中心带来了许多国际学校认证资料；2002 年 3 月，课程教材中心将研制完成的认证文件分别送给 ECIS、NEASC 和 WASC；2002 年 4 月和 2002 年 10 月，课程教材中心分别请北京京西学校校长约翰·麦克布赖德和 NEASC 的伊娃·坎派茨、ECIS 的认证顾问戴维·斯泰因

(David Styan)、WASC的玛丽莲·乔治对课程教材中心的考察人员进行了培训；2000年8月至2002年底，课程教材中心与ECIS、NEASC和WASC的往来信件达到26封。

4. 各个组织参与者共识的形成

从2000年8月到2003年8月，北京京西学校、课程教材中心、教育部国际合作与交流司、NEASC、ECIS、WASC、其他在华国际学校围绕在中国实施在华国际学校认证制度进行了长达三年的互动。各个组织的参与者从各自的立场出发，经过沟通、学习、讨论，对在华国际学校认证制度在中国实施的相关方面逐步形成了共识，特别是对国际学校认证制度向中国移植的方向和策略形成了共识。互动过程成为各个组织参与者共识形成的过程。四方《合作框架协议》是各方参与者共识的集中反映。虽然《合作框架协议》是课程教材中心与CIS、NEASC和WASC签署的，但教育部行政主管部门、在华国际学校的意志在互动过程中已经渗透其中。

在华国际学校认证制度起源组织场域的结构化，使组织场域范围内的相关主体成为利益相关主体，并且使组织场域层面存在着张力、矛盾和冲突。这是在华国际学校认证制度起源的直接动力。

（二）方向和策略的形成

在华国际学校认证制度起源组织场域的结构化过程，使在华国际学校认证制度未来的功能定位进一步明确。CIS、NEASC和WASC国际学校认证制度的功能概括起来有两个方面：一是向社会提供学校教育质量的证明，证明这所学校的质量是信得过的；二是促进学校的持续发展。但是，在课程教材中心为开展在华国际学校认证工作寻求并获得教育部行政主管部门认可的过程中，其功能定位已经增加了“规范管理”的内容。课程教材中心在给教育部国际合作与交流司一系列申请认可的报告中，提出的一个重要理由是：教育部国际合作与交流司可以通过认证手段加强对在华国际学校的管理。教育部国际合作与交流司认可了这一理由。这可以在教育部国际合作与交流司给课程教材中心的批复中，以及该司有关负责人及其相关处室负责人后来的谈话中得到印证。课程教材中心在2002年制定的《外籍人员子女学校认证办法》（试行）的第一条强调认证的目的是“为完善对外籍人员子女学校的管理”，而不是国际学校认证的一般目的——质量保证和学校发展；课程教材中心在《外籍人员子女学校认证标准（试行）》中，还特别强调了：①学校在运行过程中，遵守中国有关法律、法规的情况；②学校通过课程设置，让学生了解中国文化的情况；③教学评价的情况；④学校与家庭、社区的关系[①]。2003年，课程教材中心与CIS、NEASC和WASC签署的《合作框架协议》规定：“NEASC，CIS和WASC理解、接受和支持课程教材中心的《外籍人员子女学校认证办法（试行）》、《外籍人员子女学校认证标准（试行）》和《外籍人员子女学校认证申请表（试行）》”，这标志着在华国际学校的功能定位——规范管理，保证质量，已经得到CIS、NEASC和WASC的理解、接受和支持。

在华国际学校认证制度起源组织场域的结构化过程，也形成了国际学校认证制度向中国移植的策略。课程教材中心与CIS、NEASC和WASC共同签署的《合作框架协议》标志着各利益相关主体关于国际学校认证制度向中国移植所形成的共识（包括制

① 教育部基础教育课程教材发展中心：《外籍人员子女学校认证指南之二——外籍人员子女学校认证标准》（试行），2002年3月。

度移植策略）法律化。《合作框架协议》从总体上确立了国际学校认证制度向中国移植的合作策略，并在总体策略之下提出了一系列具体策略。这些策略包括：①相互承认和借鉴；②沟通；③人员交流；④培训；⑤发展合作认证程序。而其中心策略是国际学校认证制度向中国移植的途径，即“简捷途径独立认证”和“联合认证”①。

## 第二节　在华国际学校认证制度的发展

如果以课程教材中心于2002年认证第一所在华国际学校为起点，在华国际学校认证制度到2013年已经历了11年的发展历程。从认证方式来划分，可以将在华国际学校认证制度的发展过程划分为两个时期：第一个时期为简捷途径的独立认证时期（2002年5月至2005年12月）；第二个时期为联合认证时期（2006年1月至今）。在华国际学校认证制度在发展过程中的一个突出特点是其制度要素在利益相关主体的互动中，不断地被调整，并形成现行的在华国际学校认证体系。

### 一、简捷途径独立认证时期

课程教材中心在开展在华国际学校认证的初期，没有完全采用国外学校认证机构完整、规范的认证程序，而是采用了简捷途径的认证程序。本书把这种认证方式称之为简捷途径的独立认证。简捷途径的独立认证是国际学校认证制度被移植到中国的初期，

① CIS、课程教材中心、NEASC、WASC：《合作框架协议》，2003年8月签订。

对已经通过 NEASC/ECIS、WASC、WASC/ECIS 认证的在华国际学校认证时所采取的一种认证方式，其主要做法是缩短学校自评时间，简化学校自评内容。其自评内容主要关注前一个认证机构认证以来，学校针对课程教材中心《外籍人员子女学校认证标准（试行）》各方面的进展情况，以及前一个认证机构考察时所提改进意见的改进情况。在简捷途径独立认证时期，课程教材中心使用简捷途径独立认证方式共认证了 5 所在华国际学校。

课程教材中心为什么在国际学校认证制度被移植到中国的初期，采用简捷途径独立认证方式呢？这是课程教材中心与其他利益相关主体互动的结果。课程教材中心开展在华国际学校认证得到了教育部的授权，并得到了教育部国际合作与交流司的大力支持。这是课程教材中心开展在华国际学校认证的前提。除此之外，课程教材中心开展在华国际学校认证还受到了国际学校认证专业规范和在华国际学校认可的影响。

课程教材中心在开展在华国际学校认证之初，尚不具备完全独立开展学校认证的专业能力。虽然学校认证在国外，特别是在美国有一百多年的历史，但是当时中国还没有真正意义上的学校认证。课程教材中心开展在华国际学校认证是从零开始，缺乏实践经验。同时，也缺乏对学校认证的理性认识。例如，课程教材中心的管理者只是在 2000 年开始探索对在华国际学校认证时，通过翻译和阅读 NEASC/ECIS 国际学校认证的一些资料，才对学校认证的基本理念和做法有了一些基本了解。当时，课程教材中心还缺乏一支训练有素、具有较高专业水平的认证候选考察人员队伍。在 2002 年 5 月开始对在华国际学校进行认证试点之前，才匆忙请各地帮助推荐了 12 位认证候选考察人员。因此，课程教材中心认证 CIS、NEASC 和 WASC 认证过的学校，缩短自评时间、简化自评内容，并在考察过程中聘请 CIS、NEASC 和 WASC 的专家担任考察团副团长，可以规避课程教材中心专业能力的不足。

课程教材中心要开展在华国际学校认证，还要得到在华国际学校的认可。在华国际学校由于办学面向全世界，与国际社会保持着密切联系，其对国际上的国际学校认证并不陌生。如本章第一节所述，在课程教材中心在华国际学校认证试点之前，中国大陆已经有 8 所在华国际学校申请了 NEASC/ECIS 或 WASC 的认证。但是，这些学校对于接受中国教育机构的认证还心存疑虑，主要是对课程教材中心以及课程教材中心在华国际学校认证不了解。从课程教材中心在认证试点前对一些在华国际学校的调查来看，这些学校的疑虑主要包括两个方面：①担心课程教材中心会用中国政府部门督导其公办学校的方式对它们进行评估；②担心课程教材中心会完全用中文对学校进行评估，这样会给这些以英语为工作和教学语言的学校带来很大麻烦和负担。可见，当时的在华国际学校尚缺乏对课程教材中心以及课程教材中心在华国际学校认证的认知。课程教材中心认证 NEASC/ECIS 或 WASC 认证过的学校，借助 CIS、NEASC 和 WASC 的社会声望，让这些学校感到课程教材中心开展的在华国际学校认证与 CIS、NEASC 和 WASC 的做法是一致的，这样可以打消这些学校的顾虑。同时，课程教材中心的管理者考虑到，由于经过 NEASC/ECIS 或 WASC 认证的在华国际学校熟悉国际学校认证的基本规则和做法，课程教材中心再对这类学校认证可以规避不必要的风险。

尽管从现在来看，简捷途径独立认证有阶段性局限，但从在华国际学校认证制度建立的角度来看，简捷途径独立认证对于在华国际学校认证制度的建立起到了探索性和基础性作用。它所发挥的历史作用主要体现在以下几个方面。①争取了政府部门的支持。由于简捷途径独立认证在自评内容方面强调学校在运行过程中应遵守中国的有关法律、法规；学校应该通过课程设置让学生了解中国文化；要加强教学管理；学校应该与家庭、社区建立良好的关系等内容，从而在认证过程中起到了规范学校办学行为的作用，满足了教育行政部门通过认证加强对在华国际学校管理的期望，使得课程教材中心在华国际学校认证在试点阶段得到了教育行政部门的大力支持。②与国外学校认证机构增进了理解，建立了良好的合作关系。简捷途径独立认证是以课程教材中心与国外学校认证机构合作为基础的，这种方式的实施又进一步夯实了这个基础。通过自评内容与国外学校认证机构考察报告的衔接，以及邀请其专家参加课程教材中心考察团的活动，使国外学校认证机构加深了对课程教材中心认证作用的理解，特别是使他们认识到课程教材中心在促进在华国际学校发展方面有不可替代的作用，并与他们形成互补。简捷途径独立认证的实施，促使四方于2003年8月最终签订了四方《合作框架协议》。四方《合作框架协议》成为后来四方合作的一个纲领性文件。③提高了课程教材中心在华国际学校认证在在华国际学校中的威信。CIS、NEASC和WASC在在华国际学校中具有很高的声誉和权威。课程教材中心采取以四方合作为基础的简捷途径独立认证增强了在华国际学校对课程教材中心认证的信心。课程教材中心邀请国外学校认证机构专家参加课程教材中心的考察活动，弥补了课程教材中心考察人员经验的不足，便于帮助考察团就考察过程中遇到的一些特殊问题与学校进行沟通，能够避免出现大的失误，保证了课程教材中心认证试点的平稳进行。外国专家在课程教材中心考察团中担任副团长，为课程教材中心考察人员提供了一个很好的学习机会，促进了课程教材中心考察人员考察水平的迅速提高。这些因素强化了课程教材中心认证在在华国际学校中的威信。④在短时间内积累了丰富经验。如果按照在华国际学校认证的常规确定学校自评时间，将近两年才完成一所学校的认证，试点的期限将大大延长。自评时间和认证周期的缩短，使课程教材中心在短时间内尽可能多地认证比较多的学校，积累了较丰富的经验，为后来课程教材中心在华国际学校认证文件的修订奠定了基础。因此，缩短自评时间是很明智的一种做法。

从课程教材中心在华国际学校认证试点时所具备的条件和实际经验来看，选择简捷途径独立认证方式是很高明的一种做法。简捷途径独立认证使课程教材中心在华国际学校认证从一开始就具有国际视野，并站在一个比较高的起点上。简捷途径独立认证方式在在华国际学校认证制度建立和发展的过程中占据了重要地位，并发挥了历史性作用。同时，也显示出课程教材中心在开展在华国际学校认证初期对国外学校认证机构较强的依附性。

在简捷途径独立认证时期，当 ECIS/NEASC 国际学校认证制度被移植到中国时，在准备和实施过程中，其制度要素均被进行了一些调整（见表 2-4）。

**表 2-4　简捷途径独立认证时期国际学校认证制度的调整**

| | 制度要素 | 调整前 | 调整后 |
|---|---|---|---|
| 准备过程中 | 认证功能 | 保证质量，促进发展。 | 保证质量，促进发展，规范管理。 |
| | 认证周期 | 10 年。 | 5 年。 |
| | 认证主体 | 非营利非政府组织。 | 事业单位。 |
| | 组织机构及其组成人员 | 认证委员会。<br>政府官员占少数。 | 认证委员会、认证咨询委员会。<br>政府官员占较大比例。 |
| | 认证标准 | ECIS/NEASC 第六版。 | 增加了遵守中国法律法规，鼓励将中国文化融入课程，社区关系等内容。 |

续表

| | 制度要素 | 调整前 | 调整后 |
|---|---|---|---|
| 实践过程中 | 认证程序 | 没有资格考察程序。 | 增加了资格考察程序。 |
| | 同行评估 | 评估人员绝大多数来自国际学校。 | 评估人员来自国际学校比例偏小。 |
| | 管理方式 | 自主管理。 | 借助顾问和专家管理。 |
| | 对认证的认知 | CIS、NEASC 和 WASC 认证能带来专业合法性。 | 课程教材中心认证能带来行政合法性。 |

导致上述制度要素调整的原因主要有以下几个方面。一是受到了政府部门政策和期待的影响。认证功能、组织机构及其组成人员、认证标准、认证程序、同行评估、对认证的认知的调整都受到了政府部门政策和期待的影响。例如，认证功能在原有基础上增加了“规范管理”的功能，主要受到了政府部门希望通过开展在华国际学校认证，加强对这类学校管理的期待的影响。二是受到了社会环境的影响。认证周期和认证主体的调整则受到了中国社会环境的影响。例如，在华国际学校认证主体之所以由事业单位承担，是因为在中国集权式行政管理体制下，社会中介机构很不发达，而事业单位既具有政府背景，又是非政府部门，集专业权威与行政权威于一身，是实施主体的理想替代组织。三是受到了国际学校认证专业规范的影响。例如，管理方式的调整，课程教材中心之所以借助顾问和专家的力量来对在华国际学校认证工作进行管理，主要是为了弥补管理经验、管理水平和管理能力的不足。

在简捷途径独立认证时期，课程教材中心在华国际学校认证实践中相对于 CIS、NEASC 和 WASC 的国际学校认证专业规范出现了一些失范现象。例如，有的考察人员在考察活动中习惯于督导的方式，学校自评及自评报告的体例不太符合课程教材中心的要求，一些考察人员缺乏实地考察的经验等。同时，随着国际学校认证制度要素的调整，又出现了课程教材中心与 CIS、NEASC 和 WASC 在标准框架、认证周期、认证进程方面不一致的现象。这些现象引起了 CIS、NEASC、WASC 以及在华国际学校的不满。这促使课程教材中心与 CIS、NEASC 和 WASC 对相关制度要素做进一步调整，并向联合认证过渡。

## 二、联合认证时期

联合认证是在国际学校自愿选择的基础上，课程教材中心与 CIS、NEASC 和 WASC 之中的一方或多方合作，使用认证机构共同认可的认证标准和认证程序，合作方分别委派考察人员对学校进行联合考察，认证结果分别由各方独立做出的认证方式。概括地讲，就是同一套认证标准、同一个认证程序、同一个考察团、可能不同的认证结果（联合认证概念的详细阐述见第七章）。2006 年以来，课程教材中心对在华国际学校的认证，主要使用了联合认证途径。课程教材中心与 CIS、NEASC 和 WASC 的联合认证，试图解决简捷途径独立认证时期认证标准不统一，认证周期不统一，以及认证进程不同步的问题，以解决在简捷途径独立认证时期所遇到的合法性危机。

在制度的起源阶段，联合认证就被课程教材中心与 CIS、NEASC 和 WASC 作为一种策略提出，但什么时候实施，如何去实施，却是利益相关主体的代表所无法预料的。虽然简捷途径独立认证实践与联合认证实践的时间界限比较分明，但从简捷途径独立认证向联合认证的过渡来看，两个阶段又是相互嵌套的。其实，从简捷途径独立认证向联合认证过渡的准备从 2003 年年底就开始了。简捷途径独立认证实践中出现的各种合法性危机引起了在华国际学校以及 CIS、NEASC 和 WASC 的不满，这促使这些利益相关主体采取措施来解决这些危机。对于在华国际学校认证从简捷途径独立认证向联合认证过渡的原因，还可以追溯得更广泛和更长远一些。

首先，历史经验为在华国际学校认证由简捷途径独立认证向联合认证过渡提供了范例。在学校认证领域，认证机构之间的联合认证由来已久。学校认证领域的联合认证为课程教材中心与 CIS、NEASC 和 WASC 发展联合认证程序树立了典范，况且组织场域中的 CIS 和 NEASC 从 20 世纪 70 年代末就开始了对国际学校的联合认证，CIS 与 WASC 也进行联合认证。学校认证领域的联合认证不仅影响了在华国际学校认证组织场域形成过程中，利益相关主体的代表关于国际学校认证制度向中国移植的策略，并且也为这些利益相关主体的代表解决在简捷途径认证实践中出现的矛盾和问题，提供了可以参考的模式。

其次，2003 年，CIS/NEASC 国际学校认证标准第七版的完成，为在华国际学校认证方式由简捷途径独立认证向联合认证过渡提供了契机。2003 年，CIS/NEASC 总结多年的经验，在 ECIS/NEASC 国际学校认证标准第六版的基础上修订完成了国际学校认证标准第七版。CIS/NEASC 国际学校认证标准第七版的发布，为各方从多个标准和程序到用一个标准和一个程序开展认证带来了机遇。同时，还可以解决培训问题，任何人只要参加了 CIS/NEASC 国际学校认证标准第七版的培训都可能参加对任何学校的考察，对在华国际学校使用 CIS/NEASC 国际学校认证标准第七版认证就方便多了，避免一所学校、一所学校地回答。

再次，课程教材中心开始面临没有经过四方任何一方认证的在华国际学校申请认证以及采用简捷途径独立认证的在华国际学校申请再认证的挑战。对这两类学校的认证为课程教材中心与CIS、NEASC和WASC开展联合认证提供了一个非常好的契机。

总之，课程教材中心与CIS、NEASC和WASC推动在华国际学校认证方式由简捷途径独立认证向联合认证转变，历史经验与现实环境均发挥了重要影响。

到了联合认证时期，相关制度要素又在简捷途径认证时期调整的基础上被进一步调整（见表2-5）。

**表2-5 联合认证时期在华国际学校认证制度的调整**

| | 制度要素 | | 调整前 | 调整后 |
|---|---|---|---|---|
| 准备过程中 | 认证标准 | | 课程教材中心在华国际学校认证标准。 | CIS/NEASC国际学校认证标准第七版＋中国背景标准A；WASC国际学校认证标准“聚集学习”＋中国背景标准B。 |
| | 认证程序 | | 课程教材中心简捷途径独立认证程序。 | CIS/NEASC和WASC的认证程序＋课程教材中心的资格考察程序。 |
| 实施过程中 | 资格考察程序 | | 课程教材中心的资格考察程序。 | 有时没有坚持。 |
| | 同行评估 | | 来自在华国际学校的人员偏少。 | 来自在华国际学校的人员增多。 |
| | 培训 | 2006年 | 独立培训。 | 联合培训。 |
| | | 2010年 | 联合培训。 | 联合培训与独立培训并重。 |
| | 认证方式 | | 简捷途径独立认证。 | 联合认证＋独立认证。 |

联合认证时期的制度调整主要受到了政府部门的期待与国际学校认证专业规范的影响。例如，用于联合认证的CIS/NEASC国际学校认证标准第七版＋中国背景标准A或WASC国际学校认证

标准“聚集学习”＋中国背景标准B，这种结构本身就体现了上述两种因素的影响。“中国背景标准”在形成过程中，其内容通过课程教材中心主要受到了教育部行政主管部门意志的影响。“中国背景标准”嵌入CIS/NEASC国际学校认证标准第七版或WASC国际学校认证标准“聚集学习”的方式，受到了国际学校认证专业规范的影响。在讨论联合认证标准的过程中，CIS的代表努力维护原有认证标准框架和内容的完整性，“中国背景标准”的表述方式也受到了英语语言习惯和西方人接受习惯的影响。用于联合认证的程序的具体文本主要借鉴了CIS、NEASC和WASC已有认证程序的内容，课程教材中心的影响较小，仅仅是在联合认证程序中增加了课程教材中心所强调的“资格考察程序”。受国际学校认证专业规范的影响，资格考察程序在联合认证时期，有时没有很好地坚持，同行评估开始回归，培训主要向联合培训转变。有个别学校为了追求行政合法性，也申请了课程教材中心的独立认证。

虽然在华国际学校认证制度在简捷途径独立认证和联合认证两个发展时期，都经过了制度调整，但制度调整尚未终结，还要持续下去。主要原因是各个利益相关主体之间在合作过程中，还存在着明显的张力和矛盾。解决这些张力和矛盾的结果就是制度调整。尽管如此，经过这两个时期的发展，在华国际学校认证体系已经基本形成。

## 三、在华国际学校认证体系

经过十多年的发展，在华国际学校认证体系在中国基本形成，主要体现在以下几方面。

一是课程教材中心在华国际学校认证工作的法律地位已经确立，并继续得到中国教育部行政主管部门以及地方教育行政主管部门的大力支持。2002年2月10日，教育部印发《关于印发〈教育部基础教育课程教材发展中心职责任务、管理体制、机构设置和人员编制方案〉的通知》明确规定："经政府部门批准，承担对外籍人员子女学校的评估认证工作"。从此，开展在华国际学校认证工作成为课程教材中心的一项职能，使课程教材中心开展在华国际学校认证具备了合法地位。

二是形成了一套包括认证章程、认证标准、认证程序、学校自评、考察团考察、认证办公室工作规范在内的系统的、有特色的认证管理体系文件。

三是建立了常设和非常设的认证组织机构，包括认证委员会、认证咨询委员会和认证办公室。

四是建立了一支经过持续培训的、有认证实践经验的专业团队。该团队包括认证研究人员、候选考察人员、认证考察人员和认证管理人员。

五是与CIS、NEASC和WASC建立了合作和交流机制。该机制包括沟通机制、联合培训、联合认证等。

六是课程教材中心在华国际学校认证得到了越来越多在华国际学校的认可。至2012年6月，课程教材中心已经认证和正在认证的学校达到32所，占在华国际学校认证总数（116所[①]）的27.6%。

七是课程教材中心在华国际学校认证在国际以及国内均产生了一定影响。

---

① 教育部公布经批准设立的外籍人员子女学校名单，http://www.jsj.edu.cn/index.php/default/news/index/24，2012-12-31.

# 第三章　认证基准

NEASC/CIS 国际学校认证基准有两个：一是学校自己的办学理念和培养目标；二是认证标准①。课程教材中心在华国际学校认证在借鉴 CIS/NEASC 认证体系时，其认证基准沿袭了这一特点。考察在华国际学校认证基准，需要探讨学校的办学理念和培养目标与认证标准，以及二者之间的关系。

## 第一节　办学理念和培养目标

### 一、办学理念

（一）基本概念

理念是“是指人们对于某一事物或现象的理性认识、理想追求及其所形成的观念体系”②。办学理念是学校对教育的本质和规

① NEASC/CIS, School Improvement through Accreditation, Guide to School Evaluation and Accreditation, Version 7.01 (US Spelling), 1st September 2003, p. 6.

② 韩延明：《理念、教育理念及办学理念探析》，载《教育研究》2003 年第 9 期。

律的理性认识和理想追求及其所形成的教育观念体系。办学理念包含以下三方面的意义。

第一，办学理念是学校对教育的本质和规律的理性认识。对教育的本质和规律的理性认识是学校办学理念形成的基础。没有理论指导的办学理念不是真正的办学理念。教育的本质和规律的内容非常丰富，但对于学校的办学理念来讲，其核心是教育观、学生观和学校观。培养什么人和如何培养人的问题是办学理念的出发点；教育观是办学理念的思想基础；学校观是办学理念的价值追求，学校是什么，学校因什么而存在是办学理念不能回避的问题。

第二，办学理念是学校对教育的理想追求。理想追求是学校在对教育的本质和规律的理性认识的基础上，对“学校应该是什么”，“学校应该做什么”等方面的追求，包括学校的信念、宗旨、目标、社会责任等，是对学校未来发展的构想和展望。办学理念作为学校对教育的一种理想，一方面要基于学校对教育的本质和规律的认识，另一方面要受到教育现实的制约，脱离教育现实的办学理念就成了“空想”。由于学校之间对教育的本质和规律的理解不同，学校之间的学生群体、办学环境、办学资源等方面的差异，学校对教育的理想追求应该具有多样性。

第三，办学理念是一个教育观念体系。办学理念是一个以学校对教育的本质和规律的认识以及对教育的理想追求为核心的教育观念体系。在这个观念体系中，学校对教育的本质和规律的认识，以及对教育的理想追求起着主导作用。

### （二）主要特点

从学校办学理念的内涵出发来考察，学校的办学理念主要有以下几个方面的特点。

1. 理论性

学校的办学理念是学校对于教育本质和规律的理性认识最基本的、最精辟的概括和提炼。一所学校的办学理念一定要有理论作支撑，没有理论作支撑的办学理念不能称其为办学理念。对学校的办学理念首先应该从理论的高度进行把握。

2. 实践性

办学理念的实践性体现在三个方面。第一，学校的办学理念是在学校的教育实践中产生的，教育实践是办学理念形成的基础和源泉。办学理念受学校教育实践的制约，办学理念一定要适合学校独特的学生群体，符合所在国家的法律和法规，并体现时代精神。第二，办学理念对学校教育实践具有指导作用。适切的、科学的办学理念具有前瞻性、导向性，对学校的发展起到引领和导向作用；反之，就会影响和制约学校的发展。如果一所学校没有办学理念，或者学校的办学理念不符合学校的发展实际，那么学校的办学是盲目的，学校就会失去发展的方向和动力。第三，办学理念是否适切和科学要靠学校的教育实践来检验。要通过教育实践来检验，办学理念是否反映了教育的本质和规律，是否符合学校的发展实际，是否可行。只有经过教育实践的检验证明是适切的和科学的办学理念对学校来讲才有意义，与学校教育实践“两张皮”的办学理念没有任何存在的意义。

3. 开放性

办学理念的实践性决定了办学理念还具有开放性。其开放性体现在两个方面。第一，办学理念是发展的。学校的办学理念虽然具有一定的稳定性，在一定时期对学校的运行起着指导作用，但又不是一成不变的，必定随着社会的发展、时代的发展和人们社会实践的发展而不断发展。第二，办学理念是与环境相联系的。

学校的办学理念不是封闭的，必然要受到社会、时代以及教育实践的影响和制约，必须要反映社会的需要、时代的要求，吸收人类创造的一切先进教育思想。

4. 共识性

办学理念的共识性体现在两个方面。第一，办学理念的形成应该是在学校全体员工的积极参与下形成的。第二，办学理念要真正发挥其指导作用，必须得到学校全体员工的理解和支持，并内化为每个员工自觉的行动。每一个员工都应该知道学校为什么而设立，学校追寻什么，以及学校为什么采取这种教学方法而不采取其他教学方法。唯有如此，学校才能形成自己独特的文化和独特的办学风格，为学生学习创造独特的文化氛围。

在华国际学校的办学理念除了具备上述一般特点以外，还具有国际性特点，这是由在华国际学校的特点所决定的。在华国际学校的学生来自许多不同的国家和地区，具有不同的宗教信仰、不同的文化背景和不同的生活习惯。一方面多个国家、多个种族、多个民族的学生带来了不同的发展需要，另一方面，也为学生的发展带来了丰富的课程资源。从满足学生不同的发展需要出发，在华国际学校的办学理念必然要强调它的国际性。例如，NEASC/CIS 的国际学校认证标准中就强调：学校的办学理念和培养目标应引导学校以联合国人权宣言的精神指导学生的行动；应该使学校致力于提高学生国际和跨文化的经验①。课程教材中心的在华国际学校认证标准也强调：学校要利用学生的语言和文化差异丰富课

① NEASC/CIS, School Improvement through Accreditation, Guide to School Evaluation and Accreditation, Version 7.01 (US Spelling), 1st September 2003, p. 23.

程和教学①。

（三）办学理念的地位

从办学理念的概念出发，对办学理念的地位可以从以下两个方面来理解。从观念层面来看，办学理念在学校的教育观念体系中居于核心地位，对学校全体员工的教育观念起着主导作用，具有统一思想意志的作用。同时，办学理念也是学校精神和学校文化的支柱和核心，对于学校精神和学校文化的形成和传承起着主导作用。从实践层面来看，办学理念是学校办学的灵魂，对于学校的办学方向、培养目标、办学行为等起着导向作用。就一所学校来讲，办学理念和培养目标应是促进学校持续发展的实质部分②。“学校的办学目的为建立学校学生目标或预期的学校学习结果提供了基础。”③

（四）办学理念的提炼

虽然办学理念是在学校的教育实践中产生，并伴随着学校的教育实践不断发展和完善的，但办学理念不会自然形成，而需要学校全体员工发挥自觉能动性，对其进行提炼。办学理念的提炼涉及提炼的原则、途径和表述等问题。

1. 提炼的原则

（1）以实践为基础。办学理念是在学校的教育实践中产生的，并随着学校教育实践的发展而不断得到丰富和完善。因此，学校办学理念的提炼必须从学校的实践出发，要立足于学校的历史和

---

① NCCT. *Accreditation of Schools for Children of Foreign Nationals*, *Accreditation Standards (English)*, Version 2008, p. 7.

② NEASC/CIS, School Improvement through Accreditation, Guide to School Evaluation and Accreditation, Version 7.01 (US Spelling), 1st September 2003, p. 23.

③ WASC, *Focus on Learning*, *The Accreditation Manual*, 2003—2004 WASC Edition, p. 2.

发展现状，研究社会和社区环境对学校的影响，反映时代对学校教育的要求；学校要建立对学校办学理念不断检验和更新的机制，保证办学理念能够接受实践的检验，使办学理念适应社会和学生发展的要求。

（2）动员员工参与。办学理念是学校文化的核心。学校的办学理念不仅仅是校长的办学理念，还应该得到学校全体员工的认同和支持，并内化为学校全体员工自觉的意识和行为，只有如此，才会发挥办学理念在学校办学中的引领作用。学校办学理念的提炼必须动员学校全体员工参与，学校要建立全体员工参与办学理念提炼的机制和程序，保证办学理念提炼的群众基础。

（3）运用整合思维。办学理念是学校对教育的本质和规律的理性认识和理想追求，其内涵非常丰富。一所学校的办学理念不可能把学校办学的观念体系作一一的陈述，而应该对办学理念中的核心要素进行整合。通过整合，使办学理念具有一定的包容性、高度的概括性和可解读性。

（4）表述精炼鲜明。办学理念的表述是办学理念传承的载体，是学校员工和社会对办学理念了解、认同、接受和支持的基础。一所学校的办学理念不应该只是停留在口头和头脑中的感性认识，而应是有清晰文字表述的理性认识。所谓精炼就是内涵概括而丰富；所谓鲜明就是核心突出，指向明确。

2. 提炼的途径

我们应该把学校的教育实践作为探讨办学理念提炼途径的出发点和归宿。以此作为基本指导原则，我们可以从时间和空间两个维度来梳理办学理念提炼的途径，归纳起来，办学理念提炼的途径包括以下一些方面。

（1）学校历史。学校历史是学校的一部发展史。它不仅记载着学校的发展足迹，而且承载着学校积淀的文化。提炼办学理念，必须总结学校的历史，否则，办学理念就失去了文化基础。

（2）办学特色。办学特色是学校在长期的办学实践中所形成的办学经验的核心部分。办学特色是学校有别于其他学校并为其他学校不可替代的特质，它是学校存在的价值和根由，是学校的生命力所在，是学校全体员工在长期办学实践中智慧的结晶。总结学校的办学特色对于保持办学理念的个性特征具有重要意义。

（3）发展现状。发展现状是当前学校发展的现实状况，包括学校运行的所有方面。学校的发展现状对学校的理想追求具有制约作用。总结学校的发展现状，能够使办学理念更符合学校的发展实际。

（4）教育观念。教育观念是学校关于教育的本质和规律的基本观点和总的看法。教育观念是一个观念体系，其内容非常丰富，但对于学校来讲，其教育观念的核心主要是学生观、学校观、教学观等。学校的教育观念是办学理念形成的思想基础。

（5）理想追求。理想追求是指“学校应该是什么”，“学校应该做什么”，包括学校的理想、信念、精神、责任、目标等，是学校对自己未来发展的构想和追求。理想追求是一所学校的办学理念中不可或缺的部分，没有明确的理想追求的办学理念就不能称其为办学理念。

（6）社会环境。社会环境是指学校周围的人为条件，对学校来讲，其核心应该是时代精神和社会对教育的需求。学校是社会的学校，社会环境因素对办学理念具有制约作用，学校的办学理念应反映时代精神和社会对教育的需求。

（7）学校社区。学校社区包括与学校利益相关的所有机构和组织，家长、学生和学校决策机构，以及学校的所有雇员。学校所处的社区不同，其所服务的学生群体和办学条件是不同的，这必然会影响到学校的办学理念。因此，学校提炼办学理念必须要分析社区环境的影响。

（8）学校定位。不同区域的学校、同一区域不同类型的学校、同一类型不同学段的学校，同一学段不同层次的学校之间的差异是非常大的。学校要求生存、求发展，对自己的定位非常重要，否则，学校就会失去自己存在的价值和意义，就有可能被淘汰。学校的定位必须体现在办学理念中，提炼办学理念必须要研究、分析学校的定位。

总之，办学理念是一个完整的体系，并受到多种因素的制约，学校提炼办学理念应该从影响办学理念的多个因素和途径进行全面的研究和分析，单纯考虑某个因素或途径，不能生成适切的办学理念。

（五）办学理念的表述

办学理念的内涵非常丰富，其具体表述多种多样，但表述的基本要素应该是相同的。办学理念表述的基本要素包括学校对教育的本质和规律的认识、对教育的理想追求、以及教育观念体系或教育哲学。以下是北京京西学校对其办学理念的表述。

> 在一个温暖及关爱的、培养出色的并有责任心的人的环境中，教育每一个孩子，使每一个人都能发挥其最大的潜能①。

在北京京西学校对其办学理念的表述中，学校对教育本质和规律的认识集中体现在对学生和对学校的认识，即学生是出色的

① 北京京西学校2008年4月11日学校开放日发放的宣传材料——《北京京西学校》。

和有责任心的，学校是教育学生的温暖和关爱的环境；学校对教育的理想追求是使每个人都能发挥最大的潜能，并使其成为出色的和有责任心的人。

学校围绕其办学理念，又对其教育哲学和核心价值观进行了具体阐述。

北京京西学校的育人哲学

京西学校提供一个有挑战性的、充满关爱的、建立在社群基础上的教育环境。在这里，学生是学习过程的积极参与者。京西学校孕育批判性思维，探究性技能，以保证学生把握自己的最大潜能。在此前提下，学生、教职员工及家长在以下原则指导的教育过程中互相合作。

• 京西学校实施“全人教育”

京西学校力求每个学生在智力、社会及感情、体能、美育及道德感情各方面全面发展，京西的学生将学会如何以坦然、自信和丰富的创造力来分析、综合、评价新的形势、知识和快速改变的科技。学校的教育使学生对所在国人们的信仰、价值观有进一步了解，并充分掌握、运用。

• 京西学校珍视所有教职员工

教师的育人是站在国际立场上的，他们选择来这里工作是因为他们有丰富的热情、良好的素质和出色的技能及创造力。个人发展是令人鼓励和期待的，京西学校创造的环境，使每个人的特长和智慧都能为学校增添魅力。

• 京西鼓励家长们参与

学校鼓励家长们大力参与孩子的教育过程以及学校的成长过程，京西学校支持、尊重和盼望这样的参与。京西学校是一个由学生、家长和教职员工组成的群体，是建立和支持在一个有很高学术水平、社会和道德标准基础上的群体。

北京京西学校的核心价值观

• 包容——京西的学生来自不同的文化和教育背景。京西看重所有孩子的素质和能力。

• 以孩子为中心——京西的教育着眼于每一个孩子的需求。

• 重视社群——京西是一个处在中国文化氛围中由家长、教职员工和孩子组成的学习社群。

• 合作——京西以各种交流形式来讨论孩子学习的需求。

• 杰出——京西以高标准为目标，以国际标准来监督学习过程。

• 提高——与中国相合，有责任心的公民，有效力。①

北京京西学校对其教育哲学和核心价值的阐述，是对其办学理念主导的教育观念体系的阐述。这个教育观念体系包含了以下主要观念。

（1）学生观。从对学生的培养目标来看，学校促进学生的全面发展和适应社会发展的能力，并使每个学生的潜能得到最大限度地发挥；从学生在学习过程中的地位来看，学校以学生为中心，着眼于每个学生的需求；从学生的学习方式来看，学生是学习过程的参与者，强调学生批判性思维和探究技能。

（2）学校观。从对学校的基本观点来看，学校是一个充满关爱的、温暖的、富有挑战性的、以社群为基础的教育环境；从学

① 北京京西学校2008年4月11日学校开放日发放的宣传材料——《北京京西学校》。

校社区对学生学习所发挥的作用来看，强调学生、教师和家长在教育过程中的合作。

(3) 教师观。从对教师的定位来看，教师是站在国际立场上育人的，北京京西学校的教师应有丰富的热情、良好的素质和出色的技能及创造力。从对教师的发展来看，学校鼓励教师发展；从发挥教师的作用来看，学校努力创造适合每个人的特长和智慧施展的环境，使每个人为学校增添魅力。

(4) 家长观。学校鼓励家长积极参与学生的学习过程和学校的发展过程。

(5) 价值观。学校的价值观包括包容、学生中心、重视社群、合作、杰出和提高等。

## 二、培养目标

### (一) 基本概念

培养目标，是学校在其办学理念的指导下，在一定时期内对于学生应该具备的基本素质的预期。培养目标包含以下几个方面的意义。

1. 培养目标是办学理念在学校教育实践中的具体化

办学理念是一种理论和理想，培养目标则是这种理论和理想通往实践和现实的桥梁。办学理念与培养目标是相辅相成的，没有办学理念指导的培养目标是缺乏理性的目标；没有培养目标支撑的办学理念是无法实现的。

2. 培养目标是学校办学的核心

学校的培养目标从其内容来讲，具有整体性，能够统领学校工作的各个方面；从发展来讲，学校的培养目标既要有一个总体的要求，也要有阶段性的要求。不管是总体的要求还是阶段性的要求，其内容应是具体的。

3. 培养目标有时间范围

培养目标的时间范围包括两个方面：一是总体培养目标所需要的时间；二是各个阶段目标所需要的时间。

（二）主要特点

从培养目标的内涵来考察，培养目标主要有以下几个方面的特点。

1. 独特性

培养目标的独特性主要体现在两个方面。一是培养目标要体现学校特色。学校特色是学校在长期的办学实践中不断地总结和提炼而成的，是学校办学经验的结晶。学校特色是一所学校不同于其他学校的地方。二是目标的高低和难易要符合学校的实际。在一定时期内，学校制定的整体目标和阶段性目标既要有一定的前瞻性，又是学校经过努力可以实现的。培养目标高低、难易适中，才能充分调动全体员工的积极性。

2. 导向性

学校的培养目标是学校全体员工努力的方向和行动的指南。培养目标是凝聚全体员工力量和智慧的旗帜。每个员工不但要熟知学校的培养目标，而且都应该知道自己的特殊目标。

3. 整体性

培养目标的整体性体现在两个方面：一是培养目标是在办学理念的指导下，对学校培养什么人的总体把握，并反映学校的办学特色，能够统领学校工作的各个方面；二是培养目标是一个目标体系，这个目标体系包括在一定时期内要实现的总体目标和各个阶段的目标。

4. 阶段性

一所学校的培养目标呈现比较多的往往是在一定时期要实现的总体目标。总体目标一般高度凝练和概括，具有很强的思想冲击力。但总体目标需要具体的阶段性目标作支撑，学校往往在总体目标之下，对每个阶段的目标有具体的阐述。培养目标的阶段性使培养目标具有了可操作性。

5. 可测性

要保证培养目标的实现，学校应该建立监控机制，对学校的阶段性目标和整体目标的完成程度进行评估。而监控机制的核心是对培养目标的评估标准。因此，培养目标应该是具体的、可以测量的。

（三）培养目标的生成和提炼

培养目标的生成和提炼不是靠少数人的灵感或拍脑袋确立的，而是学校立足于学校的办学实践不断地进行总结、分析、提炼和论证而完成的。确立学校培养目标，除了立足学校的办学实践外，还需要了解培养目标生成和提炼的原则和方法。

1. 生成和提炼的原则

（1）以办学理念为指导。办学理念是一所学校办学的指导思想和理想追求。办学理念对培养目标具有指导作用，培养目标是在办学理念的指导下生成的。培养目标的生成和提炼脱离办学理念的指导，培养目标就是盲目的，就失去了办学的思想基础。在确立培养目标时，要特别注意避免培养目标与办学理念不分的现象，要在明确办学理念的基础上，自觉地以办学理念为指导来生成和提炼培养目标。

（2）动员员工参与。员工是学校的主人，培养目标的生成和提炼一定要有全体员工的广泛、深入参与。没有全体员工的参与，培养目标就得不到全体员工的认同和支持，并内化为自己的行动，就不能得到有效贯彻。要把培养目标生成和提炼的过程，作为全体员工认同、支持和内化培养目标的过程。还要建立有效机制，保证全体员工对培养目标生成和提炼以及检查更新的参与。

（3）强调适切性。培养目标的适切性包括两个方面。一是学校的培养目标要符合学校的办学实际。每个学校的办学历史、社区环境、办学条件、办学水平等方面不同，其办学实际千差万别，所以，其培养目标的定位一定要从学校的实际出发，否则，培养目标就失去了意义。二是培养目标要高低适度。培养目标定得太高或太低，都不利于调动全体员工的积极性，就失去了激励的作用。总之，培养目标既要符合学校的实际，又要有一定的发展性和前瞻性。

（4）突出特色。办学特色是一所学校有别于其他学校的独特的办学内涵。办学特色可以表现在某一方面，也可以表现在多个方面。办学特色是一所学校富有生命力的根据，是形成办学多样化的基础。因此，学校在确立培养目标时，一定要根据学校的实际总结、分析，并在培养目标中突现学校的办学特色。

2. 生成和提炼的方法

虽然培养目标来源于学校的办学实践，但一个适切的培养目标是不会自动生成的，需要学校发挥自觉能动性，并遵循一定的方法来确立。培养目标的生成和提炼需要遵循以下几个环节。

（1）总结历史。培养目标应该是基于学校历史的，是在学校历史的土壤中生成的。培养目标的生成和提炼，应该首先对学校的历史进行梳理和总结，要全面总结学校过去的办学经验、主要优势、办学特色，还要总结需要加强的方面。要把学校业已形成的优势和特色，以及需要加强的方面提升到培养目标的层面。

（2）调查现状。培养目标受学校发展现状的制约，生成和提炼培养目标还应该基于学校的发展现状。要对学校的发展现状进行调查。学校的发展现状包含的内容非常丰富，既包括学校的社会环境、社区环境，也包括学校运行的各个方面。对学校的现状调查一定要充分调动学校领导、学校管理者、教师、学生和家长等利益相关者的广泛参与。调查的内容可以涉及一般信息和意见调查。

一般信息一般包括：①学校的历史和主要特点，学校社区和学校群体的概述；②当前学生群体组成的说明，包括学生的国籍和文化背景；③对学校有贡献的志愿成人团体。例如，家长协会、毕业生等。④与当地政府部门的关系，包括提供的特殊机会与支持。⑤学校吸引学生到校就学所依靠的优势和特点。

意见调查的对象包括：学生、教师、家长、决策机构（例如，董事会、理事会等）和毕业生等。意见调查可采取调查问卷的形式，对每一项调查的调查报告一般要包括调查的结果、本次调查的重要发现和建议三部分。对学校现状调查的结果，为生成和提炼培养目标提供了现实依据。

（3）展望未来。学校在总结历史和调查现状的基础上，进一步明确了学校的主要优势和需要加强的方面。在此基础上，学校就可以提出今后一个时期学校培养目标的基本内涵了。当然，培养目标需要以一定的表述形式来呈现。

另外，学校为了迎接外部的评估认证而进行的自评过程，也是培养目标生成和提炼的极好机会。通过学校的自评过程，学校可以总结学校的历史、调查学校的发展现状，还可以对学校运行的各个方面进行深入分析，在此基础上生成和提炼学校的培养目标。结合学校自评生成和提炼培养目标是一个很好的方法。

（四）培养目标的表述

培养目标的内涵基本确定以后，最后需要以一定的表述形式呈现出来。对培养目标的理想表述，应该简洁凝练、内涵丰富、定位准确、特色鲜明，给人以思想和情感的冲击力。但在现实中，培养目标的表述，还存在着一些比较突出的问题。例如，有的办学理念与培养目标不分，有的随意性比较大，有的缺乏完整的结构等。一般来讲，一个培养目标的表述应该做到以下几个方面。

第一，结构完整。一个培养目标的表述一般要包括两部分。第一部分是对一所学校在一定时期内要达到的整体目标的描述。这部分描述要求言简意赅、方向明确、特色鲜明。第二部分是对总目标的分解和具体阐述，这部分的表述要具有可操作性和可测性。

第二，文字表述要清晰、明确、科学、严谨。

第三，要突出学校的优势和特色。

以下是两所在华国际学校对其总体培养目标的表述。

北京京西学校培养全面发展的孩子

北京京西学校谋求发展每一个孩子在道德、智力、社会、情感、身体和审美方面的潜能。北京京西学校的学生将熟练地、自信地和有创造性地去学习如何分析、综合和评估新形势、知识和迅速变化的技术。北京京西学校的教育项目向学生倡导对其他人信念和价值的基本尊重，将充分利用它的东道国中国的文化。①

① The Western Academy of Beijing：Philosophy，http://www.wab.edu/who-we-are/philosophy. 2012-11-10.

上海美国学校激发所有学生：

- 终身学习的激情；
- 带着正直和同情担当责任；
- 经历梦想的勇气。①

## 第二节　认证标准

经过十多年的实践，课程教材中心逐渐形成了在华国际学校认证标准体系。这个标准体系包括两部分：①用于与 CIS、NEASC 和 WASC 联合认证的标准；②用于课程教材中心独立认证的标准。

### 一、联合认证标准

联合认证标准是指课程教材中心与 CIS、NEASC 和 WASC 对在华国际学校联合认证时使用的标准。联合认证标准包括两部分：一是 CIS/NEASC 国际学校认证标准第七版（2010 年开始使用第八版）或 WASC 的国际学校认证标准“聚焦学习”；二是“中国背景标准”。“中国背景标准”是用于课程教材中心与 CIS、NEASC 和 WASC 采取不同组合开展联合认证时的补充标准，该标准旨在反映在华国际学校所处中国环境的要求。具体表现为 CIS/NEASC 的国际学校认证标准第七版加“中国背景标准 A”或 WASC 国际学校认证标准“聚焦学习”加“中国背景标准 B”。当以课程教材

① Shanghai American School：SAS Core Values and Mission，http://www.saschina.org/? page=corevalues_mission. 2012-11-10.

中心/CIS/NEASC，课程教材中心/CIS/WASC，课程教材中心/CIS和课程教材中心/CIS/NEASC/WASC组合联合认证时，使用CIS/NEASC国际学校认证标准第七版加“中国背景标准A”，并将“中国背景标准A”作为CIS/NEASC国际学校认证标准第七版的H部分；当以课程教材中心/WASC组合联合认证时，使用WASC国际学校认证标准“聚焦学习”加“中国背景标准B”，并将“中国背景标准B”作为WASC国际学校认证标准“聚焦学习”的E部分。两套联合认证标准的框架如下。

CIS/NEASC国际学校认证标准第七版加
“中国背景标准A”框架

A. 理念和目标

B. 课程

C. 机构与管理

D. 员工

E. 学生支持服务

F. 资源

G. 学生和社区生活

H. 中国背景标准A

WASC国际学校认证标准“聚集学习”
加“中国背景标准B”框架

A. 组织

B. 课程与教学

C. 为学生个体和学术发展的支持

D. 资源管理和发展

E. 中国背景标准 B

“中国背景标准 A”与“中国背景标准 B”虽然结构有所不同，但内容是相同的，共有 5 条标准，23 个观测点，其内容针对在华国际学校的发展实际，主要集中在学校课程、遵守中国的法律法规、财务管理、员工权益、跨文化和国际理解等方面。以下是“中国背景标准 A”的框架。

中国背景标准 A①

1. 用适当的方式将当地文化包含到学校的课程之中。

2. 学校董事会和管理者遵守所有适用的法律、法规。

3. 学校的财务和财产管理在任何时候都要与在中国的运行标准相一致，与在华国际学校最好的实践相一致。

4. 董事会和学校管理者熟悉与员工的权利和义务相关的法律和法规，遵守这些法律和法规。

5. 学校应该积极促进跨文化和国际理解。

从促进在华国际学校发展的角度来看，“中国背景标准”与 CIS/NEASC 国际学校认证标准第七版和 WASC 国际学校认证标准“聚焦学习”既是一个整体，又具有相对独立性。国际标准针对国际学校发展的共性特征，“中国背景标准”针对在华国际学校发展的阶段性特征。要促进在华国际学校的整体发展，必须将国际标准与“中国背景标准”结合起来，或者说仅仅依据国际标准或“中国背景标准”都不能真正促进在华国际学校的发展。

① NCCT（课程教材中心）. *Accreditation of Schools for Children of Foreign Nationals*, *Accreditation Standards (English)*, Version 2008, p. 20.

## 二、独立认证标准

课程教材中心的独立认证标准是指课程教材中心对在华国际学校独立认证时所使用的标准。课程教材中心的独立认证标准是在借鉴 CIS（2003 年 7 月 1 日前为 ECIS）、NEASC 和 WASC 国际学校认证标准的过程中逐渐形成的。2002 年，课程教材中心在借鉴 ECIS/NEASC 国际学校认证标准第六版的基础上，形成了《外籍人员子女学校认证标准》（试行）；2006 年，课程教材中心基于《外籍人员子女学校认证标准》（试行），借鉴 CIS/NEASC 国际学校认证标准第七版，以及 WASC 国际学校认证标准“聚焦学习”，并吸收课程教材中心在华国际学校认证实践的有益经验形成了《外籍人员子女学校认证标准》（2006 版）。

课程教材中心《外籍人员子女学校认证标准》（2006 版）在结构上与 CIS/NEASC 国际学校认证标准第七版相似；在内容上，除了几个认证机构间共同关心的内容外，还增加了许多体现中国背景的内容；在表述方式上较试行版发生了较大变化，与 CIS/NEASC 国际学校认证标准第七版和 WASC 国际学校认证标准“聚焦学习”也有所不同。课程教材中心《外籍人员子女学校认证标准》（2006 版）共 6 部分，36 条，153 个观测点。

课程教材中心《外籍人员子女学校认证标准》

（2006 版）框架[①]

A. 办学理念和培养目标

---

① NCCT（课程教材中心）. *Accreditation of Schools for Children of Foreign Nationals*, *Accreditation Standards* (*English*), Version 2008, pp. 1-19.

B. 行政与管理

C. 课程与教学

D. 学校员工

E. 资源、设施与服务

F. 沟通与社区关系

## 三、认证标准的特点

课程教材中心在华国际学校认证标准是在借鉴国际上国际学校认证标准，并结合在华国际学校发展实际形成的。因此，课程教材中心在华国际学校认证标准，既有国际性特点，又具有中国特点。课程教材中心在华国际学校认证标准既有理念驱动、质量导向、以人为本、以共识为基础、输入与输出相结合、强调跨文化理解等国际性特点，又具有规范管理的中国特点，从而形成了其“规范管理，保证质量”的独特性。

### （一）在华国际学校认证标准的国际性特点

#### 1. 以办学理念为驱动

课程教材中心在华国际学校认证标准强调用学校自己的办学理念和培养目标来评估学校利用各种资源贯彻其办学理念和培养目标的能力。这一特点主要体现在两个方面：一是强调学校要有自己的办学理念和目标，并基于自己的办学理念和培养目标来评估学校是如何成功的；二是学校认证标准虽然向学校展示了什么样的学校是一所高质量的学校，以及如何成为一所高质量的学校，但认证标准不是预设的特有的卓越的模型，也不是建议学校与别的学校去比较，而是以学校自己的办学理念和培养目标为基础，以认证标准为纲，评估学校运行的各个领域是否有效地贯彻了学校的办学理念和培养目标，以及实施的效果如何。这种导向的认证标准，有利于学校彰显个性，促进学校的多样化发展。

2. 以质量为导向

在华国际学校认证标准的质量导向是由在华国际学校认证的目的决定的。正如在第一章中所讲，国际学校认证的目的有两个：一是向社会提供教育质量保证；二是给学校提供一个教育质量不断改进的机会。为了实现上述目的，在华国际学校的认证标准必然要体现：什么是一所高质量的学校；要成为一所高质量的学校，学校应该如何去做。因此，在华国际学校认证标准是一种高质量教育的导向。CIS/NEASC 在介绍其国际学校认证标准第七版时，声明“这个标准是为反映高质量教育经历的特点而设计”①。课程教材中心《外籍人员子女学校认证标准》（2006 版）的第一部分“办学理念与培养目标”的第一条明确表述：“在学校利益相关者的共同努力下，学校制订一个办学理念和培养目标的清晰的书面表述，办学理念和培养目标要反映学校高质量教育的核心价值和期望，这个表述对学校的政策、办学过程和项目给予导向。”其他标准是从在华国际学校运行的不同角度围绕学校是如何贯彻办学理念和培养目标，以及贯彻的效果如何展开的。从根本上来讲，课程教材中心在华国际学校认证标准是以质量为导向的。

3. 以学生为本

考察 CIS/NEASC、WASC 的国际学校认证标准以及课程教材中心的在华国际学校认证标准，我们会发现这些学校认证标准是以学生为本的。例如，WASC 认证标准的名称就叫“聚焦学习”②。

---

① NEASC/CIS, *School Improvement through Accreditation*, *Guide to School Evaluation and Accreditation*, Version 7.01 (US Spelling), 1st September 2003, p. 6.

② WASC, *Focus on Learning*, *The Accreditation Manual*, 2003—2004 WASC Edition, p. 2.

WASC 在认证标准中强调学校的目的要更多地通过采用预期的全校性的学习结果予以定义。WASC 在其认证手册中进一步阐述学校目的应该包括：学生从学校出去应该知道什么和能做什么？成为一个受教育的人意味着什么？为了学生将来最有效的准备是什么？WASC 认证标准的其他条目均强调学校运行的各个方面为实现学校的目的和预期的全校学习结果应该做什么以及应该承担什么样的功能①。

4. 以共识为基础

认证标准是一个以共识为基础的文件。只有从被认证过程影响的具有广泛基础的支持者的集体智慧中形成，认证标准才是有效的②。课程教材中心在华国际学校认证是向利益相关者提供教育质量证明，其标准必然要体现利益相关者的意志，因此，课程教材中心在华国际学校认证标准不是认证机构一方的标准，而是利益相关者形成广泛共识的标准。否则，课程教材中心对在华国际学校的认证结果就失去了被政府部门、学校、社会等利益相关者认可的基础。课程教材中心在华国际学校认证标准在形成和发展阶段都较广泛地征求了利益相关者的意见，取得了各方的认可。例如，课程教材中心在华国际学校认证标准初稿形成之后，征求了学校、政府部门、专家和课程教材中心认证工作顾问的意见。课程教材中心《外籍人员子女学校认证标准》（2006 版）和用于联合认证的“中国背景标准”不仅征求了学校的意见，也征求了政

① WASC, *Focus on Learning*, *The Accreditation Manual*, 2003—2004 WASC Edition, p. 2, pp. 7-9.

② Cynthia A. Davenport, How Frequently Should Accreditation Standards Change? How Accreditation Influences Assessment. *New Directions for High Education*, No. 113, Spring 2001, p. 69.

府部门的意见，特别是“中国背景标准”还征求了国外学校认证机构的意见。

5. 输入与结果相结合

输入（inputs）是对影响有学识的和有很好准备的学生的结果因素的一种假设。结果（outcomes）是指学生的学习结果。认证标准强调输入与结果的结合是历史形成的。在20世纪80年代早期，美国认证标准更多地聚焦于过程（processes）、程序（procedures）和输入（inputs）。在美国，80年代的评价运动和90年代的问责运动，促使认证标准从输入到输入与结果相结合的转变。这个转变对认证标准的影响深远。虽然这个转变发生在美国高等院校，但其对美国中小学校认证标准和国际学校认证标准也产生了深远影响。CIS/NEASC“学校评估和认证指导”第七版，也更强调学校项目的结果，而不仅仅是输入。课程教材中心在华国际学校认证标准在借鉴CIS/NEASC国际学校认证标准第七版时，保持了这一特点。

6. 强调跨文化理解

在华国际学校认证标准的国际性是由在华国际学校的特点以及在华国际学校服务的学生群体所决定的。课程教材中心在华国际学校认证标准在“课程与教学”部分强调了学校要利用学生文化和语言差异丰富课程与教学。例如，帮助学生提高对差异的理解，帮助学生理解尊重不同种族人民、语言和文化的重要性；开设一些课程和组织一些课外活动来帮助学生学习中国语言和文化；学校在学术项目上的政策要尊重当地中国人和民族的文化和感情；经常性地检查和评估语言和文化课程以及项目的有效性。同时，强调学校要利用学校利益相关者背景差异的优势来促进跨文化和国际理解。

（二）在华国际学校认证标准的中国特点

在华国际学校认证标准的中国特点集中体现在对在华国际学校的管理方面，具体强调以下几个方面。

第一，强调学校的运行要遵守所有适用的中国的有关法律和法规。课程教材中心在华国际学校认证标准突出强调了学校的办学证件要齐全和有效；学校的领导者和管理者依法管理学校；入学政策符合中国的有关法规；学校遵守中国有关宗教活动的法律和法规；学校要引导员工遵守中国的有关法律和法规，不卷入任何危害国家和公众安全的活动。

第二，强调学校的财务和财产管理要遵守中国有关的法律和法规。突出强调学校的财务和会计系统要按照中国有关民办非营利组织系统的法规来建立；学校物资的进口和外汇的使用按照中国有关的法规运行；学校财务的管理符合当地政府的要求；学校使用土地的获取要遵循中国有关土地管理的规定；学校的校舍、场所和设备仅用于与学校功能相一致的活动。

第三，强调学校要遵守中国有关员工权力和义务的法律和法规。突出强调学校要及时支付中国的法律和法规规定的对外国雇员和中方雇员的社会福利的基金和保险费用；学校遵守中国的法律和法规有关雇佣合同、工作和居住许可的规定；学校帮助它的雇员理解中国的法律和法规。

第四，强调学校用适当的方式将当地文化包含到学校的课程之中。突出强调学校提供汉语和中国文化的课程满足学生的需要；学校组织课外活动帮助学生学习汉语和理解中国文化；学校的课程内容、教育资源和教学政策遵守中国的法律和法规；学校学术项目的政策尊重当地中国人和民族的文化和情感；学校定期检查和评估学校提供的汉语和文化项目的有效性。

第五，强调学校与当地社区要保持和谐关系。突出强调学校要努力促进本校与中国当地其他学校之间的文化交流；要充分利用当地的教育资源为学生和员工创造学习机会；要与当地社区保持和谐关系，学校能够采取适当的策略和措施解决与社区相关的问题。

课程教材中心在华国际学校认证标准在现阶段突出强调加强学校管理，是由在华国际学校现阶段的特点决定的。正如第二章所述，由于在华国际学校发展时间短、发展速度快、有关法律法规不健全，使得在华国际学校在发展过程中存在着一些管理不规范的问题，这直接影响着在华国际学校的健康发展。虽然认证的终极目的是保证质量，但就现阶段在华国际学校的发展实际来看，没有规范管理，教育质量就得不到保证。保证质量是规范管理的目的。用于课程教材中心独立认证的《外籍人员子女学校认证标准》(2006 版)，除了强调规范管理的内容以外，也比较充分地体现了在华国际学校认证标准的一般性特点。“中国背景标准 A”和“中国背景标准 B”有关规范管理的内容与 CIS、NEASC 和 WASC 的认证标准形成了互补，使联合认证所使用的标准更加符合在华国际学校的发展实际。

## 四、认证标准的内在结构与表述形式

### (一) 内容选择

在华国际学校认证标准内容的选择是遵循先进性、重要性和适切性原则形成的。

第一，CIS、NEASC 和 WASC 对于当代关于学校发展的最新理论成果和最好的教育实践非常敏锐，它们的认证标准基本上反映了当代学校发展的趋势。课程教材中心的在华国际学校认证标准通过借鉴 CIS/NEASC、WASC 的认证标准间接地吸收了当代关于学校发展的最新理论成果和最好的学校教育实践。

第二，在每一个层级，到底应该强调哪些方面取决于标准研制者们对每一个层级要素重要性的认识。例如，从第一个层级来看，标准研制者们会思考办好一所学校哪些要素是最重要的。课程教材中心《外籍人员子女学校认证标准》（2006 版）含办学理念与培养目标，行政与管理，课程与教学，学校员工，资源、设施与服务，沟通与社区关系共六章。这意味着，该标准研制者们认为上述这六大要素对一所学校来讲是最重要的。同样，标准的每一章应该设定哪些标准，以及每一条标准下应该选择哪些观测点，也是由标准研制者们对体现每一章和每一条标准要素重要性的认识来决定的。也就是说，在华国际学校认证标准具有很强的主体性特点。

第三，在华国际学校认证标准内容的选择还要切合学校的特点和发展实际。在华国际学校是国际学校，因此，这类学校的认证标准要体现国际性特征，例如，对国际理解的强调。同时，这类学校的认证标准还要体现现阶段在中国的发展实际，例如，对规范管理的强调。

（二）内在结构

在华国际学校认证标准的内在结构指认证标准所倡导的学校工作以什么为指导、以什么为中心、如何去实施等要素之间的关系（如图 3-1 所示）。在华国际学校认证标准的内在结构突出强调了当代学校发展的基本理念和思路，对于学校整体把握和系统规划学校工作具有导向作用。这一结构强调了三个方面：①学校要从办学理念和培养目标出发思考所有工作；②学校要始终以学生学习为中心；③学校要从影响学生学习的一些重要方面去组织实施学校工作。

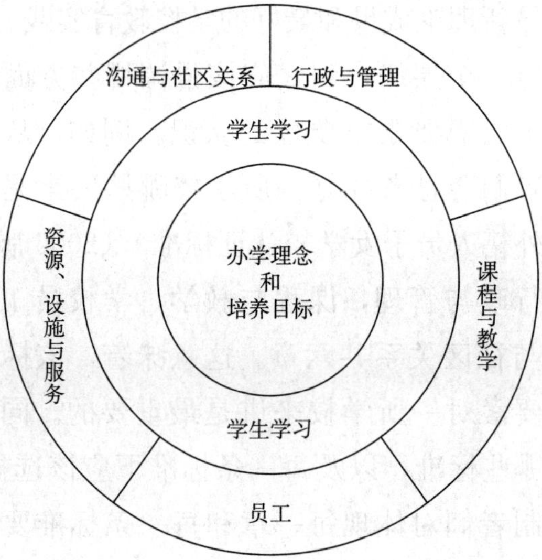


图 3-1　在华国际学校认证标准的内在结构

（三）表述形式

在华国际学校认证标准的表述是一种层级结构，共有三级。第一级是认证标准每一章的题目，第二级是题目之下的标准条目，第三级是标准条目之下的观测点。如课程教材中心《外籍人员子女学校认证标准》(2006 版）第一章所示。

第一章　办学理念和培养目标

1. 学校在利益相关者的共同努力下，确立了清晰的办学理念和培养目标，此目标能够反映学校的核心价值观以及对于较高教育质量的期待。

(1) 应让校长、管理层、重要的职员、学生和家长等人积极参与办学理念和培养目标的起草制定。

(2) 以学生的需要以及学生将来会遇到的实际问题为导向制定办学理念和培养目标。

(3) 确保培养目标与办学理念相符合。

(4) 确保培养目标与办学理念能够用一种简单明了的方式表达出来，以便于理解和记忆。

(5) 学校的政策规章、运行机制和项目等，要与办学理念和培养目标高度一致。

2. 学校要通过各种途径使学校利益相关者（董事会及其成员、投资人、管理层、教职员工、学生、家长等）理解和支持办学理念和培养目标。

(1) 在教室、办公室等场所中展示、凸显学校的办学理念和办学目标。

(2) 通过网络以及出版物等途径，广泛宣传学校的办学理念和培养目标。

(3) 组织一些相关的活动，帮助学校利益相关者来理解办学理念和培养目标。

(4) 通过以办学理念为指导完成培养目标，来赢得学校利益相关者的支持。

3. 学校要修订办学理念和培养目标，以适应学生的需求。

(1) 建立一个完善的运行机制审视学校的办学理念，评估培养目标的完成程度。

(2) 确保更多学校利益相关者都能参与到办学理念和培养目标的修订中来。

(3) 从整体上把握修订的过程和步骤，以便找出学校发展应考虑的首要问题。

课程教材中心在华国际学校认证标准在表述上有两个特点。①聚焦学校行为表现。每一条标准和每一个观测点均针对学校在某方面的行为表现提出要求，即学校做了什么，做得怎么样。关注学校行为表现的标准和观测点便于把握，也便于通过收集实证性证据对标准和观测点进行描述和评定。②一般来讲，每一条标准和每一个观测点要点单一。每一条标准和每一个观测点一般只表达一个要点。这种表述便于把握，便于收集实证性数据，特别是便于评定等级。例如，如果一条标准表达了多个要点，在把握和收集实证性数据时就易出现遗漏。同时，有时当有的要点达到了标准，而其他要点未达到标准时，会给标准的评定带来麻烦。

## 第三节　办学理念和培养目标与认证标准的统一性

在在华国际学校认证标准体系中，办学理念和培养目标与认证标准是统一的。其统一性体现在两个方面：第一，办学理念和培养目标是认证标准的导向，认证标准是办学理念和培养目标落实的途径；第二，办学理念和培养目标体现了学校的个性，认证标准体现了学校的共性。总之，在华国际学校认证标准强调“用学校所说评学校所做”，以及如何去实现“用学校所说评学校所做”。

### 一、导向与途径的统一

#### （一）办学理念和培养目标的导向地位

在华国际学校认证标准的核心价值导向是依据学校已有的办学理念和培养目标，从学校运行的各个方面来评估学校贯彻和落实办学理念和培养目标的情况，从而引导学校形成自我改进和自我发展的能力。认证标准的核心价值导向决定了办学理念和培养目标在认证标准中居于导向地位。其导向地位表现在以下两个方面。

1. 认证标准对学校的办学理念和培养目标提出了要求

课程教材中心《外籍人员子女学校认证标准》(2006 版)的第一章为"办学理念和培养目标"。这一章对办学理念和培养目标提出了以下几个方面的要求。

(1) 学校要有办学理念和培养目标的书面表述。

(2) 办学理念和培养目标是在学校利益相关者的共同参与下提炼和形成的,不是由少数学校的领导者或管理者提出的。

(3) 办学理念和培养目标要反映学校的核心价值观和对高质量教育的追求,并引领学校的政策、管理办法和规划的制定等。

(4) 学校要通过多种途径宣传自己的办学理念和培养目标,增进学校利益相关者的理解和支持。

(5) 学校要定期审核其办学理念和培养目标的条文,并进行修订。

(6) 办学理念和培养目标要符合学生的需求。

这些要求涉及办学理念和培养目标的形态、产生的原则、内容、群众基础、发展、目的,以及与学校政策的关系等多个方面,这些要求的提出为根据学校的办学理念和培养目标评估学校的运行,提供了前提,否则,根据学校的办学理念和培养目标评估学校的运行就无法落实。

2. 办学理念和培养目标对学校运行的各个领域具有导向作用

课程教材中心《外籍人员子女学校认证标准》(2006 版)的第一章"办学理念和培养目标"中明确要求:学校的办学理念和培养目标要"引领学校的政策、管理办法、规划的制定。"其他各章认证标准的条目都是围绕以下两个方面提出的：一是学校的政策、规划、计划、措施都要与学校的办学理念和培养目标保持一致；二是学校在各个方面的运行要推动办学理念和培养目标的贯彻和落实。例如，第二章的“机构与管理”中的第一条要求“领导机构运行应该讲效率、有成效，通过建立适当的政策和制定战略规划来推动学校办学理念和培养目标的实现。”再如，该章的第五条要求：“学校制订与办学理念和培养目标相一致的短、长期教学计划和财务计划，并且建立适当的程序来监控计划的执行情况和评估措施的有效性。”

（二）认证标准是办学理念和培养目标贯彻的途径

在华国际学校认证标准强调根据学校的办学理念和培养目标评估学校的运行，因而使学校的办学理念和培养目标在认证标准中具有导向地位。但是，要使办学理念和培养目标在学校的运行中得到有效的贯彻和落实，还要有体现学校运行的认证标准作为途径。

认证标准作为办学理念和培养目标贯彻的途径集中体现在：认证标准的出发点和归宿都是为了办学理念和培养目标的有效贯彻和落实。从课程教材中心《外籍人员子女学校认证标准》（2006版）的整体结构来讲，该标准强调从涉及学校运行的六个领域来评估学校办学理念和培养目标的贯彻和实现。从每个领域的认证标准来讲，标准强调学校在各个方面的政策、规定、计划和措施都要与学校既定的办学理念和培养目标保持一致；学校在各个方面的行为都是为了推动学校办学理念和培养目标的有效贯彻和落实。例如，该标准第二章“行政与管理”的第七条要求：“学校有足够的财力来支持其教育项目和各类服务的实施。这些教育项目和服务项目能恰当反映学校的办学理念和培养目标，以及需要优先开展的工作。”再如，第三章“课程与教学”第一条要求：“学校有课程发展的书面政策和程序，这些政策和程序要基于对学生的学习预期和课程目标。”

（三）用办学理念和培养目标评估学校的意义

认证标准在学校认证体系中具有基础地位。在华国际学校认证标准强调用学校的办学理念和培养目标评估学校，对在华国际学校认证体系的其他因素产生着深刻影响。

1. 使学校办学的主体地位得到尊重

作为一个学校认证体系，对学校办学的主体地位是否尊重，从根本上取决于认证标准的核心价值导向。认证标准的核心价值导向就是用学校自己的办学理念和培养目标进行驱动，即“用自己所说，评自己所做”。如果按学校自己的办学理念和培养目标评估学校，学校的办学主体地位就会得到尊重。如果完全按一个外部认证标准对学校进行评估，学校办学的主体地位可能会得不到尊重；以学校自己的办学理念和培养目标评估学校，会激发学校办学的动力和活力，有利于引导学校办出特色。

2. 使学校成为认证过程的主体

根据学校自己的办学理念和培养目标评估学校，能使学校参与认证成为自愿和主动的行为。学校是自愿申请参加认证的。长达18个月的自评过程，是学校自我诊断和自我改进的过程。总之，在整个认证过程中，学校始终处于自愿和主动的地位，从而成为认证过程的主体。

3. 使学校与认证机构成为平等和合作的关系

学校在认证过程中主体地位的确立，使学校与认证机构成为平等和合作的关系。认证的过程是双方为了一个共同的目标——学校发展，互相交流、共同建构的过程。缺乏任何一方的合作，认证过程将无法进行，或收不到应有的实效。

4. 使认证活动成为服务性活动

学校在认证过程中主体地位的确立，使认证活动成为一种服务性活动。对于认证机构来讲，学校就是“顾客”，认证机构要不断满足学校寻求发展的需要。认证机构服务得好与不好，完全由学校来判定。学校认为认证机构的认证对自己的发展有利，就申请认证；认为认证机构对自己寻求发展没利，就可以不申请认证。有没有学校来申请认证，是靠认证机构的服务质量来决定的。因此，认证机构要树立服务的意识，要不断地改进工作，不断提高认证的实效，吸引学校来申请认证。

## 二、个性与共性的统一

### （一）办学理念和培养目标突显了学校个性

在华国际学校认证标准强调以学校的办学理念和培养目标评估学校，承认了学校的差异，凸显了学校的个性。这主要体现在以下方面。

1. 要求学校要有自己的办学理念和培养目标

由于每所学校的学生群体、办学历史、发展现状、教育观念、理想追求、社会环境、社区环境不同，其办学理念和培养目标必然存在差异。要求学校有自己的办学理念和培养目标，实质上就是要求学校的办学理念和培养目标要有其独特性。强调学校办学理念和培养目标的独特性，为承认学校的个性和差异奠定了基础。

2. 要求学校的办学理念和培养目标要贯彻到学校运行的各个方面

由于在华国际学校认证标准要求学校把办学理念和培养目标，

贯彻到学校运行的各个领域，因此，学校每个领域的员工都应该对学校的办学理念和培养目标有深刻的理解，并在各自岗位上自觉贯彻学校的办学理念和培养目标。每所学校通过对自己办学理念和培养目标的有效贯彻，使学校形成自己的办学特色。

3. 强调学校自己跟自己比

正是由于每所学校的办学理念和培养目标不同，每所学校都有自己的办学特色，因此，在华国际学校认证标准强调学校自己跟自己比。强调基于学校的办学理念和培养目标，学校改进的程度，而不进行学校与学校之间的横向比较。

在华国际学校认证标准从以上三个方面，体现了对学校差异和个性的承认，以及保证了对学校办学自主权的尊重，有利于调动学校办学的积极性，增强学校的办学活力，张扬学校的个性。

（二）认证标准同时反映了学校的共性

学校是社会的学校，社会中的学校必然要受到时代精神和社会环境的影响。在华国际学校认证标准虽然通过办学理念和培养目标突出了学校个性，但同时也反映了时代和社会对学校的要求。

1. 反映了在华国际学校的国际性特点

在华国际学校的招生对象是外籍人员的子女。一所在华国际学校的学生，往往来自许多个国家和地区。在华国际学校就像一个国际大家庭。因此，在华国际学校认证标准特别强调了这类学校的国际性特点。例如，课程教材中心《外籍人员子女学校认证标准》（2006 版）第六章“交流与社区关系”强调：

> 6.4　学校要利用利益相关者背景的多样性来提高跨文化和国际的意识。

为了达到以上标准，学校应该：

a）通过多种方式促进利益相关者之间的积极互动，使学生获得和表达跨文化和国际的意识。

b）充分利用当地的教育和文化资源，扩大学生和教师的学习机会。

c）促进学校与所在社区以及其他学校的富有成效的文化交流。①

2. 反映着国际基础教育发展的最新成果

在华国际学校是国际化的学校，具有国际视野。其教育理念和教学方法能够很快反映国际基础教育发展的最新成果，其办学方向代表了国际基础教育的发展趋势。在华国际学校认证为了适应在华国际学校的发展，其认证标准也必然要反映在华国际学校的发展要求。课程教材中心的《外籍人员子女学校认证标准》（2006 版）在借鉴国外学校认证机构国际学校认证标准时，同时也吸收了国际基础教育研究的最新成果和最好实践经验。例如，以学生为本、“全人教育”、“全纳教育”等理念，自主、合作、探究的学习方式等。同时，在华国际学校认证标准通过定期修订制度，能够不断反映国际基础教育研究的最新成果和最好实践。

3. 反映着学校认证发展的最新成果

国际学校认证自 20 世纪 70 年代产生以来，其理念和方法吸收了其他学校认证发展的成果，并在以后的发展中不断吸收着学校认证发展的成果。2003 年，CIS/NEASC 国际学校认证标准第七版修订完成时，就强调了：

---

① NCCT（课程教材中心）. *Accreditation of Schools for Children of Foreign Nationals*, *Accreditation Standards* (*English*), Version 2008, pp. 25-29.

(1) 更加强调课程的回路(设计、实施、评价、检查);

(2) 使用相同标准从水平维度评价部门的课程,从垂直维度来评价学科领域课程;

(3) 更加强调学校教育项目的“结果”,不仅仅是“输入”;

(4) 更加强调计划/行动的回路(数据的收集、分析、计划、行动);

(5) 有关学生人权和提供国际的或跨文化的经历标准的引入。①

上述五个方面,实际上是CIS/NEASC国际学校认证标准第七版修订时,对国际学校认证发展成果的吸收。课程教材中心的《外籍人员子女学校认证标准》(2006版)在借鉴其国际学校认证标准第七版时,也保留了上述因素。

4. 强调遵守东道国的法律和法规

国际学校分布在世界不同的国家和地区,因此,国际学校的认证标准强调学校要遵守所在国家和地区的法律和法规成为各个不同认证机构的共同要求。课程教材中心的《外籍人员子女学校认证标准》(2006版)特别强调在华国际学校要遵守中国的有关法律和法规。例如:

2.3 学校遵守所有有关的中国的法律和法规。

2.6 学校依法管理财务,并达到当地行政主管部门的要求。

4.2 领导机构和管理人员了解并遵守有关员工权利和义

① NEASC/CIS, *School Improvement through Accreditation*, *Guide to School Evaluation and Accreditation*, Version 7.01 (US Spelling), 1st September 2003, p. 3.

务的法律和法规。

5.9 h）达到国家和地方行政主管部门关于学校安全的所有法律、法规和要求。①

在华国际学校认证标准共性与个性的统一，对于促进学校的持续改进具有重要意义。一方面，在华国际学校的认证必须遵循在华国际学校发展的共同规律。另一方面，在华国际学校认证还必须尊重差异、尊重个性、尊重学校的办学自主权。只有如此，才能真正促进在华国际学校的可持续发展。

① NCCT（课程教材中心）. *Accreditation of Schools for Children of Foreign Nationals*, *Accreditation Standards* (*English*), Version 2008, pp. 3-16.

# 第四章 认证程序

学校认证程序是学校认证实施的机制，是使认证活动保持为认证目的服务状态的保障。学校认证程序要发挥应有的功能，必须要体现认证的基本理念，要与认证标准相适应，要基于认证实践进行不断调整和完善。

## 第一节 认证程序概述

课程教材中心在华国际学校认证程序是在借鉴 CIS、NEASC 和 WASC 认证程序的基础上形成的，并结合在华国际学校认证的实际情况，增加了“资格考察”程序。课程教材中心在华国际学校认证共有 7 个程序，包括：请求认证、资格考察、申请认证、初步考察、学校自评、考察团考察、认证决定和后续程序[①]（如图 4-1 所示）。

① 教育部基础教育课程教材发展中心：《外籍人员子女学校认证工作章程》（2008 版）。

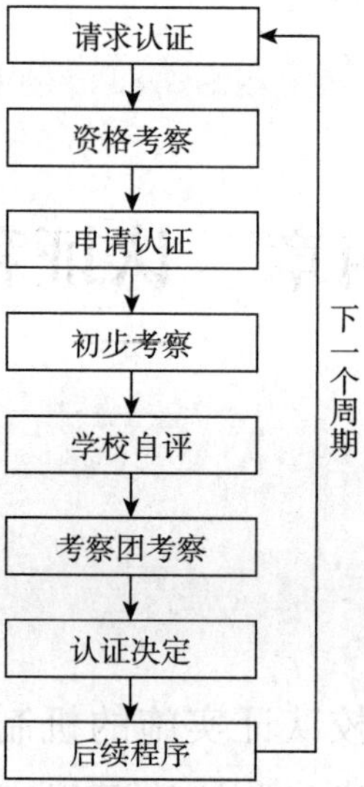


图 4-1　在华国际学校认证程序

## 一、请求认证

请求认证是在华国际学校向课程教材中心表达参加认证意向的过程，是在华国际学校参加认证的第一个程序。在华国际学校向课程教材中心请求认证时，需填写并提交《课程教材中心外籍人员子女学校认证请求表》。该请求表的主要内容包括学校的基本信息、开办时间、认证方式（独立认证或联合认证）以及资格考察的时间。该表表达的是申请认证的一种意向。这一步骤的主要功能是初步了解学校申请认证的基本资格，以及学校希望资格考察的时间，为资格考察做准备。

## 二、资格考察

在华国际学校申请课程教材中心认证的基本资格必须是经中

国教育部批准设立的，并且其办学时间应从批准办学之日起满 3 年[①]。资格考察是由课程教材中心委派考察人员到学校了解学校的运行情况，为课程教材中心受理学校的认证申请提供依据的活动[②]。资格考察是课程教材中心基于在华国际学校认证实践的经验和教训而增加的程序。其目的是为了帮助学校以符合法定要求的办学手续和正常的运行状态进入认证程序的一项保障措施。这一程序，旨在引导学校规范办学行为，保证认证工作的顺利进行。

准备接受课程教材中心资格考察的学校需要按照课程教材中心认证办公室的资格考察指南进行相关的准备工作。其中一项重要的准备工作需要向课程教材中心认证办公室提交《学校基本情况表》，该表的内容主要包括：主要证照、教学场地及设施、管理机构、行政、招生和财务等方面的信息。《学校基本情况表》是用来判断学校的办学手续是否齐全以及学校是否处于正常运行状态的主要依据。

资格考察一般由 1—2 位考察人员花费 1—2 天完成。课程教材中心要求考察人员在考察结束后的一周之内向课程教材中心提交一份资格考察报告。资格考察报告是课程教材中心用来判断是否受理学校申请的依据。

## 三、申请认证

申请认证是在在华国际学校收到课程教材中心关于受理学校

① 根据国务院 2012 年 9 月 23 日发布的《国务院关于第六批取消和调整行政审批项目的决定》(国发［2012］52 号)，设立外籍人员子女学校的审批权已下放至省级人民政府教育行政部门。根据这一变化，今后经省级人民政府教育行政部门批准设立，并且从审批之日起办学满三年的“在华国际学校”即具备申请课程教材中心认证的资格。

② 教育部基础教育课程教材发展中心：《外籍人员子女学校认证工作章程》(2008 版)。

申请认证的函以后，向课程教材中心正式提出认证申请的过程。学校需要填写课程教材中心提供的《外籍人员子女学校认证申请表》。申请表的内容主要包括两大部分：第一部分是学校的基本信息；第二部分是对应认证标准各部分的信息。对应认证标准每部分的信息，主要侧重与认证标准相关的实证性信息。有的信息要求具体说明，而有的信息则要求学校提供相关材料的复印件。例如，对“员工”部分的要求。

1. 教员管理

(1) 列表说明学校每个专业工作人员情况（包括姓名、教学任务、学历、周课时）。

(2) 如可行，请附2—3位教师个人档案材料的复印件。

2. 员工工资

(1) 现金工资

范围：

最高：

最低：

平均：

(2) 学校为来自不同招聘渠道（如：国际、当地外国人、当地中国人）的教职员工分别提供什么津贴福利？其标准分别是什么？

(3) 学校关于以下方面的政策是什么？

(a) 资深职位与终身职位。

(b) 旷工。

(c) 病假。

(d) 事假。

(e) 退休。[①]

在华国际学校申请认证的过程除了体现认证的自愿性原则以外，还使学校初步了解了认证机构的认证标准，回顾了学校的基本情况，对照认证标准对相关实证性信息进行了初步梳理。学校申请认证的过程为下一步的初步考察和学校自评作了准备。

## 四、初步考察

初步考察是由课程教材中心委派考察人员到学校了解学校的办学情况，培训学校员工，阐述认证程序，确定学校自评工作准备情况的活动[②]。初步考察的主要功能是指导学校为开展自评做好各方面的准备。具体来讲，其功能主要体现在以下两个方面。①为学校自评做好思想上的准备。初步考察的过程是向学校员工（包括管理者、教师、教学辅助人员）、董事会成员、家长和学生代表进行思想动员的过程。在初步考察过程中，考察人员通过一系列的考察活动，特别是介绍会、培训会等，使学校社区的所有人员对课程教材中心认证、课程教材中心认证的好处、学校自评程序、课程教材中心认证标准以及学校社区所有人员在自评中的角色等有一个清晰的了解，使学校社区的全体人员为学校自评做好思想上的准备。②为学校自评做好行动上的准备。在考察人员的指导下，学校将为开展学校自评进行一系列的准备，例如，成立自评组织机构，确定认证协调员，制订自评计划，对相关人员进行培训等。

① 教育部基础教育课程教材发展中心：《外籍人员子女学校认证指南之三——外籍人员子女学校认证申请表》，2002 年 3 月。

② 教育部基础教育课程教材发展中心：《外籍人员子女学校认证工作章程》（2008 版）。

在初步考察时，课程教材中心一般向学校委派一个2—3人的初步考察小组，其中1人为组长。初步考察的时间通常为2—3天。课程教材中心要求初步考察小组在离校后的7天内将初步考察报告递交课程教材中心认证办公室。课程教材中心在初步考察结束一个月内向学校书面反馈初步考察报告。

## 五、学校自评

学校自评是学校在接受初步考察之后，动员全体员工，根据学校的办学理念和培养目标与认证机构的认证标准，对学校工作的各个方面进行自我诊断、自我改进，同时为考察团考察做准备的过程①。学校在这个阶段一般要花费18个月或更长的时间。本阶段无论是在花费的时间、精力和付出的努力方面，还是获得的价值方面，是整个认证过程中最重要的阶段。

## 六、考察团考察

考察团考察是考察团在学校自评的基础上，根据学校的办学理念和培养目标以及认证机构的认证标准，对学校进行全面考察，肯定优势，提出改进建议的活动②。考察团考察为学校提供了一个外部同行观察的机会。本次考察大约要花费一周时间。考察团在考察期间一般采用参观校园、观课、阅读材料、访谈、座谈等方法收集证据，对学校的自评结论做出客观评价。考察团最终要完成考察团报告和认证结果的建议报告。

---

①② 教育部基础教育课程教材发展中心：《外籍人员子女学校认证工作章程》(2008版)。

## 七、认证决定

认证决定是课程教材中心根据认证委员会的建议，对认证结果做出决定的过程①。认证决定是认证机构基于考察团的考察对学校的优势和需要改进的方面的一个整体判断，是促进学校改进的一个重要机制，是学校在接下来的认证周期内进行改进的起点。课程教材中心关于在华国际学校的认证结果，包括以下三种。

一是通过认证。表明学校运行的各个方面均达到或超过了课程教材中心的认证标准。课程教材中心授予学校通过认证，并向学校颁发证书和授牌。

二是带条件通过认证。是指学校在个别重大方面未达到标准，迫切需要改进。经认证委员会审议学校的改进报告或考察人员的特别考察报告，确认学校已经改进之后，课程教材中心给予学校通过认证，向学校颁发证书并授牌。②

三是认证推迟。是指学校在许多方面尚未达到认证标准，需要较长时间进行改进。课程教材中心建议学校在适当时候重新提出认证申请。

认证决定是通过一定的程序来完成的。课程教材中心在华国际学校认证决定的程序包括以下两个步骤。①认证委员会审议。课程教材中心在对在华国际学校的认证结果进行决定之前，要先提请课程教材中心在华国际学校认证委员会进行审议。课程教材

---

①　教育部基础教育课程教材发展中心：《外籍人员子女学校认证工作章程》（2008版）。

②　2012年6月，课程教材中心在华国际学校认证委员会建议使用“带条件通过认证”，并对其内涵进行了讨论确定。此前曾使用“有条件通过认证”，因此，文中有些地方使用“有条件通过认证”。

中心在华国际学校认证委员会要通过认证委员会会议听取考察团团长或代表的简要汇报，并就有关问题向考察团团长或代表进行质询，最后对考察团报告和考察团关于学校认证结果的建议报告进行认真地审议。课程教材中心在华国际学校认证委员会经过审议，向课程教材中心提出关于对学校认证结果的建议。②课程教材中心决定认证结果。课程教材中心根据在华国际学校认证委员会的建议，对认证结果做出最后决定。

从对在华国际学校认证结果的决定程序来看，课程教材中心不是在考察团考察的基础上，直接决定对学校的认证结果，而是通过其认证委员会的审议来决定对学校的认证结果。这种做法，体现了课程教材中心在华国际学校认证的公开、公正和客观的原则。

## 八、后续程序

后续程序是学校在考察团考察之后的认证周期内，根据自评报告和考察团报告的建议所进行的促进学校改进的活动[①]。课程教材中心在华国际学校的认证周期是从考察团考察之月算起的，一共有5年时间。与其他认证程序相比，后续程序是持续时间最长的认证程序。

后续程序的主要功能是促进学校持续改进。主要表现在以下两个方面。

第一，促使学校完善和实施全校行动计划。考察团考察之后，学校要根据考察团报告完善全校行动计划。学校的领导团队为了

① 教育部基础教育课程教材发展中心：《外籍人员子女学校认证工作章程》（2008版）。

使学校达到全校行动计划的目标，要协调全校行动计划的实施、学校进步的年度检查、完善下一步的行动。

第二，使学校的改进紧紧围绕学校的办学理念和培养目标。学校的办学理念和培养目标经过学校自评和考察团考察，得到了重新确认，它是学校持续改进的指针。全校行动计划是基于学校的办学理念和培养目标制订的，后续程序的实施能够确保学校始终围绕学校的办学理念和培养目标。这就要求学校的决策者和管理者在持续改进过程中，始终要确保学校的行动计划与学校的办学理念和培养目标保持一致。

后续程序是通过一系列步骤来实施的。后续程序是在华国际学校持续改进的机制，对学校的持续改进起到了外部监控的作用。后续程序的任务主要包括以下几方面。

第一，在考察团考察之后，学校针对自评报告和考察团报告中提出的改进建议及时完善学校的行动计划。

第二，在认证周期内，学校从考察团考察的第二年开始每年向课程教材中心认证办公室递交年度进展报告。

第三，在认证周期的第三年，课程教材中心将派考察人员对学校进行中期考察，并产生中期考察报告。

第四，在认证周期的第四年，学校开始寻求课程教材中心的再认证。

## 第二节　认证程序的意义

随着研究的深入，有的研究者认为，程序已经不仅是一个自然科学的概念，也是一个人文社会科学的概念。“程序不仅是自然的，在生活中人为的程序同样存在并发挥着至关重要的作用，人依赖各种自然程序得以生存，更依靠人为的程序得以规范、形成社会，并维持社会的存在和发展。”①“程序是由自然或者人按不同顺序对诸多信息进行选择、处理构成的，以物质过程为负载形式的、具有特定功能的过程及其固化。”②杨玉辉从自然科学的角度对程序的相关理论问题进行了较深入的探讨并认为，程序是由一种或多种信息构成的具有一定功能意义的信息过程，它具有确定性、持续进行性、目的性和整体性。程序在结构上是由启动、运行和终止三部分组成的。程序的作用就是对系统进行控制以维持某种确定的状态。杨玉辉关于程序的上述理论对于认识在华国际学校认证程序有重要的指导意义③。

## 一、认证程序的特征

在华国际学校认证程序具有以下几个特征。

### （一）以规范管理和保证质量为目的

在华国际学校认证程序是围绕“规范管理和保证质量”这个目的进行设计的。在华国际学校认证的每一个程序在整个程序中的具体作用虽然不同，但最终目的都指向“规范管理和保证质量”。例如，“申请认证”的功能是保证提高教育质量是学校的自愿行为；“请求认证”和“资格考察”的功能是保证学校以合法的身份和办学手续进入认证程序。其意义在于如果学校没有规范的办学行为，就谈不上提高质量。规范办学是保证质量的前提，保证质量是规范办学的归宿。“初步考察”的功能是使学校为自评做

①② 丁春华：《对程序概念的哲学探讨》，载《五邑大学学报（社会科学版）》2007年第1期。

③ 杨玉辉：《关于程序的理论探讨》，载《科学技术与辩证法》2002年第5期。

好思想上和行动上的准备。在华国际学校认证倡导学校是保证质量的主体。只有学校的全体员工在思想上和行动上有充分的认识和准备，学校自评才能成为学校全体员工自愿、自主的行为，才能使学校教育质量的改进建立在扎实的群众基础之上。“学校自评”的功能就是通过学校的自我诊断，进行自我改进。“考察团考察”的功能是在学校自评的基础上，通过外部同行的观察，为学校的改进提出意见和建议。“认证决定”的功能是认证机构基于考察团的考察对学校的优势和需要改进的方面的一个整体判断，以促进学校进一步改进。“后续程序”的功能是督促学校在考察团考察之后的认证周期内，有计划地、持续地改进。总之，上述每个程序都是围绕“规范管理，保证质量”这个整体功能来发挥各自的功能的。

（二）认证程序是一个持续的过程

在华国际学校认证程序从请求认证到后续程序是一个持续进行的过程。从申请认证到认证决定一般需要两年左右的时间，如果加上后续程序一般需要七年左右的时间（见表 4-1）。特别需要说明的是，在华国际学校认证还是一个周期性的过程，当完成一个完整的认证程序之后，在华国际学校还要寻求新一轮认证，即进入到下一轮同样的认证程序。

**表 4-1　在华国际学校认证程序案例**

| 认证程序 | 发生时间 | 持续时间 |
|---|---|---|
| 申请认证 | 2004 年 11 月 2 日 | |
| 资格考察 | 2004 年 12 月 2—3 日 | |
| 初步考察 | 2005 年 4 月 11—13 日 | |
| 学校自评 | 2005 年 4 月至 2006 年 11 月 | 持续 20 个月 |
| 考察团考察 | 2006 年 11 月 11—17 日 | 持续 6 天 |

续表

| 认证程序 | 发生时间 | 持续时间 |
|---|---|---|
| 认证决定 | 2007 年 1 月 19 日 | |
| 后续程序 | 2007 年 1 月至 2012 年 1 月 | 持续 5 年 |
| 从申请认证到认证决定所需时间 | | 2 年 2 个月 |
| 一个完整的认证过程所需时间 | | 7 年 2 个月 |

（三）认证程序是一个有机整体

从在华国际学校认证程序的功能来看，在华国际学校认证程序的各个具体程序都围绕着一个共同的目的，即“规范管理，保证质量”，各个具体程序之间有着密切的联系，每个具体程序都是这个程序的重要组成部分，各个具体程序是一个在功能上不可分割的有机整体。省略或缺少任何一个具体程序，在华国际学校认证程序的整体功能都会被削弱或难已实现。另外，每个具体程序之间存在着承续关系。例如，请求认证是认证程序的启动，没有请求认证，资格考察将无法进行；资格考察是确认学校是否具备申请课程教材中心认证的资格，只有具备申请认证的资格，课程教材中心才会正式受理学校申请；如前所述，申请认证的过程使学校初步了解了认证标准，回顾了学校的基本情况，并对照认证标准对相关实证性信息进行了初步梳理，为下一步的初步考察和学校自评做了准备；初步考察是为学校自评做思想上和行动上的准备，没有初步考察，学校自评就有可能走过场；学校自评是所有程序中最重要的程序，是考察团考察的基础，没有学校自评，考察团考察就失去了基础；考察团考察是对认证结果作出决定的基础，没有考察团考察，认证委员会对学校的认证结果就失去了依据；认证决定是学校在后续程序中改进的起点和依据，没有认证决定，后续程序就没有了改进的依据。

（四）认证程序是确定的

在华国际学校认证程序在借鉴 CIS、NEASC 和 WASC 认证程序的基础上，经过十多年的发展已经基本确定。它包括请求认证、申请认证、资格考察、初步考察、学校自评、考察团考察、认证决定和后续程序等八个基本程序，其结构具有启动、经过和终止的特点。其运行模式是校内与校外互动的模式，每一个程序都是通过学校内部与学校外部互动完成的。其功能如前所述，即“规范管理、保证质量”。

（五）认证程序受社会环境和认证对象的影响

在华国际学校认证程序是在国际的教育环境中生成的。它被移植到中国后，受到了中国社会环境和认证对象的影响。例如，“资格考察”程序，就是在在华国际学校认证实践中，受中国环境和学校发展的实际情况增加的。

案例 4-1

2002 年，课程教材中心在接到某在华国际学校的认证申请后，由于当时还没有资格考察程序，就与学校签订了认证协议，协议规定了每个认证程序的具体时间。认证程序由申请认证直接进入到初步考察阶段。当考察人员进行初步考察时，发现学校在某些办学行为上存在着与现行中国的法律严重不相符合的现象。这使认证工作进入进退两难的地步，继续向下进行，按照课程教材中心的认证标准，学校肯定不会通过认证；停止向下进行又违背双方已经签订的协议。这种状况一度使课程教材中心的认证陷入被动。经过慎重考虑，课程教材中心选择了按认证程序向下进行，并对认证结果进行了妥善处理。本着帮助学校改进的指导思想，授予学校有条件通过（第一档为通过认证，第二档为有条件通过，第三档为推迟认证）。学校经过一年的改进，在第二年正式通过课程教材中心认证。受此启发，有的专家建议课程教材中心在初访之前应增加资格考察程序。课程教材中心采纳了专家的建议。

通过以上案例，我们会发现：通过教育部批准设立的在华国际学校，经过一段时间的发展，其办学手续不一定就完全符合中国现行有关法律、法规的要求，也不一定处于正常的运行状态。这是历史和管理方面的原因造成的，反映了现阶段在华国际学校发展的阶段性特点。为了体现课程教材中心认证帮助学校发展的目的，使在华国际学校以合法的办学手续和正常的运行状态进行认证程序，课程教材中心在总结本次教训的基础上，在初访之前，增加了资格考察程序。可以说，资格考察程序是现阶段在华国际学校发展的阶段性特点在课程教材中心认证中的反映，资格考察程序成为课程教材中心认证的特色之一。

案例 4-2

2007 年 3 月至 2008 年 4 月，课程教材中心与某国外学校认证机构对一所在华国际学校进行了联合认证。此前，该校已经经过该认证机构的认证，本次认证对该认证机构来讲是其第二轮。由于该认证机构没有资格考察程序，课程教材中心又考虑到该校已经通过了该认证机构的一轮认证，其申请课程教材中心认证的资格应该不成问题，于是，课程教材中心就省去了对该校的资格考察程序。当认证程序进行到“认证决定”时，课程教材中心认证委员会在根据考察团报告对学校的认证结果进行审议时，却发现该校的办学行为存在着严重的不合法问题。根据认证委员会的建议，课程教材中心就该校存在的问题，请求有关政府部门进行法律解释，最后给予学校“认证推迟”。对此，学校意见很大，提出“为什么不早点告诉我们存在的问题”，课程教材中心为此曾非常被动。

通过以上案例，我们发现：该在华国际学校是在课程教材中心与国外学校认证机构联合认证的方式下，在其某些办学行为与现行法律不符合的状态下进入认证程序的。造成这种结果的主要原因，是对于国外学校认证机构认证过的在华国际学校判断上的偏差，误以为经国外学校认证机构认证过的学校不存在办学行为不符合中国法律的问题。同时，该事件给课程教材中心以启示，国外学校认证机构的视角与课程教材中心的视角在该问题上是不同的。这个事件使课程教材中心越发感到资格考察程序在联合认证中的重要性，该程序在联合认证中是不能省去的。这个事件也使资格考察的中国特色更加突出。

## 二、认证程序的结构

“作为一种信息控制过程，任何程序在结构上都包含了三个必不可少的组成部分或环节。这就是程序的启动、运行和终止。一个完整的程序就是由这三个部分构成的一个有机统一体。”①在华国际学校认证程序也同样包括程序的启动、程序的运行和程序的终止三个部分（详见图 4-2）。

### （一）程序的启动

提出认证申请，程序就启动了。在华国际学校认证程序启动

① 杨玉辉：《关于程序的理论探讨》，载《科学技术与辩证法》2002 年第 5 期。

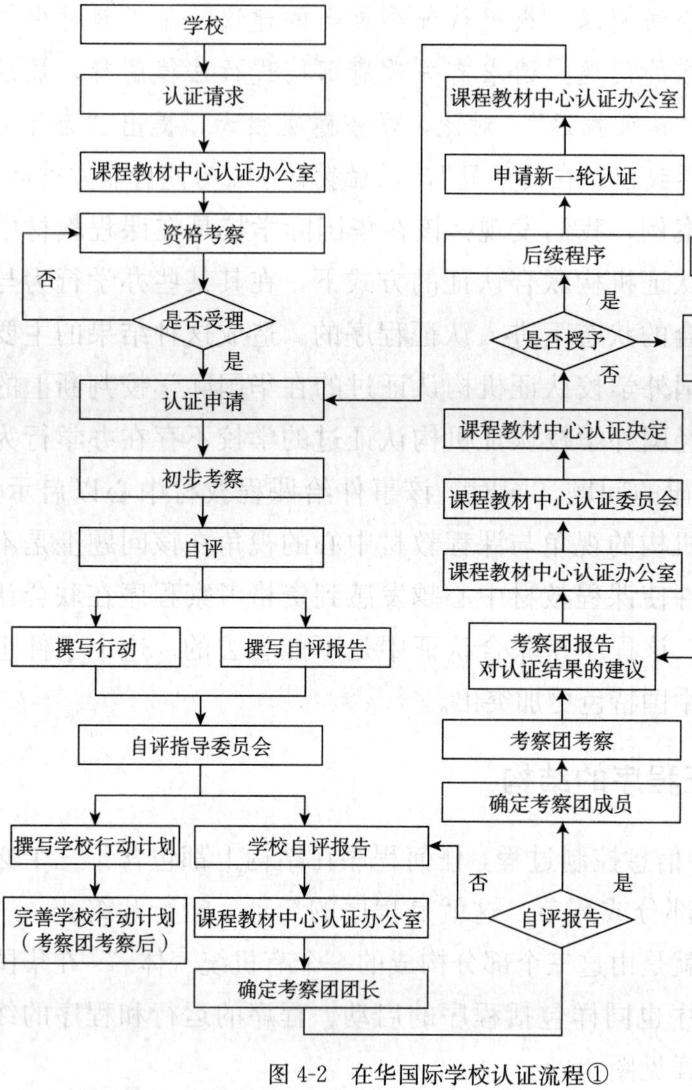


图 4-2　在华国际学校认证流程①

的根源来自社会环境的影响。在华国际学校所依循的逻辑是为了生存和发展需要获得社会的认可。因为它们只有获得了社会认可，

① NCCT（课程教材中心），*Accreditation of Schools for Children of Foreign Nationals*，*The Self-Study*（*English*），Version 2008，p. 6.

特别是家长的认可，它们才能招收到一定数量的学生，才能有一定的学费维持运转，学校才能生存和发展。在华国际学校为了得到社会的认可，一般要申请认证机构的认证，通过认证机构的认证向社会证明学校的教育质量是信得过的。认证程序启动的方式是通过外部认证机构的宣传和动员，以及学校的响应来实现的。一般来讲，外部认证机构通过培训以及个别沟通来动员学校参加认证过程，学校如果认同某认证机构的认证标准，就向认证机构提出认证申请。

（二）程序的运行

在华国际学校认证程序的运行包括认证请求、资格考察、申请认证、初步考察、学校自评、考察团考察、认证决定和后续程序。在华国际学校认证程序运行模式的突出特点是学校与外部认证机构的互动性。其互动性又表现为三种具体形式。一是以学校主导的运行。例如，学校自评和后续程序。这两个程序虽然是以学校主导进行的，但运行过程结束时必须要向外部认证机构反馈，否则将无法向下一个程序进行。二是以外部认证机构主导的运行。例如，认证决定。但是，外部认证机构作出认证决定后，也必须向被认证的学校进行反馈，否则，下一个程序也将无法进行。三是由双方合作进行。例如，认证请求、资格考察、申请认证、初步考察和考察团考察。认证请求、申请认证是需要双方互动完成的活动。其他三个程序都是由外部认证机构派出一个考察团队，在学校的配合下对学校进行考察。缺少了任何一方的配合，这三个程序将无法进行。总之，在华国际学校认证程序运行部分的直接动力是外部认证机构与学校的互动。

（三）程序的终止

在华国际学校认证程序的终止是后续程序的结束。后续程序是在华国际学校认证程序中的最后一个程序。这个程序经历的时间最长，一般要五年时间。它是学校在自评和考察团考察的基础上，进行改进的一个重要阶段。后续程序的结束是在后续程序的第五年。但是，在华国际学校认证程序的终止有其特殊性，它既是上一个认证程序的结束，又是下一个认证程序的开始。被认证学校往往是在后续程序的第四年开始寻求下一轮认证。

## 三、认证程序的作用

程序的作用“就是一种有目的的控制作用，即通过程序运行所产生的效应使系统产生或维持某种确定的状态”①。在华国际学校认证的目的是“规范管理，保证质量”。在华国际学校认证程序的作用就是通过认证程序的控制，使认证系统保持为“规范管理、保证质量”服务的状态。在华国际学校认证程序的作用具体表现在以下两个方面。

第一，保证认证工作顺利进行。在华国际学校认证程序的运行涉及认证管理者、被认证学校以及考察人员。在认证过程中，有一个大家共同认可并遵守的认证程序，对于规范各个操作主体的行为，保证认证工作按预定计划规范进行非常重要。在华国际学校认证程序对每个程序的功能、任务、活动要求、成果形式都有明确的要求，这对于规范各个操作主体的行为，保证认证工作顺利进行有重要意义。因此，在华国际学校认证程序的作用首先是为操作主体提供了一个基本准则，以保证认证工作顺利进行。

第二，保持局部和整体功能的实现。在华国际学校认证整体功能的实现是基于每个具体程序功能的实现而实现的。在华国际

① 杨玉辉：《关于程序的理论探讨》，载《科学技术与辩证法》2002 年第 5 期。

学校认证程序在运行过程中，首先通过对每个程序的控制，为下一个程序功能的实现奠定基础。例如，只有通过初步考察，为学校自评做好思想上和行动上的准备，学校自评才有可能顺利进行。其次，要通过每个程序功能的全部实现来实现认证程序整体功能。只有在华国际学校认证程序的具体功能都实现了，才会真正实现在华国际学校认证程序的目的功能——规范管理、保证质量。

# 第五章　学校自评

学校自评是学校在接受初步考察之后，动员全体员工，根据自己的办学理念和培养目标与认证机构的认证标准，对学校工作的各个方面进行自我诊断、自我改进，同时为考察团考察做准备的过程。学校在这个阶段一般要花费 18 个月或更长的时间。本阶段无论是在花费的时间、精力和付出的努力方面，还是在获得的价值方面，是整个认证过程中最重要的阶段。

## 第一节　自评的原则

学校自评的原则是在学校自评过程中由认证机构倡导的，学校应该遵循的基本准则。学校自评的原则对保证学校自评的有效性，具有重要的指导意义。学校自评的原则包括以下几个方面。

### 一、全员参与

学校参加了学校认证机构的认证并不意味着学校的教育质量就会提高。问题的关键是“人”，即学校的所有利益相关者（包括学生、家长、员工和董事会成员）要树立质量意识，要在学校的组织下，在指派的领域或自己的工作领域对照学校的办学理念和培养目标、认证标准分析本领域的优势和需要加强的因素，在全校形成追求高质量、持续改进的文化氛围。学校参与认证机构的认证决不是董事会的事情，也不是校长的事情，更不是由学校组织一个自评报告的写作小组或工作小组来完成的，否则，学校就失去了参加认证的意义，也不会收到实效。学校自评的过程应是动员员工、家长、学生和董事会成员等利益相关者共同参与和密切协作的过程。学校自评必须做到全员参与。

## 二、全方位

全方位就是自评的内容要涉及学校工作的各个方面。影响学校教育质量的因素涉及学校工作的方方面面。学校教育质量是学校的各个领域在运行过程中相互作用、相互协作的结果，不是某一个部门单独努力的结果。作为促进学校自我改进的学校自评要把学校作为一个系统，来反思各个子系统运行以及各个子系统之间相互作用的情况，提出整体改进的建议。

## 三、全过程

学校改进需要一个过程。以学校改进为目的的学校自评同样需要一个过程。课程教材中心要求从来没有经过任何认证机构认证的学校，其自评时间不能少于 18 个月。在自评过程中，学校应该边评估边改进；应该把学校自评与日常管理很好地结合起来。为了保证自评的过程性，课程教材中心对学校自评规定了严格的实施步骤。

## 第二节 自评的主要功能

学校自评在整个认证过程中的地位十分重要，这是由其在整个认证程序中所发挥的主要功能决定的。学校自评的主要功能表现在以下几个方面。

### 一、了解现状

在自评阶段，学校需要梳理基本信息，面向主要利益相关者做意见调查，根据认证标准收集整理相关信息，撰写自评报告。自评阶段要为整个认证过程提供基本资料。这些资料不仅为学校的自我反思，也为外部考察团的评估提供基本依据。考察人员以此为依据对学校工作的各个方面进行判断。学校认证质量的高低以及认证结果对学校价值的大小，在一定程度上取决于学校在自评过程中所收集资料的质量。

### 二、交流反思

从学校自评的过程来看，学校自评为全体员工提供了一个交流和反思的机会。在日常工作中，大家在不同部门工作，与其他部门的人员缺乏沟通，对其他部门的工作缺乏深入了解。学校自评把大家联系在一起，使大家跨部门、跨学科分到一个自评委员会或就某些问题在一起讨论。不同部门的人员借助这个机会彼此加深了了解。这有利于增强学校的凝聚力。在自评过程中，全体员工通过对学校运行的各个方面进行反思，使学校的目标更加明确，使学校的改进措施更有针对性。

## 三、产生行动计划

学校在自评结束时，要产生一个行动计划。学校行动计划，是指一所学校逐步发展的程序，该程序详细阐述使用现有资源的明确的活动，其资源能够致力于一所学校所确定的发展需要①。行动计划体现了学校未来的发展方向，是学校今后一个时期行动的指南。

# 第三节　自评前的准备

要做好学校自评，学校需要做扎实的准备工作。这些准备工作一般包括：成立相应的组织机构，制订自评计划，对学校所有相关人员进行培训，整理学校的基本信息，向学校的利益相关者进行意见调查等。

## 一、成立组织机构

### （一）自评指导委员会

自评指导委员会由校长、董事会代表、各自评委员会主席、认证协调员、家长和学生代表组成。在大多数情况下，校长担任自评指导委员会主席，由校长提名各自评委员会主席和认证协调员。一般情况下，在自评指导委员会之下设立一个小组做一些文书和编辑工作。

---

① WASC, *Focus on Learning*, *The Accreditation Manual*, 2003—2004 WASC Edition, p. 10.

自评指导委员会具有以下职责：

(1) 组织自评委员会；

(2) 制订自评活动的计划和时间表；

(3) 培训自评指导委员会成员、所有员工，以及家长、学生和其他利益相关者的代表；

(4) 建立支持和监控机制，对自评委员会及时提供协助，密切监视自评的发展状态；

(5) 汇总、检查和审校各自评委员会撰写的报告，产生自评报告的最后版本；

(6) 检查各自评委员会在自评期间按照他们所负责领域的发现撰写的行动计划；

(7) 在自评报告的最后版本和由每个自评委员会起草的行动计划的基础上制订全校的行动计划；

(8) 协调后续程序，监控学校行动计划的实施。

在考察团考察之后，自评指导委员会负责确定学校的行动计划，伴随着员工和其他利益相关者的积极参与，与学校的管理者一起建立监控学校行动计划实施的有效机制。自评指导委员会履行其职责时，需要得到学校董事会和管理者的全力支持，以便能以一种最有效的方式完成任务。

(二) 一般信息委员会

对于一般信息委员会，NEASC/CIS 称为“第一部分委员会”①，WASC 称为“学生/社区概况委员会”②。虽然各个认证机构

① NEASC/CIS，*School Improvement through Accreditation*，*Guide to School Evaluation and Accreditation*，Version 7.01 (US Spelling)，1st September 2003，p. 7.

② WASC，*Focus on Learning*，*The Accreditation Manual*，2003—2004 WASC Edition，p. 21.

对一般信息委员会的称谓不同，但该委员会在自评过程中的地位、功能和基本任务是基本相同的。

一般信息委员会一般由学校的管理者构成，但不同的认证体系在要求上略有不同。例如，北京京西学校在 2007—2008 年为迎接 CIS、NEASC 和课程教材中心的联合考察团考察而进行的自评过程中，其一般信息委员会由 3 位管理者构成，包括 1 位人力资源部主管，1 位招生部主管和 1 位认证协调员。而 WASC 则强调该委员会应该由 1 位或多位管理者、有资格的员工、学生、社区成员或家长构成①。

一般信息委员会工作的开始标志着学校自评工作的开始。一般信息委员会的主要任务是产生一个有关学校社区、学校、员工和学生概况以及意见调查结果的描述。一般信息委员会的报告将作为其他自评委员会对本领域进行分析时的参考，因此，一般信息委员会的工作要先于其他委员会完成。

（三）自评委员会

学校的自评委员会是对应所依据的认证标准设立的，所依据的认证标准有几部分，就成立几个相应的自评委员会。例如，北京京西学校在 2008 年 10 月准备接受 CIS、NEASC 和课程教材中心的联合考察团考察时，所依据的认证标准是 CIS/NEASC 国际学校认证标准第七版加课程教材中心的“中国背景标准 A”。与依据的认证标准相对应，该校成立了 8 个自评委员会：①办学理念和培养目标；②课程；③行政与管理；④员工；⑤学校辅导服务；⑥资

① WASC, *Focus on Learning*, *The Accreditation Manual*, 2003—2004 WASC Edition, p. 21.

源；⑦学生与社区生活；⑧中国背景标准 A[①]。

为了满足特殊需要，在自评委员会之下有时要成立若干小组。例如，由于课程领域在学校的运行中是非常重要和非常大的领域，课程委员会要下设许多小组。该委员会之下的小组一般从“横向”和“纵向”两个维度来设立。从“横向”维度，按年级和部门组织，他们要从跨学科的视角来分析和评估学校的课程，例如，早期教育课程、小学课程和初中课程等。从“纵向”维度，按学科领域组织，目的是从“纵向”角度来分析和评估学校的课程，如数学、英语、艺术等。但具体要设多少个小组，要视学校的实际情况由课程自评委员会来确定。

例如，北京顺义国际学校在 2006 年 9 月接受 CIS、NEASC 和课程教材中心的联合考察团考察之前的自评过程中，在课程领域从“横向”的维度设立了四个自评小组：①小学低段——幼儿园—2 年级；②小学高段——3—5 年级；③初中——6—8 年级；④高中——9—12 年级。从“纵向”的维度，成立了以下 11 个自评小组：①语言艺术；②汉语；③计算机教育；④操其他语种者的英语课程；⑤法语和西班牙语；⑥数学；⑦体育与健康；⑧表现艺术；⑨科学；⑩社会学科；⑪视觉艺术。

而上海瑞金国际学校由于成立晚、规模较小，在 2008 年 4 月接受课程教材中心考察团考察之前的学校自评中，在课程自评委员会之下只成立了小学和初中两个自评小组。

① 该资料由北京京西学校教师、学校认证协调员阿曼达·克拉克（Amanda Clark）女士提供。北京京西学校为了迎接 2008 年 10 月 CIS、NEASC 和课程教材中心的联合考察团的考察，于 2007 年 9 月至 2008 年 6 月进行了自评。2008 年 4 月 23 日上午，阿曼达·克拉克女士就学校如何实施自评问题接受了笔者的访谈，并向笔者提供了学校开展自评的相关资料。

自评委员会的组成一般通过“必须”和“自愿”两种方式组织。与某个领域密切相关的人必须参加指定的领域，而其他人则通过志愿服务的方式参加。认证协调员通过电子邮件发出邀请，与志愿者沟通，确定名单。志愿者之所以愿意参加有关的自评委员会，是因为他们认为这是一个非常好的学习机会。

某领域自评委员会的组成人员既要吸收该领域的关键人物，又要吸收与该领域相关的各方面代表。例如，北京京西学校在2007年9月至2008年6月的自评过程中，办学理念和培养目标自评委员会有14名成员，包括董事会成员、行政管理人员、教师、非教学员工、学生、家长等各方面的代表，同时，包括董事会董事、校长、小学校长、高中校长、招生主管5位关键人物（见表5-1）。

**表5-1　理念和目标自评委员会构成案例**①

| 成员 | 角色 | 学校领域 |
| --- | --- | --- |
| 成员1 | 招生主管 | 行政管理团队 |
| 成员2 | 副校长/小学校长 | 高级教育领导团队 |
| 成员3 | 临时校长 | 高级教育领导团队 |
| 成员4 | 高中校长 | 高级教育领导团队 |
| 成员5 | 中国学科/董事会代表 | 整个学校/董事会 |
| 成员6 | 非教学员工 | 小学 |
| 成员7 | 教师 | 小学 |
| 成员8 | 教师 | 初中 |
| 成员9 | 教师 | 高中 |
| 成员10 | 学生 | 小学 |
| 成员11 | 初中学生会代表 | 初中 |

① 该资料由北京京西学校教师、学校认证协调员阿曼达·克拉克提供。

续表

| 成员 | 角色 | 学校领域 |
|---|---|---|
| 成员 12 | 学生 | 高中 |
| 成员 13 | 家长 | 小学 |
| 成员 14 | 家长 | 初中/高中 |

各自评委员会的主席一般都是由学校相关领域的负责人担任（见表 5-2）。自评小组的负责人往往是有代表性的员工、家长和学生，例如，学科的负责人、部门负责人，或者是学校协会（例如员工、家长和学生协会）的负责人。

表 5-2　各自评委员会主席来源案例①

| 委员会 | 主席来源 |
|---|---|
| 办学理念和培养目标 | 副校长/小学校长 |
| 课程——理念 | IB 小学课程教师 |
| 课程——组织 | IB 高中课程教师 |
| 课程——学生 | IB 初中课程教师 |
| 行政与管理 | 临时校长 |
| 员工 | 工作表现管理委员会主席 |
| 学生辅导服务 | 操其他语种者的英语课程教师 |
| 资源 | 初中副校长 |
| 学生与社区生活 | 社区和服务协调员 |
| 中国背景 | 校务主管 |

为了在自评过程中使更多的利益相关者参与其中，所有的员工（管理者、教师和辅助员工）都应该参加一个自评委员会或自评小组，为学校的改进贡献他们的力量。家长或学生协会中具有

① 该资料由北京京西学校教师、学校认证协调员阿曼达·克拉克提供。

领导身份的人也应该如此。

各个自评委员会的职责，概括起来有以下方面。

第一，在全校自评计划的基础上，制订一个本委员会的主要活动计划和详细时间表。

第二，组织自评小组，给他们分配任务，协调他们的工作，并为他们提供专业帮助。

第三，在自评委员会之下的自评小组的积极参与下，对被分配的运行领域进行全面分析。

第四，完成被分配领域自评报告的最后草稿，并提交学校自评指导委员会。

第五，在发现的基础上，就被分配领域起草一个学校改进的行动计划。

第六，积极完成被分配领域的行动计划和实施学校的行动计划。

（四）认证协调员

在华国际学校认证内部组织体系中有一个重要角色——认证协调员，是必须要提及的。因为认证协调员在在华国际学校认证的整个过程中发挥着重要作用。没有认证协调员的工作，在华国际学校认证将难以进行。正如WASC的认证手册所述："在学校自评过程中，认证协调员帮助委员会理解自评过程，在收集信息的安排上给予协助，对遇到的任何困难提供帮助，更重要的是，认证协调员是一个领导者、协调者、推动者和麻烦的解决者。"①认证协调员的作用不仅体现在自评阶段，而且体现在学校自评之前、

① WASC, *Focus on Learning*, *The Accreditation Manual*, 2003—2004 WASC Edition, p. 17.

考察团考察过程中以及后续程序中，总而言之，认证协调员的作用体现在认证的整个过程中。

1. 在学校自评前的作用

在学校自评前，认证协调员往往要协助校长制订自评活动的总体日程和详细时间表，任命所有自评委员会的主席，建立自评的支撑机制（例如，学校主管部门、行政部门的理解和协助，员工的时间，财政资源，文书和技术帮助等），还要对各委员会的成员进行培训，协调各委员会的组成，为自评准备相关文件，协调有关信息的使用等。例如，WASC 的认证手册将认证协调员在自评前的主要任务概括为以下 9 项。

（1）参与培训。

（2）和最高管理者建立自评主要活动的总体日程和一个更详细的专门委员会会议以及要完成的任务的时间表。

（3）和最高管理者建立支持机制。

（4）向员工和其他学校社区成员团体介绍情况。

（5）和最高管理者任命所有委员会的主席。

（6）准备自评资料袋。

（7）培训自评指导委员会和所有自评委员会的成员。

（8）协调各委员会的组成。

（9）协调有关自评信息的使用。①

2. 在自评过程中的作用

认证协调员在自评过程中一般要承担以下任务。

（1）对自评过程中各项工作完成的时间进行掌控。例如，一

① WASC, *Focus on Learning*, *The Accreditation Manual*, 2003—2004 WASC Edition, p. 17.

般信息委员会要最先完成工作，办学理念和培养目标委员会要先于其他领域的委员会完成自评，各委员会提交自评报告的截止时间，自评报告最后的完成时间等。

（2）召开各委员会主席会议，了解各委员会的自评情况，向大家沟通有关信息。

（3）协助召开自评指导委员会会议。

（4）开始与认证机构商议考察团的规模、组成和必要的花费等。

（5）对自评报告的打磨、校订、材料的收集和整理等。

（6）处理自评报告的印刷事宜。

表 5-3 选取的是北京京西学校认证协调员 2006—2007 年在自评期间的时间表。从这个时间表中，我们可以清晰地了解到认证协调员在自评过程中的具体作用。

**表 5-3　认证协调员在自评期间的时间表案例**①

| | |
|---|---|
| 2007 年 9 月 | 自评前准备（略） |
| 2007 年 10 月 | 公示和充实委员会的角色；通过会议向大家介绍自评过程；完成意见调查并与各委员会分享；自评报告第一部分委员会开始工作；自评报告第二部分理念和目标委员会开始工作。 |
| 2007 年 11 月 | 对各自评委员会主席进行培训，包括主席的角色以及分发的材料；课程领域的 IB 部分开始。 |
| 2007 年 12 月 | 各自评委员会主席开始阅读有关信息；与各位主席召开会议，澄清有关问题。 |
| 2008 年 1 月 | 第二部分的办学理念和培养目标自评完成；其他领域的委员会开始工作；认证协调员参加 IB 小学课程组会议，可能会领导标准和实践部分。 |

① 该资料由北京京西学校教师、学校认证协调员阿曼达·克拉克提供。

续表

| | |
|---|---|
| 2008年2月 | 各委员会主席与认证协调员召开会议；继续就考察团的规模、组成和费用进行商议。 |
| 2008年3月 | 各委员会主席与认证协调员召开会议；继续就考察团的规模、组成和费用进行商议；与校长召开调整会议。 |
| 2008年4月 | 各委员会主席与认证协调员召开会议；自评报告所有部分的最后完成时间为4月29日；安排自评指导委员会会议；讨论自评报告印刷的时间；检查有关IB课程部分的文件。 |
| 2008年5月 | 准备自评报告的第三部分：主要结论的陈述；完成报告，包括标准化、校订、材料的收集和组织。 |
| 2008年6月 | 中旬，完成自评报告。 |

3. 在考察团考察过程中的作用

课程教材中心的认证实践表明，认证协调员在考察团考察前和考察中主要承担以下工作。

(1) 协助校长与考察团团长沟通，涉及学校遇到的相关问题的协助、考察的初步日程、详细日程的制订等。

(2) 安排考察团住宿、交通、工作室等物质条件。

(3) 与考察团团长最后确定考察日程。

(4) 在考察团考察期间，协调考察团与各自评委员会成员的对话。

(5) 对考察团报告的复印和分发。

(6) 推动将考察团报告中提出的建议整合到行动计划之中。

WASC的认证手册将认证协调员在考察团考察过程中的任务概括为以下几项。

(1) 在考察团考察前，与考察团主席进行沟通。

(2) 为考察团安排住宿和其他物质条件。

(3) 在自评报告完成以后，与考察团主席最后确定考察日程。

（4）在考察团考察之前的一个月内，与自评指导委员会继续讨论学校行动计划的实施。

（5）完成考察团考察的准备。

（6）在考察期间，与其他利益相关者一起与考察团讨论自评的具体问题。

（7）将10份考察团报告的复印件送给WASC，并将报告的复印件送给所有利益相关的小组。

（8）在考察团考察之后，要推动将考察团在报告中为后续程序留下的叙述性建议和批评领域整合到学校行动计划之中。学校要将修订的行动计划的复印件送给WASC办公室，并将其分发给利益相关的小组。①

在后续程序中，认证协调员要协助自评指导委员会准备每年的年度进展报告以及考察团的中期考察。

总之，从认证协调员在认证过程各个阶段的任务来看，认证协调员应该对在华国际学校认证标准和程序非常熟悉，并且对在华国际学校认证实践有丰富的经验，可以说认证协调员应该是在华国际学校认证方面的专家。认证协调员还应该有很强的责任心和奉献精神，因为许多认证协调员都是兼职的，他们在学校中都有教育教学的本职工作，作为认证协调员要比自己平时的工作以及其他教师付出更多的时间和精力。但笔者接触到的一些认证协调员认为，作为认证协调员虽然比别人辛苦一些，但对自己来讲，的确是一个提高的好机会，能够学到许多东西。

---

① WASC, *Focus on Learning*, *The Accreditation Manual*, 2003—2004 WASC Edition, pp. 59-60.

## 二、制订自评计划

制订一个清晰、可行的自评计划是自评前不可缺少的一个工作步骤。自评计划一般由认证协调员来制订。自评计划的制订一般采取从最终工作目标出发，在有限时间内倒推的方式进行。例如，如果考察团考察的时间已经确定，那么按要求学校的自评报告至少在考察团考察前的一个月送达每一个考察团成员，接下来就要求学校的自评报告必须提前一个月以上完成，依次上推，一直到自评开始。自评计划需要列出从自评开始到考察团正式考察这段时间每项任务完成的时间点和时间段。表 5-4 是 JX 国际学校接受 CIS/NEASC/课程教材中心 5 年访问的自评时间表。

**表 5-4　在华国际学校自评时间表案例**

| | |
|---|---|
| 2012 年春季 | 1. 任命认证协调员。<br>2. 准备认证时间表草稿。 |
| 2012 年 8 月 | 1. 向学校教育领导团队汇报认证过程和时间表。<br>2. 为开展利益相关者的电子调查在 Endicott 研究中心注册。<br>3. 认证协调员确定需要的认证委员会及其构成。 |
| 2012 年 9 月 | 1. 认证协调员为认证委员会成员准备表格和文件。<br>2. 告知利益相关者 Endicott 研究中心调查网站启动。<br>3. 告知员工、学生、家长和其他利益相关者招募 5 年报告的志愿委员会成员。<br>4. 学校教育领导团队和认证协调员确定临时委员会主席，并要求他们成为自评指导委员会成员。<br>5. 第一委员会（负责学校介绍部分）和第二委员会（负责统计数据表部分）开会成立。<br>6. Endicott 利益相关者调查在月底完成。 |
| 2012 年 10 月 | 1. 在学校门户网站更新认证程序和学校概况的数据。<br>2. 各临时委员会主席分析完成的 Endicott 调查，并与学校最近的 Endicott 调查结果进行比较。 |

续表

| | |
|---|---|
| 2012 年 10 月 | 3. 自评指导委员会中的各位临时委员会主席开会讨论每个委员会的规模和构成。<br>4. 每个委员会开会任命或选择他们的正式主席。<br>5. 所有自评委员会检查 NEASC/CIS 5 年报告的指南和它的 7 个组成步骤。<br>6. 向各自评委员会提供以下支持文件：2007—2008 年度自评报告、5 年报告指南、Endicott 调查分析、第一年进展报告、来自第一和第二委员会的报告、其他支持文件。<br>7. 来自 5 年报告第二部分使用 NEASC/CIS 第八版指南的第三委员会（负责针对 2008 年考察团报告建议的进步）A—H 小组开会，报告针对 2008 年考察团建议的改进情况。<br>8. 认证协调员向校长报告最新情况。 |
| 2012 年 11 月 | 1. 第三委员会继续检查落实建议的进展。<br>2. 第四（负责反思陈述）委员会开会。<br>3. 第五（负责依据标准和观测点评定）委员会开会，由与第三委员会相同的委员会成员构成。<br>4. 认证协调员向校长报告最新情况。 |
| 2012 年 12 月 | 自评指导委员会开会讨论进展。 |
| 2103 年 1 月 | 第三、四、五委员会继续工作。 |
| 2013 年 2 月 | 1. 各委员会主席和认证协调员会议。<br>2. 第三、四、五委员会在月底前完成工作。<br>3. 第六委员会开会起草行动计划。<br>4. 自评指导委员会开会讨论学校进步。<br>5. 认证协调员向校长报告最新情况。 |
| 2013 年 3 月 | 1. 各委员会主席和认证协调员会议。<br>2. 第六委员会开会阐述在 3 月 29 日前要完成的行动。<br>3. 认证协调员向校长报告最新情况。 |
| 2013 年 4 月 | 1. 校长撰写一份简洁的报告结束语。<br>2. 所有利益相关者接到 5 年报告的电子版。<br>3. 与考察团团长联系。 |

续表

| | |
|---|---|
| 2013年5月 | 1. 如果学校在2013年9月有调查更新的需求和愿望，准备第二次Endicott调查。<br>2. 与考察团团长联系。<br>3. 认证协调员向校长报告最新情况。 |
| 2013年6月 | 1. 自评报告在放假之前完成。<br>2. 与考察团团长联系。 |
| 2013年8月 | 1. 为考察团做准备和订计划。<br>2. 与考察团团长联系。<br>3. 认证协调员向校长报告最新情况。 |
| 2013年9月 | 1. NEASC/CIS/课程教材中心确定考察团成员。<br>2. 与考察团成员和主席联系。<br>3. 计划和准备考察团考察。<br>4. 组成为考察团服务的委员会。<br>5. 5年报告的更新。<br>6. 向社区公布自评结果，将其放在学校门户网站供员工了解，将纸介文本放在图书馆。<br>7. 将报告的电子版送给考察团成员和认证机构。 |
| 2013年10月 | 1. NEASC/CIS/课程教材中心确定考察团成员。<br>2. 联系考察团成员和考察团主席。<br>3. 为考察团全体人员的访问签证、宾馆、工作室和交通作准备。<br>4. 认证协调员向校长报告最新情况。 |
| 2013年11月 | 考察团工作继续。 |
| 2013年12月2日 | 考察团在学校访问。 |

## 三、培训

自评前的培训一般包括情况介绍会和专门培训会两种。培训工作由自评指导委员会主席和认证协调员负责。

### （一）情况介绍会

情况介绍会是针对员工、家长和学生的，目的是通过让他们了解认证的基本信息，特别是学校的自评程序，对员工、家长和学生进行思想动员，争取他们的支持，在学校营造良好的自评氛围。情况介绍会，一般在初步考察期间的第二天下午举行。课程教材中心希望所有的员工都要出席。开会时，课程教材中心的考察人员已经会见了校长、参观了校园，访谈了学校一些部门的代表，获得了学校运行的一般印象。在会上，考察人员通常要向全体与会人员简要介绍以下内容：

(1) 课程教材中心和课程教材中心认证程序；(2) 课程教材中心认证的好处；(3) 课程教材中心认证标准；(4) 自评的基本目的；(5) 自评的任务；(6) 员工广泛参与和密切协作的重要性。

在情况介绍会结束之前，一般要有 20 分钟的提问和回答。

为了保证大多数学校利益相关者了解学校自评的本质和目的，及时准备为学校的发展做出贡献，课程教材中心还要求学校自评指导委员会在接受初步考察之后要组织面向家长和学生的情况介绍活动。

**(二) 专门培训会**

专门培训的对象是将要比较深入地参与自评过程中的“关键人物”，例如自评指导委员会的成员、各自评委员会的主席和骨干人员，甚至还包括董事会成员和家长等。这种培训通常是在初步考察期间或初步考察以后不久举行。考察人员一般采取一种“讲解—讨论”模式，培训内容着眼于参加者在自评程序中的实践技能。考察人员在讲解时，往往会给出一些导向性的问题，这些问题涉及一些大家共同关心的问题，例如：

(1) 在学校自评前，期望自评指导委员会做些什么？

(2) 在学校自评期间，自评委员会的主席应该做些什么？

(3) 如何按照学校的办学理念和培养目标以及课程教材

中心的认证标准评估学校的运行?

(4) 如何收集和分析必要的信息和数据?

(5) 如何撰写事实概述?

(6) 如何对学校的运行进行评定?

(7) 如何撰写结论?

(8) 如何撰写一份合格的自评报告?

(9) 为什么要求学校制订全校性的行动计划?

(10) 一份合格的行动计划是什么样的?[①]

认证标准是学校在自评过程中对学校运行进行系统分析和客观评估的基础。因此,课程教材中心要求所有参与自评的人都应该熟悉认证标准。首先,需要将认证标准送给董事会成员、所有的员工、家长和学生代表,以及任何需要它的人。其次,在认证标准的学习过程中,要采用多种方法将学校利益相关者们吸收进来。例如,召开自评指导委员会的研讨会、自评委员会的研讨会、对所有员工的情况介绍会、学生协会会议、家长教师协会会议,等等。还可以利用学校网站和出版物帮助利益相关者理解认证标准。课程教材中心在自评手册中还列出了一系列问题,作为对学习过程的指导。通过这一阶段的学习,要对认证标准及观测点有一个基本的理解,懂得在自评过程中如何使用它们。

## 四、整理一般信息

为什么要在学校自评准备阶段准备学校的一般信息呢?主要有以下两方面的原因。首先,是为了更好地满足学生学习的需要。

---

① NCCT (课程教材中心). *Accreditation of Schools for Children of Foreign Nationals*, *The Self-Study* (*English*), Version 2008, pp. 14-15.

在华国际学校认证倡导以学生学习为中心，了解学校社区和学生的特点是重新审视学校的办学理念和培养目标，更好地满足学生学习需要的基础。其次，从学校认证的程序来讲，在本阶段所准备的一般信息可以为自评阶段的所有自评委员会，以及实地考察的考察团提供重要参考。

学校的一般信息一般包括以下三部分内容。

一是关于学校社区的书面概述。其内容主要包括以下一些方面：①学校的历史和主要特点，学校社区和学生群体的概述；②当前学生群体组成的说明，包括学生的国籍和文化背景；③对学校的使命有贡献的志愿成人团体的鉴别，如家长协会、毕业生等；④与当地政府部门的关系，包括提供的特殊的机会与支持；⑤以什么优势或特点吸引学生到学校来；⑥简单描述支持学校项目的已有的与公众相关的材料，如简报、小册子等。

二是关于教师的信息，需要根据课程教材中心提供的表格完成。

三是关于学生的信息，同样需要根据课程教材中心提供的表格完成。

学校的一般信息可以通过以下两种方式中的任何一种方式完成。可由学校自评指导委员会在认证协调员的协助下完成。也可以通过成立一个专门的一般信息委员会来完成。

学校的一般信息，经过修改，将其作为学校自评报告第一部分中的第一部分内容。

## 五、做意见调查

教师、学生、家长和学校社区其他成员对于学校及其课程的态度，对于学校的成功是非常重要的。因此，在学校自评之前，课程教材中心要求学校就学校和它的课程做意见调查，并对意见调查进行分析。意见调查的对象包括：学生、教师、家长、董事会成员和毕业生等。课程教材中心向学校提供相应调查工具。

调查一般采取问卷的形式。大多数问题有程度的评定，通过选择来回答。例如，“非常同意”，“同意”，“不表态”，“不同意”，或者“非常不同意”。

自评指导委员会将在调查中获得的信息和数据，撰写一份关于调查结果的报告，并将报告和有关数据提供给所有的自评委员会。各自评委员会将研究这些发现和建议，这将对评估学校运行的各个领域起到非常大的帮助。对每一项调查的调查报告一般要包括调查结果、本次调查的重要发现和含义三部分。这部分的调查报告将作为学校自评报告第一部分中的第二部分内容。

## 六、检查学校的办学理念和培养目标

一所学校应该用它的办学理念和培养目标来解释它的核心价值和对高质量教育的期望，学校应该就它的办学理念和培养目标采取多种方式与学校利益相关者去沟通，争取他们的理解和支持。学校自评是学校利益相关者就学校的办学理念和培养目标相互沟通的一个非常好的机会。

由于在自评过程中，学校要根据办学理念和培养目标以及认证标准对学校的运行进行分析和评估，因此，学校需要在各自评委员会自评之前对现行办学理念和培养目标的描述进行检查和重新确认。检查和确认工作是在自评指导委员会的领导下进行的。对学校办学理念和培养目标进行检查的参与者包括：自评指导委员会，各自评委员会，各自评委员会下设的自评小组，家长和学生代表，以及对检查有兴趣的其他利益相关者。自评指导委员会和各自评委员会成员在检查中扮演着核心角色。

对办学理念和培养目标的检查程序一般包括以下几个步骤：(1) 澄清学生的需要和学习目标；(2) 澄清学校目的；(3) 检查办学理念和培养目标的现行描述；(4) 决定是否需要修订现行的描述；(5) 必要时，修订这种陈述。

通过本项工作，要使学校利益相关者对办学理念和培养目标有深入理解，并得到他们的全面支持。本项工作可能的成果是一个经过重新确认或修订的办学理念和培养目标，它应清晰地反映学校的核心价值和对高质量教育的期望。

## 第四节　各委员会自评

上述准备工作完成以后，与认证标准各章对应的各自评委员会开始自评。各自评委员会自评共分为五步：收集检查信息、起草事实概述、评定、撰写陈述性结论、完成自评报告。

### 一、收集检查信息

对信息的收集和检查是自评阶段的基础性工作。经过收集和检查的信息不仅是各自评委员会评定、撰写结论的证据，也是考察团成员评估学校的参考证据。因此，信息收集和检查工作的成效直接关系到自评工作乃至整个认证工作的成效。

收集和检查信息的参与者包括：自评委员会的全体成员，自评委员会下设的自评小组，以及志愿参加的其他利益相关者。收集和检查信息一般要经过以下几个步骤。

第一，再次检查本自评委员会所负责领域的标准，将学校的运行与标准及其观测点相对照，了解需要收集什么信息和数据。

第二，要从学校已有的资源中，收集所需要的信息。例如：①在自评准备阶段产生的学校的一般信息；②在自评准备阶段产生的对学生、教师、家长、董事会成员和毕业生意见调查的报告；③经重新确认或修订的学校的办学理念和培养目标；④学校的文件和出版物，如政策、规定、报告、手册、指南、课程表、计划、时间表、日历、简报和年鉴等；⑤其他的书面和印刷材料，如记录、通知、录音、学生基本表现的数据；⑥学生作业的样本，如复印件、光盘、录音带或照片等；⑦课堂观察；⑧对学术或非学术活动的观察，如体育活动、野外活动、员工培训会、家长教师协会会议等；⑨访谈，如对董事会成员、学生、家长和教职员工代表的访谈。

第三，对信息和数据进行检查。自评委员会的成员必须始终清醒地认识到，对信息和数据进行检查的出发点是学校的办学理念和培养目标以及认证标准，这对于筛选和鉴别有效信息是非常重要的。自评委员会要从学校的办学理念和培养目标以及认证标准出发，来分析从已有证据来看还需要什么其他证据；哪些证据能够支持“优势”的发现；什么证据可能用来支持关于需要加强的因素的发现。同时，自评委员会还要剔除不准确的、多余的、过时的和不相关的信息，鉴别相互矛盾的信息。

第四，对检查过的信息和数据进行分类、贴标签，并放入文件夹。信息和数据的文件夹是这一阶段的标志性成果。信息和数据的文件夹在撰写自评报告的过程中、在考察团考察期间、在制订学校的行动计划时、甚至在其他场合都会用到。考察团考察之后，信息和数据文件夹可以作为学校的档案予以保存。

## 二、起草事实概述

自评委员会对所负责的领域要起草一份事实概述。这份事实概述有三方面的用途：一是将作为该自评委员会所撰写的负责领域的自评报告的第一部分；二是将作为本领域自评报告的评定、结论陈述部分的背景；三是这个事实概述，也将作为考察团起草考察报告时的参考。

撰写事实概述的参加者是自评委员会的全体成员和自评委员会下设的自评小组的成员。撰写事实概述，要基于已经收集的信息和数据。所描述的内容是纯事实的，不包括评估或者判断；必须尽可能是现行的和准确的，并反映学校当前的状态；必须与后面的评定和结论陈述保持连贯性。事实概述的篇幅一般要求 1—2 页 A4 打印纸。以下是 JX 国际学校“中国背景”自评委员会撰写的事实概述（涉及中国语言文化内容）的节选。

> JX 国际学校的办学理念讲到了东道国文化。其办学理念讲到 JX 国际学校提供一个挑战的和关爱的基于教育环境的学校社区，在该学校社区中学生在学习过程中积极地参与。JX 国际学校培养学生的批判性思维和以探究为基础的技能，保证学生作为个体和作为全球社区成员实现他们的全部潜能。在此背景下，员工和家长在以下原则的指导下在教育过程中进行合作：
>
> JX 培养全人
>
> JX 关爱它的员工
>
> JX 卷入家长
>
> JX 有个核心价值，其中之一是针对中国背景的：“中国与全球的联接”。该要素有四个组成部分：中国文化、中国语

言、将中国作为学习平台、融入中国社区。[1]

## 三、评定

各自评委员会要依据认证标准的观测点和认证标准，对所负责领域的运行进行评定。评定所使用证据的来源是第一步所收集的信息和数据。各自评委员会所完成的评定表将作为本领域自评报告的第二部分。

自评委员会的全体成员（包含下设的自评小组的成员）参加评定。当参加评定的人员对学校实践的评定发生分歧时，自评委员会的主席需要发挥协调作用。参加评定的人员要对彼此所使用的证据进行比较和确认。同时，参加评定的人员还要讨论观测点所涉及的实践对标准所涉及实践领域的重要性。总之，评定表的评定结果是自评委员会全体成员在讨论基础上的共识。

自评委员会对所负责领域的评定，要经过以下程序。

第一，研究标准之下的观测点，依据每一个观测点来评定学校的实践。评定的档次分为“达到”、“部分达到”和“没有达到”，分别用M、P、N来表示。M＝“达到”；P＝“部分达到”；N＝“没有达到”。由于每所学校的环境都是独特的，自评委员会可以增加一个或多个自己的观测点，也可以根据它们给一个评定。同时，自评委员会可以对任何一个评定附加评论。

第二，依据认证标准来评定学校的实践。评定的档次同样分为“达到”、“部分达到”和“没有达到”，同样用M、P、N表示。在上述程序中，依据每一条标准之下的观测点对学校实践的评定

① JX国际学校于2008年申请CIS/NEASC/课程教材中心联合认证时提交的自评报告。

结果直接影响依据该标准对学校实践的评定结果。观测点达到的程度对上位认证标准的影响取决于观测点对于标准的重要性，这往往需要自评委员会全体成员讨论决定。如果依据观测点对学校实践的评定结果有个别没有达到，那么依据标准对学校实践的评定结果可能是“达到”或“部分达到”或“没有达到”。

第三，对“部分达到”和“没有达到”的评定要做简要评论。

以下是JX国际学校自评报告中“中国背景”自评委员会对标准1的评定①。

| | H部分：标准1的观测点： | 评定<br>W，P or N |
|---|---|---|
| 1a | 学校提供了中国语言和中国文化的课程以满足学生的需要。 | W |
| 1b | 学校组织课外活动帮助学生学习中国语言和了解中国文化。 | W |
| 1c | 学校关于课程内容、教育资源和教学的政策符合中国的法律和法规。 | P |
| 1d | 学校关于学术课程的政策尊重当地中国人和中华民族的文化和情感。 | W |
| 1e | 学校定期检查和评估其所提供的中国语言和文化课程的有效性。 | W |

W代表全面达到；P代表部分达到；N代表没有达到。

| H部分：标准1：采取适当方式将当地文化纳入学校课程。 | 评定<br>E，M or D |
|---|---|
| （参见B-5a）5年级设计了一个项目，体现了JX国际学校关于融入中国的信念。作为他们学习的一部分，他们调查学校临近的地区，通过调查确定工作方式，通过这些工作方式他们可以与当地中国社团和组织一起工作，处理影响人们的现实生活问题。与当地这些团体的合作，学生组建团队，设计了可以采取的积极行动，以便在解决这些问题时，做得有特色。 | E-PYP<br>M-MYP<br>and IB<br>diploma② |

E代表超过；M代表达到；D代表没有达到。

① JX国际学校于2008年申请CIS/NEASC/课程教材中心联合认证时提交的自评报告。

② PYP、MYP、IB diploma，分别指国际文凭组织的小学课程、初中课程和高中文凭课程。

在对标准1观测点的评定等级中，学校将课程教材中心设定的M、P、N换成了W、P、N，W意指全面达到，该校认为他们达到的程度超出了课程教材中心的要求。同样，在对标准1的评定等级中，学校将课程教材中心设定的M、P、N换成了E、M、D，E意指优秀，该校认为他们在这方面做得很优秀，也超出了课程教材中心的要求。

## 四、撰写结论

自评委员会要在认证标准的指导下，在撰写事实概述和对学校评定的基础上撰写所负责领域的结论，包括：①本领域的主要优势，即伴随着积极事实的主要发现的结论；②需要加强的主要因素，即伴随着消极事实的主要发现的结论；③改进建议；④在自评过程中取得的进步。

以下是JX国际学校自评报告中“中国背景”自评委员会撰写的结论。

主要优势

主要优势会积极地影响学生的学习和（或）发展。

1. 中国文化的学习跨越学校所有部门和所有学科，在课程内部被横向和纵向地很好整合（小学、初中、高中、社会学习、艺术、体育等）。

2. JX国际学校创造了许多机会，将中国文化融入课堂，让学生进入当地社区。

3. 设施反映了中国文化。

4. 中国文化项目成为重要的课程资源。

5. 中国语言项目面向学生的不同需要设定了5个水平。

6. 学校有有效的办学许可证，遵守中国政府部门制定的所有相关规定。

7. 学校的财务和资产管理符合中国的标准。

8. 学校及时支付工资和社会福利。

9. 学校与当地社区保持一种和谐关系。

10. 学校组织的活动被完全整合到学校生活和项目中，促进了学生对东道国的理解，丰富了学生对中国实际生活的经历。

11. 董事会和学校管理者在解决与中国社区相关的问题时，能够采取适当的策略和措施。

## 需要加强的方面

1. 学校缺乏在课程内容、教育资源和教学方面遵守中国法律和法规的政策。

2. 学校缺乏依照中国外籍人员子女学校的规章的学生入学政策。

3. 对于非主流语言学生，特别是在较高年级，应引入其他学科的教学方法（如其他现代语言）。

4. 教师的期望应与家长的期望相一致。

5. 应对所有年级的项目进行系统促进、检查和评估。

## 改进建议

改进建议将会积极影响学生学习和（或）发展的质量。

1. 董事会根据中国的法律和法规制定一个关于中国课程内容、教育资源和教学的政策。

2. 董事会根据中国外籍人员子女学校的规章制定一个学

生入学的政策。

3. 学校应为中国语言的员工提供更多专业发展，特别是在汉语作为第二语言的区域工作的员工。

4. 学校应该招聘具有经验和资质的对外汉语教师。

5. 学校应该对汉语项目进行调查和评估，以确定需求和效能。

6. 学校应该在社区活动后进行系统的反思。

7. 学校应该组织更多的员工与当地社区交流（如与当地警察的友好足球赛）。①

“课程与教学”领域的自评与其他领域有所不同，因为在本领域中，要产生多个自评报告。学校要提前决定需要多少个自评报告，能够全面反映学校课程的组织结构和学科范围。这些自评报告是由该自评委员会下设的自评小组分别完成的。

“课程与教学”领域的自评报告是按学校部门的“横向”和按学科领域的“纵向”两个维度组织完成的。所谓按学校部门的“横向”维度是指依据同一套有关课程的认证标准和观测点，按照相同的自评步骤，产生一系列的自评报告。每一个自评报告对应学校的一个部门。例如，课程与教学——小学、课程与教学——初中、课程与教学——高中，等等。这些“横向”自评报告的数量要反映学校独特的年级范围和组织结构，至于要完成多少个“横向”自评报告，要由学校来决定。所谓按学科领域的“纵向”维度是指依据同一套有关课程的认证标准和观测点，按照相同的自评步骤，产生一系列“纵向”自评报告。每一个自评报告对应

① JX国际学校于2008年申请CIS/NEASC/课程教材中心联合认证时提交的自评报告。

学校开设的一个学科领域。例如，课程与教学——数学、课程与教学——音乐、课程与教学——科学，等等。每一个报告应该覆盖学校年级的全部范围。“纵向”自评报告的数量要足以覆盖学校所提供学科的全部范围。至于产生多少个“纵向”自评报告，要由学校来决定。

### 五、完成自评报告

各自评委员会要在自评指导委员会确定的日期之前完成他们所负责领域的自评报告。每一个领域的自评报告包括以下三个部分：事实概述（已经撰写的部分）；评定（已经完成的评定表）；结论陈述（已经撰写的部分）。

各自评委员会需要讨论通过自评报告，并在自评报告的首页签名后，提交到自评指导委员会。

## 第五节　学校自评报告和行动计划

### 一、完成学校自评报告

在各个自评委员会提交了自评报告以后，自评指导委员会在自评指导委员会主席的领导和认证协调员的协助下，要审议和修改自评报告。一般要采取以下工作步骤。

第一，编辑第一部分：学校的一般信息和关于意见调查的结果。

第二，完成第二部分：审议、修改各自评委员会撰写的自评报告。

第三，完成第三部分：确定主要结论，包括主要优势、主要需要加强的方面和主要改进建议。本部分的内容一定是来自第二部分的各个领域的自评报告，或者说本部分的内容应该在第二部分的各个自评报告中都能找到，不需要自评指导委员会再单独撰写。

第四，完成整个报告的其他部分。这些部分主要包括以下方面。

(1) 封面：学校的标识；报告的题目；报告完成的年度和月份；自评指导委员会全体成员的签名。

(2) 专用词汇表（这些词汇是读者不熟悉的词汇）。

(3) 校长或自评指导委员会主席给考察团的一封信。

(4) 自评报告目录。

第五，印刷这个报告。

第六，将报告寄往课程教材中心认证办公室。

一个完整的自评报告应该包括以下几个部分。

——报告的封面：①学校的标识；②报告的题目；③报告完成的年度和月份。

——专用词汇表（这些词汇是读者不熟悉的词汇）。

——校长或自评指导委员会主席给考察团的一封信。

——自评报告目录。

——第一部分：①学校的一般信息；②意见调查结果。

——第二部分：对学校运行的所有领域的分析，即各自评委员会撰写的针对认证标准各个部分的自评报告，包括：①办学理念与培养目标；②行政与管理；③课程与教学；④学校员工；⑤资源、设施和服务；⑥沟通与社区关系。

——第三部分：由自评指导委员会在各自评委员会结论的基

础上确定的主要结论，这个主要结论包括：①主要优势；②需要加强的主要方面；③主要改进建议。

一个自评报告的目录一般包括以下几部分。

第一部分

学校，学生，员工和社区

1.1　学校的一般信息

1.2　意见调查结果

第二部分

学校运行领域的分析

2.1　办学理念与培养目标

2.2　行政与管理

2.3　课程与教学

2.3.1　幼儿园项目

2.3.2　小学课程

2.3.3　初中课程

2.3.4　高中课程

2.3.5　数学

2.3.6　音乐

2.3.7　科学

…………

2.4　学校员工

2.5　资源、设施和服务

2.6　沟通和社区关系

第三部分

主要结论

3.1 主要优势

3.2 需要加强的主要因素

3.3 主要改进的建议

## 二、完成全校行动计划

在各个自评委员会提出建议的基础上，学校自评指导委员会在学校自评报告完成以后要马上着手起草全校行动计划。这个行动计划草案还要在考察团考察之后由学校利益相关者检查和讨论多次，最后要由董事会审定生效。

起草全校行动计划的参加者是自评指导委员会的全体成员和学校董事会的某些成员。起草全校行动计划一般要采取以下工作步骤。

第一，检查和讨论所有自评委员会自评报告的建议，特别是学校自评报告中主要结论部分的建议，进一步确认应该放到重要和优先地位的建议。

第二，起草学校的行动计划。行动计划要聚焦到需要改进的几个主要领域。全校行动计划的每一部分一般要包括以下一些要素：①需要改进领域的陈述，也就是改进的目标；②基于自评的发现对这个领域的解释；③提出的一个或多个预期目标；④特殊的措施；⑤时间表（年、月）；⑥参与的人员和分配的责任；⑦资源；⑧监控和向全体成员报告进步的手段。

行动计划目前还没有统一的格式，以下是一所学校行动计划的节选。

## ZCYTL 国际学校行动计划草案①
## ——基于 2011 年开始的自评过程的发现

H 部分-中国背景标准

| 标准 | 要采取的行动 | 完成的时间 | 责任人或小组 | 预算 | 对照标准成就或进步的证据 |
| --- | --- | --- | --- | --- | --- |
| 标准 1.<br>1B 学校组织课外活动帮助学生学习汉语和理解中国文化 | 为教师提供访问和与当地学校老师联系的时间 | 2013 年 6 月 | 汉语教学员工 | | |
| 1C 学校关于课程内容、教育资源和教学符合中国的法律和法规 | 制定书面政策保证课程符合中国的法律和法规 | 2013 年 6 月 | 汉语教学员工 | | |
| 1D 学校的学术课程政策尊重中华民族的文化和情感 | 制定书面政策保证课程尊重中华民族的文化和情感 | 2013 年 6 月 | 汉语教学员工 | | |
| 1E 学校定期检查和评估学校汉语和文化课程的有效性 | 定期检查汉语和文化课的有效性 | 2013 年 8 月 | 学校领导团队和汉语教学员工 | | |

## 第六节　自评过程中的随访

自评过程中的随访制度是在课程教材中心在华国际学校认证实践中逐步形成的。自评过程中的随访是在在华国际学校自评过

① ZCYTL 国际学校于 2011 年向课程教材中心提交的学校行动计划。

程中，课程教材中心为了保证学校按自评工作规范进行和自评工作的质量，针对学校自评过程中遇到的疑惑和问题，到学校进行的指导活动。自评过程中的随访小组一般由两位考察人员组成，随访活动一般需要花 1—2 天时间。

## 一、随访的意义

如前所述，学校自评是学校认证过程中持续时间最长，也是最有价值的阶段。学校自评工作是整个认证过程的基础，其质量的高低直接影响到认证功能（提供质量保证，促进学校发展）的实现。如果学校自评走了过场，外部考察团的考察就失去了基础，对学校的认证过程就失去了意义。

学校自评过程中随访的意义在于指导学校的自评行为，提高学校自评工作质量。其具体体现在以下几个方面。

### （一）帮助学校明确申请认证的动机

学校申请认证正确的动机，应是通过学校自评和外部评估这种机制进行诊断和改进，促进自己不断向前走。但是如果个别学校想通过认证实现一些功利性的东西，就会直接影响其对自评工作的态度。例如，在华国际学校认证的早期，有个别学校仅仅想通过课程教材中心认证结果去申请免交营业税；也有个别学校仅仅想通过课程教材中心认证去解决它们在办学过程中遇到的某些困难和问题，这都影响了它们对自评工作的重视程度。课程教材中心随访小组通过与学校沟通，使学校理解申请课程教材中心认证的真正目的应是向社会提供教育质量保证，促进学校发展。

### （二）帮助学校校长和认证协调员熟悉认证

学校认证工作是一项专业性比较强的工作，学校开展自评需要有经验的专门人员来组织协调。学校校长和认证协调员是两个关键角色，而认证协调员尤其关键。虽然在初步考察阶段，课程教材中心会对学校的大多数员工进行培训，但培训只有2—3天时间，如果认证协调员过去没有学校自评的经验，只靠两天的培训是不够的。因此，一般来讲，准备开展自评的在华国际学校都会请有自评经验的教师来担任认证协调员，甚至从外部临时招聘一个有经验的教师来担任认证协调员。课程教材中心随访小组的随访可以帮助学校校长和认证协调员加深对学校认证的理解。

（三）帮助学校解决因校长的变动而出现的衔接问题

在学校自评之前或自评过程中，学校校长的变动也会对学校自评工作造成影响。课程教材中心在在华国际学校认证工作中，就遇到过这种情况。学校校长的变动要么导致自评完成的时间延迟，要么导致自评过程和自评报告不规范。课程教材中心随访小组通过与继任校长的沟通，可以帮助解决自评过程中因校长更换而出现的衔接问题。

（四）帮助学校诊断改进

有的学校长期处于一种不规范的运行状态，并且从来没有接受过任何认证机构的认证，这也会对自评工作造成一定影响。例如，有的学校在申请课程教材中心认证之前，其管理体制、组织架构、管理制度等方面存在诸多不规范，这也会增大学校自评工作的难度，进而影响自评工作的质量。课程教材中心随访小组针对学校自评过程中遇到的这些问题，指导学校边自评边改进，使学校顺利完成自评工作。

## 二、随访的方式

自评过程中随访的主要任务是帮助学校解决问题。课程教材中心认证办公室在在华国际学校自评过程中，保持与学校认证协调员的沟通是确定随访必要性的前提。课程教材中心认证办公室的工作人员对于处于自评过程中的在华国际学校一般通过电子邮件询问学校在自过程中是否遇到了什么困难和问题。有时，在华国际学校在自评过程中也会主动跟课程教材中心认证办公室联系，咨询相关疑惑和问题。

课程教材中心对在华国际学校随访的方式一般有两种。一是应学校的请求，派随访小组到学校考察。二是当课程教材中心委派专家对同一城市的其他学校进行访问时，应学校之需抽出半天到一天时间到学校去考察。不管是上述哪一种方式，都是针对学校在自评过程中遇到的疑惑和问题进行的。随访的前提是需要学校提前梳理他们在自评过程中遇到的困惑和问题，并告知课程教材中心认证办公室。当随访小组到达学校时，直接就学校遇到的疑惑和问题与学校的相关人员进行沟通、答疑和指导。这种随访的方式针对性强、效率比较高、效果也非常好。

# 第六章　考察团考察

考察团考察是考察团在学校自评的基础上，根据学校的办学理念和培养目标以及认证机构的认证标准，对学校进行全面考察，肯定优势，提出改进建议的活动。考察团考察为学校提供了一个外部同行观察的机会。考察团考察大约要花费一周时间。考察团在考察期间一般采用参观校园、观课、阅读材料、访谈、座谈等方法收集证据，对学校的自评结论做出客观评价。考察团最终要完成考察团报告和认证结果的建议报告。

## 第一节　考察团考察的功能

考察团考察在整个认证程序中所发挥的功能是对学校自评结果的提升和完善。考察团考察的功能主要包括以下两个方面。

### 一、帮助学校准确客观判断自己

学校经历了严格的自评阶段，产生了一个自评报告和全校行动计划。学校的自评报告和全校行动计划是学校对本校运行的各个领域分析判断的结果。要想使学校的自我判断更加准确和客观，还必须有一个外部视角对学校已有的判断进行再判断。考察团考察就提供了这样一个视角。考察团的考察人员主要是由外部同行组成的，他们对学校所使用的认证标准非常熟悉，对学校的运行有非常丰富的经验。考察团经过收集证据，并对证据进行鉴别和分析，得出自己的发现，并将自己的发现与学校自评的发现相比较，从而得出考察团的判断。考察团的判断为学校进一步确认自己的判断提供了重要参照，将使学校的判断更加准确和客观。

## 二、使学校的行动计划更加完善

学校在自评的基础上，已经制订了一个全校行动计划。但这个全校行动计划，是基于学校自评的基础上形成的，难免有不完善的地方。在学校自评基础上形成的考察团报告为学校修订全校行动计划提供了一个新的参照，学校可以根据考察团报告对全校行动计划作进一步修订，使全校行动计划更加符合学校的办学理念和培养目标以及学校的实际。例如，JX 国际学校根据考察团报告所提建议对自评后产生的行动计划进行了补充和完善，形成了基于学校自评和考察团考察的行动计划。

JX 国际学校行动计划（2009—2013 年）

第 1 部分：理念和目标[①]

| 1.1　理念和目标 |
| --- |
| ***目标***<br>截至 2013 年年底学校将： |

① 摘自《JX 国际学校行动计划（2009—2013 年）》。

续表

| |
|---|
| 全校：<br>与所有利益相关者合作促进使命驱动战略发展计划的发展。<br>使每年基于数据对理念付诸实践的成功进行评估成为一个正式过程。<br>*开发一个在学校提升领导力的项目。* |
| ***2009—2010 战略***<br>为实现这些目标，学校将： |
| 全校：<br>确定使命驱动战略计划并向社区公布。<br>通过像 Endicott 调查这样的调查收集和检查学校广泛的资料。<br>*重建专业阅读团体。*<br>*通过培训构建可持续的领导力。* |
| 小学：<br>鼓励和支持学校员工在校内外扩展他们作为 PYP 从业者的专业知识和技能。<br>*建立一种鼓励专业阅读的收获文化。* |

注：其中斜体字是学校自评后提出的，非斜体字是根据考察团建议提出的。

## 第二节　考察团考察的准备

为圆满完成考察团考察的任务，做好考察团考察前的准备是非常必要和不可或缺的。考察团考察前的准备包括以下三个方面。

### 一、认证机构的准备

#### （一）组织考察团

课程教材中心认证办公室至少在正式评估前 8 周提出团长的人选，并且与他（她）联系，了解他（她）是否接受邀请。如果被提名人接受邀请，课程教材中心将通知学校校长。

课程教材中心认证办公室与团长一起确定考察团成员名单。双方取得一致意见后，课程教材中心认证办公室与候选者联系，了解他们是否接受邀请。考察团组成后，团长会与考察团成员保持联系。

课程教材中心认证办公室协助考察团团长，一般在评估前6周了解考察团成员的意向，尽量根据考察团成员的选择进行分工，将全团分成若干小组，每个小组负责认证标准的1—2部分。

（二）分发有关材料

初步考察报告、自评报告是最主要的文件之一。课程教材中心认证办公室收到学校报送的自评报告后，首先要寄送给考察团团长审核。如果学校的自评报告经审核合格，认证办公室会将自评报告以及其他相关材料尽快邮寄给考察团成员。分发给考察团团长和考察团成员的材料见表6-1。

**表6-1　考察团考察前考察人员的阅读材料**

| 序号 | 材料名称 | 阅读对象 | 备注 |
|---|---|---|---|
| 1 | 课程教材中心在华国际学校认证标准 | 全体团员 | |
| 2 | 学校自评报告 | 全体团员 | |
| 3 | 初步考察报告 | 全体团员 | |
| 4 | 学校认证申报表 | 全体团员 | |
| 5 | 考察团人员分工表 | 全体团员 | |
| 6 | 考察团手册 | 全体团员 | |

（三）制订考察日程

考察团考察日程的确定受考察团的任务和学校实际情况两方面因素的影响，因此一个可行的考察团考察日程是由双方协商确定的。实践证明，比较有效的做法是：认证办公室协助考察团团长把考察团在学校的预期活动提前告知学校，由学校根据考察团的主要活动提出考察团考察日程的建议，这样做可以避免由考察团团长单方面提出而导致日程不符合学校实际情况的现象，从而给考察团和学校带来不必要的麻烦。其更深层的意义在于这样做有利于更好地体现课程教材中心在华国际学校认证的服务性和合作性等原则。

通常的做法是由考察团团长给学校的校长写一封信，请校长按照所附《考察团考察指南》起草一份考察日程。下面是信及《考察团考察指南》的一个样本①。

亲爱的玛格丽特·格林博士：

我很高兴作为课程教材中心考察团团长到你们学校。

考察团首要的作用是通过按照学校的办学理念和培养目标以及课程教材中心的认证标准对自评报告的结论进行全面客观的评估来帮助学校。

我相信，下面的指南对于您起草这次考察的日程是有帮助的。由于您比我们考察团中的任何一个人都了解你们学校，您按照你们的需要做任何的决定和变化都是可以的。

从一定程度来讲，考察的成功依赖于好的计划。您能在1周之内将日程发给我以便我们有足够的时间来讨论这些细节吗？

真诚地——

姓名

职务

单位

电子邮箱

① NCCT（课程教材中心），*Accreditation of Schools for Children of Foreign Nationals*，*Accreditation Visits*（*English*），Version 2008，pp. 29-33.

## 考察团考察指南

考察人员

（见附后的考察团名单）

考察日期

(1) 考察团在11月4日，星期六，18：00到达宾馆。

(2) 大多数考察人员在学校工作5天，也就是说，从星期日，11月5日到星期四，11月9日。主席和秘书（也许1—2个主要人物）要住到星期五最后完成考察团报告。

宾馆、交通和午餐

(1) 考察人员从11月4日开始在宾馆至少要住5个晚上。大多数人在星期四早上离开，一些人在星期五或星期六离开。

(2) 学校在宾馆和学校之间需提供日常的交通服务（包括从学校到机场或火车站，因为这些人在星期四下午或晚上完成他们的工作马上离开）。

(3) 考察人员拟在学校的自助餐厅与学生和员工一起吃午餐。

考察团工作室

为考察团在学校准备一个工作室，这个房间要足够大，房间里要有：①用来作为支持自评报告结论的证据的文件夹、出版物和其他书面材料；②充足的办公用具；③一块黑板或白板；④台式电脑和一台打印机（要求考察人员携带自己的手提电脑）；⑤数字投映机（加上一块幕布和合适的墙上的空间）用来展示文件；⑥碎纸机；⑦插座或插销板（足够室内所有设备的使用）；⑧连接网络的方便接口；⑨简单的饮品。

与校长的会议

（1）星期日早晨20—30分钟（全体考察人员；希望认证协调员出席）。

（a）自我介绍。

（b）考察团考察的目的。

（c）考察的细节。

（d）日程中最后的变化（如果有的话）。

（2）星期四下午60分钟或更多时间（考察团团长或副团长）。

（a）事实准确性的检查：对校长阅读考察团报告草稿的“观察”部分，确保事实信息是正确的和真实的。

（b）考察团关于学校运行的整体印象。

（3）星期五20分钟，这时考察团主席将要离开学校（加上学校领导团队的一些成员，如果校长希望这样）。

（a）考察团关于学校运行的整体印象。

（b）在考察团报告中的主要称赞和建议。

校园参观

（1）在星期天安排较好。

（2）参观设施。

（3）由校长或其他人引导。

课堂观察和学生学习检查

（1）通常在上午，从星期一到星期四。

（2）一个总课程表，一张学校地图和一份所有必要的教学员工的名单。

（3）在考察期间，学校应该保持正常的教学活动。

访谈

(1) 每次50—60分钟（自评委员会成员的代表；2—3个考察人员访谈；最好安排在星期一、星期二、星期三或星期四上午或午饭后）。

(a) 办学理念和培养目标。

(b) 行政与管理。

(c) 课程与教学。

(d) 学校员工。

(e) 资源、设施和服务。

(f) 沟通与社区关系。

(2) 每次50—60分钟（熟悉这些领域的人，包括董事会成员、管理者、教学人员、学生和家长代表，通常由两位考察人员访谈）。

(a) 董事会和政策。

(b) 财务。

(c) 课程：学前和小学。

(d) 课程：初中。

(e) 课程：高中。

(f) 英语和英语语言辅助。

(g) 数学和自然科学。

(h) 历史和地理。

(i) 中国语言和文化。

(j) 艺术、音乐和体育教育。

(k) 计算机教育。

(l) 国际文凭。

(m) 特殊需要服务。

(n) 学生学习和表现评价。

(o) 指导和咨询服务。

(p) 学校设施。

(q) 图书馆或媒体中心。

(r) 食品、交通和卫生服务。

(s) 健康和安全服务。

(3) 每次50—60分钟（两位考察人员访谈；任何合适的时间）。

(a) 董事会成员。

(b) 学生代表。

(c) 家长代表。

文件检查和报告撰写

（见日程样本）

员工会议

(1) 星期四放学后30分钟，这时大多数考察人员即将离开。

(2) 希望全体员工、管理者和教学人员出席。

(3) 向员工介绍考察团。

(4) 校长讲话。

(5) 考察团团长讲话。

根据《考察团考察指南》，经过一些讨论之后，校长与考察团团长在认证协调员的协助下尽可能制订出考察日程。在经双方同意的日程的基础上，考察团团长应该在考察团内部制订活动计划，然后，制订一个考察团的工作日程。

## 二、考察人员的准备

考察人员在考察前要完成两项准备。第一项准备是完成一般性的任务。例如，阅读认证标准，检查学校声明的办学理念和培养目标；浏览自评报告以及其他材料。第二项准备是完成特定的任务。就是认真阅读学校自评报告中自己负责的领域，并记录有关的发现和问题；准备访谈期间需要提问的问题；撰写一个比较粗略的考察团报告中自己负责领域的草稿，这个草稿可以带一些需要进一步填写的空白和澄清的问题。考察人员在参加考察团考察前需要阅读的材料见表 6-1。

## 三、学校的准备

按照考察日程，课程教材中心认证办公室会要求学校积极配合考察团的整个考察过程，并做以下准备。

——为所有考察团成员和考察团秘书安排往返交通和食宿。

——为考察团提供必要的工作条件，准备有关材料。学校要为考察团准备一间工作室，以便考察团能在一起开会、讨论和查阅材料。

——根据考察团的日程安排，学校要做好相应的组织工作。如考察团召开各种座谈会的地点要事先安排好，并提前通知每个出席人员。

# 第三节 考察团考察

## 一、考察团的任务

考察团最终要完成两项任务：一是完成对学校的考察报告；二是完成关于学校认证结果的建议报告。为了完成上述任务，考察团成员在各种活动中需要密切注意自己负责的领域，并完成以下具体任务。

——阅读学校提供的该领域的有关材料。

——参加联合访谈。一般两个考察人员访谈一个熟悉某领域的小组。

——进行为某种目的的个别访谈。

——主持或参加有关问题的讨论。

——为了发现更多的证据，进行课堂观察和学校资源的检查。

在收集和验证信息的基础上，经过与同伴仔细商议之后，考察人员将开始撰写各自负责的报告。经验表明：由两个人，在某种情况下，可以由三个人共同负责一个领域比一个人负责一个领域更有效。

## 二、考察团的主要活动

考察团的考察活动是收集信息、分析信息和对学校的运行进行评估和判断的过程。考察团的活动从收集信息的角度主要表现为双方交流、参观、观课、访谈、座谈和阅读等活动；从分析信息和对学校的运行进行判断的角度主要表现为撰写报告、修改报告、与同伴讨论、会议讨论、对学校评定等活动。由于考察团中的每个小组，甚至每个人的分工不同，每个人都是围绕自己所承担的任务去收集信息的，收集信息具有很强的目的性。与同伴讨论、会议讨论和修改报告可以使大家从不同的视角，利用多种信息对同一领域进行分析和判断，有利于保证评估和判断的准确性、客观性和全面性。

考察团的所有活动，包括考察团内部小组的活动都包含在考察日程之中。考察团要严格按照考察日程来工作。在一定程度上讲，考察日程能够保证考察团工作的有效性和高质量。下面展示的是一个考察团日程的样本。

考察团日程①

考察的学校：河畔国际学校

考察日期：2006 年 11 月 5—10 日

到达宾馆的时间：2006 年 11 月 4 日下午，18：00 以前

**星期六，11 月 4 日**

18：30 晚餐和考察团集合（Lotus Hall，宾馆）

**星期天，11 月 5 日**

07：30 早餐（Lotus Hall）

08：30—09：30 考察团会议：讨论对自评报告的理解（地点：B-2018）

09：40 乘车到学校（大堂集合）

① NCCT（课程教材中心），*Accreditation of Schools for Children of Foreign Nationals*，*Accreditation Visits*（*English*），Version 2008，pp. 38-41.

10：00—10：30 与学校校长和认证协调员见面（全体考察人员）

10：40—11：40 在校长的引导下参观校园（全体考察人员）

12：00 午餐（学校自助餐厅）

13：00—14：00 阅读文件（地点：312）

访谈：

董事会成员（地点：214；SC-11）

办学理念和培养目标（地点：216；C-1）

家长代表（地点：218；C-6）

15：00—16：00 阅读文件或起草报告（地点：312）

访谈：

董事会和政策（地点：214；SC-11）

财务（地点：216；C-1）

16：00—17：00 考察团会议和阅读文件（地点：312）

17：00 回宾馆

18：00 学校招待会（Lotus Hall）

20：00 考察团会议（宾馆会议室）

**星期一 11 月 6 日**

07：00 早餐（Lotus Hall）

07：50 乘车到学校（大堂集合）

08：10—08：20 考察团会议（地点：312）

08：30—11：00 课堂观察和（或）设施检查

阅读文件（地点：312）

11：00—12：00 访谈：

初中小组（地点 216；C-3b）

行政和管理（地点：217；C-2）

学校员工（地点：220；C-4）

英语（地点：312；SC-1）

自然科学（地点：403；SC-3）

食物、交通和卫生服务（地点：311；SC-19）

12：10—12：20 考察团会议（地点：312）

12：30 午餐（学校自助餐厅）

13：30—15：00 起草报告（地点：312）

设施检查

访谈：

中学（地点：421；C-3C）

资源、设施和服务（地点：218；C-5）

历史（地点：216；SC-4）

中国语言和文化（地点：482；SC-6）

沟通和社区关系（地点：220；C-6）

15：00—16：20 考察团/小组会议（地点：312）

16：30 与学校所有员工见面（会议厅；所有考察团成员）

17：00 回宾馆

18：00 晚餐（河畔餐馆）

**星期二，11 月 7 日**

07：00 早餐（Lotus Hall）

07：50 乘车到学校（大堂集合）

08：10—08：20 考察团会议（地点：312）

08：30—12：30 课堂观察和设施检查
起草报告（地点：312）
09：00—10：00 访谈：
学前和小学（地点 307；C-3a）
数学（地点：219；SC-2）
艺术和音乐（地点：114；SC-7）
英语（地点：312；SC-1）
国际文凭（地点：220；SC-10）
10：00—11：00 访谈
计算机教育（地点 217；SC-9）
特殊需要服务（地点：307；SC-13）
图书馆或信息中心（地点：图书馆；SC-18）
英语（地点：312；SC-1）
健康和安全服务（地点：104；SC-20）
11：00—12：00 访谈
指导和咨询服务（地点：217；SC-16）
英语语言辅助（地点：307；SC-14）
12：30 午餐（学校自助餐厅）
13：30—16：00 起草报告或考察团/小组会议（地点：312）
15：00—16：00 访谈
地理（地点：114；SC-5）
体育（地点：217；SC-8）
16：00—17：00 考察团会议：报告草稿讨论（地点：312）
17：00 回宾馆
18：00 晚餐（河畔餐馆）

19：00 考察团/小组会议（宾馆会议室）

**星期三，11 月 8 日**

07：00 早餐（Lotus Hall）

07：50 乘车到学校（大堂集合）

08：10—08：20 考察团会议（地点：312）

08：30—10：00 课堂观察

起草报告（地点：312）

09：00—10：00 访谈：

学生学习和表现评价（地点：217；SC-15）

学校设施（地点：219；SC-17）

10：00—12：30 起草报告或考察团/小组会议（地点：312）

12：30 午餐（学校自助餐厅）

13：30—14：30 起草报告或考察团/小组会议（地点：312）

14：30—18：30 考察团会议：报告草稿讨论（地点：312）

18：30 回宾馆

19：00 晚餐（Lotus Hall）

20：00 起草报告/小组会议（宾馆会议室）

**星期四，11 月 9 日**

07：00 早餐（Lotus Hall）

07：50 乘车到学校（大堂集合）

08：10—11：00 考察团会议：报告草稿讨论（地点：312）

11：00—12：30 课堂观察

起草报告（地点：312）

考察团/小组会议（地点：217、219 和

311）

12：30 午餐（学校自助餐厅）

13：30—14：30 考察团会议：报告草稿讨论（地点：312）
事实准确性检查（地点：217；考察团副团长和校长）

14：30—17：00 考察团会议：
考察团报告草稿讨论；
评定；
主要赞扬和建议；
认证结果的建议。

17：20 离开学校

**星期五，11 月 10 日**

07：00 早餐（Lotus Hall）

08：00—12：00 审校：考察团报告（地点：B-2018；团长、副团长和秘书）

12：30 午餐（Lotus Hall）

13：30—15：30 完成考察团报告的修改（地点：B-2018；团长、副团长和秘书）

15：40 离开宾馆到学校

16：00—16：20 与校长见面（地点：318；团长和副团长）

16：20—16：50 与员工见面（会议厅；团长和副团长）

16：30 离开学校

## 三、考察团任务清单

课程教材中心为考察过程中的团长、考察人员和考察团秘书分别确定了任务清单。这种清单列出了团长、考察人员和考察团秘书在考察过程中的不同时间应该完成的主要任务。大家在考察过程中可以对照已经完成的任务和即将要完成的任务进行打钩、记录和备忘。任务清单对于考察团全体人员在考察过程中很有帮助，它使考察团团长、考察人员和考察团秘书在考察前、考察中和考察后，提前会对要做的工作了解得很清楚。在任务清单的帮助下，大家对于工作的进展会有更好地把握。

下面是考察团团长的任务清单①。

考察之前 8 周

□认证标准的检查

□认证考察的检查

□认证办公室邮寄材料的检查

□自评报告

□课程教材中心相关认证文件（如果需要）

□初步考察报告

□关于学校附加的背景信息

□关于自评报告接受的意见

□自评报告和其他材料的检查

□关于就自评报告接受的意见通知认证办公室

考察之前 7 周

□与认证办公室讨论考察团的组成

□选择考察团成员

① NCCT（课程教材中心），*Accreditation of Schools for Children of Foreign Nationals*，*Accreditation Visits*（*English*），Version 2008，pp. 58-61.

□秘书候选人

□确定考察团名单

□给副团长和考察团其他人发邮件

□电话号码、E-mail 地址和通讯地址的确认

□考察团名单

□学校的一般信息

□考察日期

考察之前 6 周

□与副团长和考察团其他成员联系

□考察团考察任务调查

□与学校校长联系

□与学校认证协调员联系

□自我介绍

□考察团考察指南

□考察团名单

□讨论后勤

考察前 5 周

□与校长联系

□与学校认证协调员联系

□关于学校起草的考察日程的意见的交流

□考察团考察日程达成一致

□与副团长联系

□关于考察团成员任务意见的交流

□考察团考察任务确定

□制订出考察团日程

□给认证办公室发电子邮件

□考察团日程

□考察团考察任务

□给每一个考察团成员发电子邮件

□考察团考察任务

□考察团日程

考察前3周

□与考察团联系

□确认由认证办公室或学校邮寄或电子邮件寄出的自评报告的接收

□行程安排

□需要澄清的其他问题

□与认证协调员联系

□考察人员房间需要的设施

□全体员工会议举行时需要的设施

考察前2周

□与学校或考察团联系

□任何微小的变化

考察期间

星期六晚上

□考察团最初的聚集

□自我介绍

□考察的目的和任务

□澄清考察团日程

星期天

□第一次考察团会议

□考察人员行为的指导

□自评报告的理解

□创造一种协作和开放沟通气氛的方法

□收集证据的方法

□考察团报告的撰写

□与校长和认证协调员的会议（全体考察人员）

□自我介绍

□考察的目的和任务

□参观校园

□在学校招待会上的讲话

□考察团会议

星期一到星期四

□在全体员工会议上的讲话

□自我介绍

□考察的目的和任务

□考察人员的角色

□期待的全面合作

□聚焦确定的领域

□考察团会议

□星期一

□星期二

□星期三

□星期四

□考察团报告

□草稿的起草（由小组或分小组）

| 小组 | 草稿 1 | 草稿 2 | 草稿 3 |
| --- | --- | --- | --- |
| 办学理念和培养目标（C-1） | □ | □ | □ |
| 行政与管理（C-3） | □ | □ | □ |
| 课程与教学 | | | |
| a）学前与小学（C-2a） | □ | □ | □ |
| b）初中（C-2） | □ | □ | □ |
| c）高中（C-2c） | □ | □ | □ |
| 员工（C-4） | □ | □ | □ |
| 学生支持服务（C-5） | □ | □ | □ |
| 资源（C-6） | □ | □ | □ |
| 学生与社区生活（C-7） | □ | □ | □ |

| 分小组（课程与教学） | | | |
| --- | --- | --- | --- |
| 英语（SC-1） | □ | □ | □ |
| 数学（SC-2） | □ | □ | □ |
| 自然科学（SC-3） | □ | □ | □ |
| 历史（SC-4） | □ | □ | □ |
| 地理（SC-5） | □ | □ | □ |
| 中国语言与文化（SC-6） | □ | □ | □ |
| 艺术与音乐（SC-7） | □ | □ | □ |
| 体育（SC-8） | □ | □ | □ |

| | | | |
|---|---|---|---|
| 计算机教育（SC-9） | □ | □ | □ |
| 国际文凭（SC-10） | □ | □ | □ |

次级小组（其他次级领域）

| | | | |
|---|---|---|---|
| 董事会与政策（SC-11） | □ | □ | □ |
| 特殊需要服务（SC-12） | □ | □ | □ |
| 英语语言支持（SC-13） | □ | □ | □ |
| 学生学习和表现评价（SC-14） | □ | □ | □ |
| 指导和咨询服务（SC-15） | □ | □ | □ |
| 学校设施（SC-16） | □ | □ | □ |
| 图书馆或媒体中心（SC-17） | □ | □ | □ |
| 食物、交通和卫生服务（SC-18） | □ | □ | □ |
| 健康与安全服务（SC-19） | □ | □ | □ |

□事实准确性检查

□评定表格

□主要赞扬和建议

□考察团关于认证结果的建议

星期五

□考察团报告

□审校

□完成报告

□与董事会、校长和学校的其他关键人物见面

□全体员工会议

□考察团成员评定（附带评论）（评定表格应该直接寄送认证办公室）

□离开学校

## 四、认证结果的建议报告

在考察团最后的全体会议上，考察团应就学校的认证结果达成一致，并完成关于学校认证结果的建议报告。

第一，考察团要对照课程教材中心《外籍人员子女学校认证标准评定表》逐条评定，每条标准最后有三个等级，但对于第三等级要经过慎重、认真的讨论。最后的评定结果应与已形成的考察团报告相一致。

第二，在评定的基础上，团长应起草一份对该校认证结果的建议报告，并在全体会议上宣读讨论，形成一致意见后，由团长或副团长签字。根据课程教材中心《外籍人员子女学校认证工作章程》，考察团要做出三种可能的建议：①通过认证；②带条件通过认证；③推迟认证。考察团应该选择一种建议，并给出选择的理由。

第三，对学校认证结果的建议报告要经由认证办公室提交课程教材中心认证委员会审议。

# 第四节　考察团报告

课程教材中心要求考察团报告应条理分明、实事求是、对学校的改进有参考价值。考察团报告是在考察团考察的过程中，伴随着收集信息、分析信息，不断地修订和完善，并在考察团考察的最后一天完成的。考察团报告不是等到考察团考察的后期撰写，甚至等到考察团考察结束后回各自的单位撰写，或指定 1—2 人事后撰写。课程教材中心强调考察团报告的撰写从一开始就应该在风格和模式上保持一致。

## 一、考察团报告的结构

考察团报告包括以下几部分：

——封面；

——目录；

——介绍；

——导言；

——报告的主体部分；

——主要赞扬和建议；

——附录。

## 二、考察团报告的格式

### （一）封面

考察团报告的封面使用下面的格式[①]：

① NCCT（课程教材中心），*Accreditation of Schools for Children of Foreign Nationals*，*Accreditation Visits*（*English*），Version 2008，p. 49.

教育部基础教育课程教材发展中心

北京市朝阳区惠新东街4号，富盛大厦1座11层。邮编：100029
电话：+86 10 58556779　传真：+86 10 58556780
邮箱：accreditation@ncct.gov.cn　网址：www.ncctac.org

# 考察团报告

## 考察学校

| | | | | |
|---|---|---|---|---|
| SCHOOL | 中文 | | 电子信箱 | |
| | 英文 | | 电话 | |
| 地址 | | | 传真 | |
| | | | 网站 | |
| 校长 | | | 电子信箱 | |
| 电话 | | | 传真 | |
| 认证协调员 | | | 电子信箱 | |
| 电话 | | | 传真 | |
| 考察日期 | | 备注 | | |

## 考察团团长和副团长

| | | | |
|---|---|---|---|
| 姓名 | | 通讯地址 | |
| 电子信箱 | | | |
| 电话 | | | |
| 姓名 | | 通讯地址 | |
| 电子信箱 | | | |
| 电话 | | | |
| 姓名 | | 通讯地址 | |
| 电子信箱 | | | |
| 电话 | | | |
| 备注 | | | |

团长________（签字）________　副团长________（签字）________

报告完成日期________

考察团报告封面（2008版；英语）

### （二）目录

考察团报告目录的格式如下：

目　录①



① NCCT（课程教材中心），*Accreditation of Schools for Children of Foreign Nationals*，*Accreditation Visits*（*English*），Version 2008，p. 50.

**（三）介绍和导言**

介绍部分包含关于课程教材中心以及课程教材中心在华国际学校认证理念的简单描述。对于“介绍”部分，课程教材中心认证办公室提供了一段统一的文字，供课程教材中心考察团使用。

导言通常占一页纸，包括：①对学校的简单描述；②考察团考察的日期；③对学校社区人员的合作表示感谢。

**（四）报告的主体部分**

报告的主体部分对应课程教材中心在华国际学校认证标准各部分来组织。也就是说，报告的第一章应该是“办学理念和培养目标”；第二章应该是“课程与教学”；最后一章，也就是第六章应该是“沟通与社区关系”。每章的题号及标题放在第一页的开始。每章分成四部分：①观察；②评定；③赞扬；④建议。

“观察”是考察团在特定领域的发现，这些发现为“赞扬”和“建议”提供了背景。观察到的事实从认证标准的要求来讲，包括积极的方面和消极的方面。积极的方面为下面的“赞扬”提供了证据；消极的方面为下面的“建议”提供了证据。观察要站在认证标准的角度去观察，要基于观察到的事实来回应认证标准中包含的问题。对学校特定领域运行的判断和评估，要在事实的基础上根据认证标准来判断和评估。表达思想应该简洁明了，应该避免带感情色彩的语言、泛泛地概括和不能验证的问题。下面是摘自某考察团报告“学校员工”一章的一个实例。

4. 学校员工①

观察

学校的职位分为管理、教师和辅助员工。管理岗位有11人。教师共有63人，包括班主任教师，专业课教师和辅导员，他们又分为在国际上招聘的外籍教师，在国内招聘的外籍教师和在中国招聘的中国教师。学校雇佣了45个辅助员工，例如，助教、保育员、办公室辅助员工、技术辅助员工、科学实验室技术员和设施员工，他们被分为在国内招聘的外籍辅助员工和在国内招聘的中方辅助员工。后者占辅助员工主体的51%。

对一位教师的最低要求如下：

• 取得学士学位并具有教师合格证（被认证的学术机构承认的资格）；

• 至少有两年成功的全职教学经历；

• 精通英语。

按照学校提供的数据，目前在学校工作的教师来自13个国家，他们都达到了上述的最低要求。他们之中有三个人是哲学博士，38个人有硕士学位。大约有70%的教师有10年以上的教育工作经历。

总的生师比现在是9.84，这个比率对于学前、小学、初中、高中，分别是9.18，9.79，10.43和9.08。看来，员工

① NCCT（课程教材中心），*Accreditation of Schools for Children of Foreign Nationals*，*Accreditation Visits*（*English*），Version 2008，pp. 53-54.

在数量上是充足的。

教师的流动率在2002—2003、2003—2004和2004—2005学年度是正常的，分别是15.21%、14.33%和15.06%，尽管学校那时处于一种困难的状态。自评报告说大多数离开学校是由于个人原因：到其他的国际学校，或者返回自己的国家。可是，考察团了解到在某些情况下教师的流动直接与那时薪水的变化有关。

“评定”就是对照认证标准对学校某运行领域进行评定。评定表与学校自评报告中的评定表相同。考察人员要根据观察来评判学校自评时打的等级。如果同意学校自评时打的等级，维持原来的等级；如果不同意学校自评时打的等级，打上自己认定的等级。对部分达到或没有达到的领域要用事实予以说明。

“赞扬”要陈述学校的优势。来源于在“观察”中提到的内容，“赞扬”在内容上应该与“观察”保持一致：①要突现学校运行中积极的某些方面——赞扬在“观察”中已经提到的内容，但要用不同的方式来表达；②要涉及认为在“观察”中比起带有积极因素的每件事情来特别重要的问题。

为了节省空间，表达赞扬的意见应简洁明了。

以下展示的是在“学校员工”一章中两条赞扬的意见。他们通过引证在“观察”中有关“事实描述和价值判断”的语句概述了要表达的意见。

赞扬①

考察团评论：

① NCCT（课程教材中心），*Accreditation of Schools for Children of Foreign Nationals*，*Accreditation Visits*（*English*），Version 2008，p. 55.

4-1. 员工的高素质，确保了学校项目、服务和活动的成功实施。

4-2. 人力资源部为员工的招聘有很好的谋划和实施程序。

“建议”涉及到需要加强的领域。这一部分也应该基于在“观察”中“事实的描述和价值判断”来撰写，用建设性的批评来指导改进的行动。在下面这个案例中，仅有一条“建议”。

建议①

考察团建议：

4-1. 管理层应该为辅助员工，特别是工作在实验室和图书馆的员工制订一个长期的专业发展计划。

（五）主要赞扬和建议

“主要赞扬和建议”是考察团认为学校特别应该注意的方面。“主要赞扬和建议”应该逐字逐句地从各章中的“赞扬”和“建议”中摘录，应该按照每章的顺序来编排，也就是说，要按第 1 章到第 6 章的顺序来排列。下面是一个案例。

主要赞扬和建议②

考察团赞扬：

1-1. 董事会成员、员工、家长和学生在确定学校的核心价值和使命方面全面卷入。

2-2. 学校具有提供核心学科领域和补充领域的能力，并对这些领域进行持续的整合。

①② NCCT（课程教材中心），*Accreditation of Schools for Children of Foreign Nationals*，*Accreditation Visits*（*English*），Version 2008，pp. 55-56.

2-3. 学校在初中采用国际文凭项目，在整个学校建立了持续的和可信的课程。

3-1. 董事会采用清晰的评估系统根据它的任务和预定目标规范它的表现。

4-1. 员工的高素质确保了项目、服务和活动的成功实施。

5-4. 学校在引导服务的提供，特别是为初中学生职业教育的建议持续改进。

6-1. 行政部门对日常校车的运行和为学生组织的校外活动给予了充分的监督。

7-2. 学校为了满足个别学生的特殊需要在教师和家长之间建立了沟通的有效渠道。

考察团建议

1-1. 董事会、管理层和员工随着学校的扩展，特别是伴随着一个承担六百多名学生的新校园的建立和运行，要研究“小学校”观念的影响。

2-2. 教学人员和管理者要将课程指南优化和系统化，确保从幼儿园到 9 年级的课程在整个规范的课程圈中的联合。

3-1. 董事会要继续努力加强与员工的沟通。

3-3. 董事会检查学校的长期计划和文件，确保学校的财政健康发展和生存能力。

4-1. 管理层要为辅助员工，特别是在实验室和图书馆工作的员工制订一个长期的专业发展计划。

6-4. 学校要更新图书馆的技术来满足从幼儿园到 12 年级项目的需要。

7-2. 学校要继续努力与邻居发展密切的关系，来促进社会和文化交流。

（六）附录

考察团报告的附录包括：①带有考察团团长和副团长签字的评定表；②考察团关于认证结果的建议；③考察团名单，包括所有考察团成员的姓名、职位、通讯地址、电子信箱和电话号。

# 第七章　认证方式

课程教材中心在十几年的在华国际学校认证实践中，形成了两种认证方式：联合认证和独立认证。而联合认证和独立认证又分别产生了两种不同的表现形式：简捷途径认证和完全途径认证。

## 第一节　联合认证

### 一、联合认证的概念

如前所述，联合认证是在在华国际学校自愿选择的基础上，课程教材中心与 CIS、NEASC 和 WASC 之中的一方或多方合作，采用合作方共同认可的认证程序和认证标准，由合作方组成联合考察团对学校进行联合考察，认证结果分别由各合作方独立做出的认证方式。在此，将重点阐述联合认证的具体含义。

第一，联合认证的组合是由学校自愿选择的。课程教材中心与 CIS、NEASC 和 WASC 向在华国际学校提供了可供选择的联合认证的组合方式，即课程教材中心/CIS，课程教材中心/NEASC，课程教材中心/CIS/NEASC，课程教材中心/CIS/WASC，课程教材中心/CIS/NEASC/WASC，课程教材中心/WASC。学校如果对联合认证感兴趣，可以根据上面的组合方式，自愿选择两个或两个以上认证机构的联合认证。

第二，联合认证所使用的认证程序和认证标准是由四方共同认可的。任何一种组合，其使用的认证程序是一样的。但不同的组合，所使用的认证标准有时会不同。

第三，联合认证考察团是由合作方分别派出的考察人员组成的。

第四，对在华国际学校的认证结果由参加联合认证的认证机构独立做出。一个认证机构对学校认证结果的决定，不能代替另外一个认证机构对学校认证结果的决定。

## 二、联合认证的特点

回顾课程教材中心与CIS、NEASC和WASC开展联合认证的情况，联合认证具有以下几方面的特点。

### （一）同一认证程序

同一认证程序是指经四方共同认可的、在联合认证中共同遵守的认证程序。四方共同认可的认证程序包括请求认证、课程教材中心资格考察、申请认证、初步考察、学校自评、考察团考察、各自做出认证决定、后续程序八个方面（如图7-1所示）。但在上述八个程序当中，资格考察由课程教材中心单独实施，认证决定由各方独立做出，其他6个程序是由参加联合认证的机构共同实施的。在这里，需要特别说明的有以下两个方面。

一是请求认证。在华国际学校如果对申请联合认证感兴趣，可以向四方中的任何一个机构提出联合认证的请求。在这里需要说明的是，学校申请哪一种联合认证的组合，完成由学校自己决

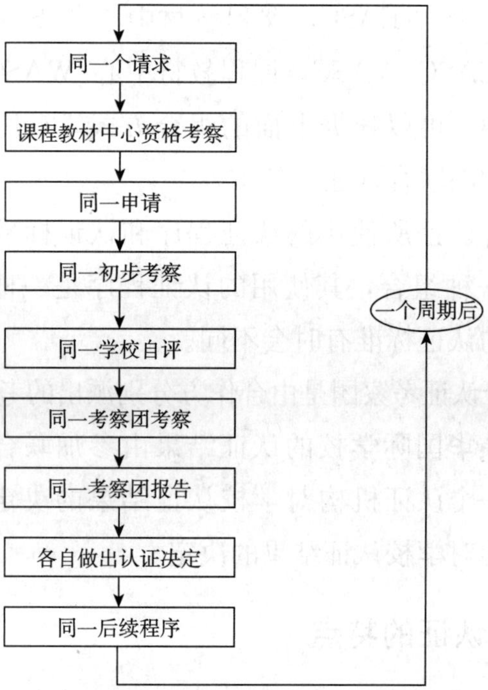


图 7-1　在华国际学校联合认证程序

定。第一个接受请求的认证机构就成为联合认证的当然的牵头机构，负责与其他认证机构和学校的联络和协调工作。但是，学校的请求一旦被受理，学校要分别向准备联合认证的认证机构提交申请认证表。

二是资格考察。资格考察是由课程教材中心单独进行的，并已经得到其他三方的理解和认可。在学校正式申请认证之前，课程教材中心要单独对学校进行资格考察，如果课程教材中心认为学校具备申请课程教材中心认证的资格，课程教材中心将受理学校的申请，并与联合方按认证程序向下进行。如果课程教材中心认为学校不具备申请课程教材中心认证的资格，课程教材中心在学校具备资格之前将不再向下进行，但不影响其他合作方按程序向下进行。

（二）同一套认证标准

同一套认证标准是指合作方在联合认证过程中所使用的标准是由四方共同认可的一套标准。对于联合认证所使用的认证标准，课程教材中心、CIS、NEASC、WASC四方已经形成共识。如果学校申请课程教材中心/CIS/NEASC，课程教材中心/CIS/WASC，课程教材中心/CIS，课程教材中心/NEASC，课程教材中心/CIS/NEASC/WASC的联合认证，要使用CIS/NEASC国际学校认证标准第七版加上课程教材中心的“中国背景标准A”（从2010年开始使用CIS/NEASC国际学校认证标准第八版加上课程教材中心的“中国背景标准C”）；如果学校申请课程教材中心/WASC的联合认证，要使用WASC的国际学校认证标准“聚焦学习”加上课程教材中心的“中国背景标准B”。为了操作方便，课程教材中心的“中国背景标准A”嵌入了CIS/NEASC国际学校认证标准第七版中，并作为该标准的H部分；课程教材中心的“中国背景标准B”嵌入了WASC的国际学校认证标准“聚焦学习”中，并作为该标准的E部分。

CIS/NEASC国际学校认证标准第七版加课程教材中心的“中国背景标准A”的认证标准框架如下：

A. 理念和目标

B. 课程

C. 行政与管理

D. 员工

E. 学校支持服务

F. 资源

G. 学生与社区生活

H. 中国背景标准A

WASC 的国际学校认证标准“聚焦学习”加课程教材中心的“中国背景标准 B”的认证标准框架如下：

A. 学生学习的组织

B. 课程与教学

C. 学生个人和学术成长支持

D. 资源管理和发展

E. 中国背景标准 B

（三）同一个考察团

同一个考察团是指在联合认证中，除课程教材中心的资格考察以外，其初步考察、考察团考察、中期考察和特殊考察均由参加联合认证的认证机构共同组成考察团对学校进行联合考察。

初步考察、中期考察和特殊考察由于工作量相对较小，一般都是由参加联合认证的认证机构各派一个人组成，其中由牵头机构派出的考察人员担任考察团团长。考察团考察由于工作量比较大，考察团的人数往往根据所使用的认证标准体系和学校的规模来决定，考察团的人数从 6—17 人不等（见表 7-1）。

**表 7-1　2006—2012 年联合考察团的规模**

| 学校 | 时间 | 学生人数 | 各方委派人数 | 考察团人数① |
|---|---|---|---|---|
| 北京顺义国际学校(第 2 轮) | 2006 年 9 月 | 1 800 | CIS:6;NCCT:3;NEASC:8 | 17 |
| 南京国际学校 | 2006 年 11 月 | 407 | CIS:5;NCCT:2;NEASC:4 | 11 |
| 上海长宁国际学校(第 2 轮) | 2007 年 3 月 | 1 200 | NCCT:2;WASC:6 | 8 |
| 厦门国际学校 | 2008 年 3 月 | 312 | NCCT:2;WASC:5 | 7 |
| 北京大韩学校 | 2008 年 4 月 | 245 | NCCT:2;WASC:4 | 6 |

① 考察团人数中不包括考察团秘书。

续表

| 学校 | 时间 | 学生人数 | 各方委派人数 | 考察团人数 |
|---|---|---|---|---|
| 苏州新加坡国际学校 | 2008年4月 | 1 420 | CIS:6;NCCT:2;NEASC:5 | 13 |
| 北京京西学校(第2轮) | 2008年10月 | 1 460 | CIS:5;NCCT:2;NEASC:4 | 11 |
| 深圳蛇口国际学校 | 2008年10月 | 518 | NCCT:3;WASC:5 | 8 |
| 北京BISS国际学校 | 2008年10月 | 375 | CIS:4;NCCT:2;WASC:4 | 10 |
| 上海新加坡国际学校 | 2009年3月 | 1 375 | CIS:14;NCCT:2 | 16 |
| 北京耀中国际学校 | 2009年10月 | 718 | CIS:4;NEASC:3;NCCT:2 | 9 |
| 上海德威英国国际学校 | 2009年10月 | 1 231 | CIS:7;NCCT:2;WASC:7 | 16 |
| 成都爱思瑟国际学校 | 2010年3月 | 240 | NCCT:2;WASC:4 | 6 |
| 天津MTI国际学校(第2轮) | 2010年4月 | 418 | NCCT:2;WASC:4 | 6 |
| 无锡太湖国际学校 | 2010年5月 | 132 | CIS:3;NCCT:2;WASC:3 | 8 |
| 上海耀中国际学校(第2轮) | 2010年11月 | 2 000 | CIS:2;NEASC:2;NCCT:2 | 6 |
| 北京德威英国国际学校 | 2011年3月 | 1 305 | CIS:6;NCCT:2;WASC:6 | 14 |
| 青岛MTI国际学校 | 2011年3月 | 399 | NCCT:2;WASC:4 | 6 |
| 大连美国国际学校 | 2011年4月 | 340 | CIS:2;NCCT:1;WASC:3 | 6 |
| 北京顺义国际学校(第3轮)① | 2011年11月 | 1 900 | CIS:1;NCCT:2;NEASC:1 | 4 |
| 广州裕达隆国际学校 | 2012年4月 | 900 | CIS:5;NCCT:2;WASC:5 | 12 |
| 昆明国际学校 | 2012年4月 | 315 | NCCT:2;WASC:4 | 6 |
| 苏州德威英国国际学校 | 2012年10月 | 882 | CIS:4;NCCT:2;WASC:3 | 9 |
| 南京国际学校(第2轮)② | 2012年10月 | 683 | CIS:1;NCCT:1;NEASC:1 | 3 |
| 增城誉德莱国际学校 | 2012年11月 | 188 | CIS:4;NCCT:2;WASC:3 | 9 |
| 苏州新加坡国际学校(第2轮)③ | 2012年11月 | 1 300 | CIS:1;NCCT:1;NEASC:1 | 3 |

①②③　对这所学校的考察为CIS/NEASC的5年中期考察和课程教材中心的5年全面考察的联合，所以，考察团的人数比较少。

从表 7-1 来看，联合考察团的人数主要受到联合认证所使用的认证标准体系和学校规模两个因素的影响。如果认证的标准体系所包含的部分多，则考察团的人数就多；反之，考察团的人数就少。课程教材中心/WASC 联合考察时，使用 WASC 的国际学校认证标准“聚焦学习”加课程教材中心的“中国背景标准 B”（包含 5 部分），考察团的人数一般在 6—8 人；课程教材中心/CIS/NEASC、课程教材中心/CIS/WASC 联合考察时，使用 CIS/NEASC 国际学校认证标准第七版加“中国背景标准 A”（包含 8 部分），考察团的人数一般在 6—17 人。另外，在所使用的认证标准体系确定的情况下，考察团的人数往往受到学校规模的影响。如果使用 CIS/NEASC 国际学校认证标准第七版加“中国背景标准 A”（包含 8 部分），对于学生人数在 900 人以上的学校，考察团的人数一般在 12—17 人，对于学生人数在 900 人以下的学校，考察团的人数一般在 6—12 人；如果使用 WASC 的国际学校认证标准“聚焦学习”加课程教材中心的“中国背景标准 B”（包含 5 部分），对于学生人数 500 人以上的学校，考察团的人数一般在 8 人，对于学生人数 500 人以下的学校，考察团人数一般在 6—8 人。

参加联合认证的认证机构派出的人数往往会受到各方所关注的内容的影响。由于课程教材中心重点关注的内容是“中国背景标准”部分，这部分内容是课程教材中心考察人员在考察团内承担的主要内容，所以，课程教材中心一般派 2—3 人。联合考察团团长由牵头认证机构派出的考察人员担任，其他方各委派一个人担任联合团长。

联合考察团在考察团团长的领导下开展工作。考察团团长在各个考察团成员意愿的基础上，向每个考察团成员统一分配所承担的任务。联合考察团的考察工作，由考察团团长按照事先与学校制订好的考察日程来统一组织。最后，联合考察团要形成一个由全体考察团成员共同认可的考察报告。课程教材中心的考察人员要单独向课程教材中心在华国际学校认证委员会提交关于对学校认证结果的建议报告。其认证结果的建议报告可以与联合考察团关于对学校认证结果的建议不一致。

（四）可能不同的决定

虽然联合认证是同一个认证程序、同一套认证标准、同一个考察团、同一个考察报告，但对学校的认证决定是由相关认证机构独立做出的。虽然各个认证机构所依据的是同一个考察团报告，但由于各个认证机构对学校关注的着重点不一样，往往同样的事实，对于一个认证机构来讲，不是关注的重点，但对于另外一个认证机构来讲，却是关注的重点。例如，学校在遵守中国有关法律、法规方面的问题，国外的学校认证机构由于不了解中国的有关法律和法规，可能他们对于这方面的现象会“视而不见”，但对于课程教材中心来讲可能会认为这是比较严重的问题。由此，不同的学校认证机构可能会给予完全不同的认证结果。这种现象，在联合认证的实践中已经出现。例如，在课程教材中心与国外学校认证机构于2006—2008年联合认证的9所在华国际学校中，课程教材中心与国外学校认证机构分别给予不同的认证决定的学校已经出现了两所。

## 三、联合认证的作用

回顾联合认证发展的过程，我们发现联合认证发挥了以下几方面的作用。

第一，节省时间和精力，减轻学校的经济负担。课程教材中心在华国际学校认证产生以后，许多在华国际学校感到课程教材中心认证对于在华国际学校在中国的发展非常有帮助，于是，一些在华国际学校除了申请国外学校认证机构认证外，也希望能够申请课程教材中心认证。但是，一个认证机构认证完，另外一个认证机构再去认证，对认证机构和学校在时间和精力，以及对学校在经济方面都存在着不必要的负担。联合认证的使用，可以采用各认证机构共同认可的认证程序和认证标准，对于学校来讲，只进行一个自评，只接待一个考察团，从而减轻了认证机构和学校的时间、精力和经济负担。

第二，联合认证能整合课程教材中心与 CIS、NEASC 和 WASC 的优势，促进学校的整体发展。四方在合作过程中逐渐形成共识：课程教材中心认证与 CIS、NEASC 和 WASC 认证都有自己独特的优势。例如，课程教材中心对与在华国际学校相关的中国的法律、法规和政策以及在华国际学校的环境非常熟悉，对于鼓励在华国际学校将中国文化纳入课程，促进在华国际学校与中国社区的沟通，促进在华国际学校在中国的发展会起到独特的作用。CIS、NEASC 和 WASC 在国际学校认证方面具有丰富的经验，了解国际基础教育的发展趋势，对在华国际学校的管理、课程设置、教育教学非常熟悉，对于促进在华国际学校的教育教学很有优势。要促进在华国际学校的整体发展，联合认证可以收到中外认证机构单独认证所无法收到的效果。“可以说，每一个学校认证机构都有不为其他学校认证机构所取代的特殊价值，外国学校认证机构比较熟悉在华国际学校的教学内容、质量标准和校内管理，可以在教学和管理业务工作上对于在华国际学校提供帮助，而课程教材中心更了解中国的法律和社会规范，能够帮助其解决在中国境内办学中遇到的一些问题。几个机构之间的合作，更有效地促进在华国际学校的全面发展。”① 总之，联合认证既能满足在华国际学校的国际性需求，也能满足其在华办学的地域性需求。

第三，联合认证有效地吸引了在华国际学校申请认证。2006年以后，有越来越多的在华国际学校申请了课程教材中心与CIS、NEASC和WASC不同组合的联合认证。仅2008年，课程教材中心与CIS、NEASC和WASC不同组合，就完成了对7所在华国际学校的认证，这是课程教材中心开展认证以来认证在华国际学校最多的一年。之所以有越来越多的在华国际学校来申请联合认证，是由于四方对联合认证的有效推动。随着联合认证方式的形成，四方于2006年11月在法国尼斯召开的四方会议上，共同起草了四方联合认证的公告，向所有在华国际学校进行宣传；2007年、2008年，四方利用每年3月召开的“中蒙国际学校联合会”年会，对在华国际学校的代表进行联合培训，培训的内容包括学校如何进行自评，如何成为一名合格的考察团成员等，并介绍四方联合认证的程序和标准。四方对联合认证的宣传，对在华国际学校申请联合认证起到了极大的推动作用。例如，2007年3月“中蒙国际学校联合会”年会后，先后有厦门国际学校、上海新加坡国际学校、广州恩慧学校、苏州新加坡国际学校、广东蛇口国际学校、北京京西学校和上海德威英国国际学校等7所学校提出了认证申请。2008年3月“中蒙国际学校联合会”年会之后，先后有北京耀中国际学校、广州裕达隆国际学校、无锡太湖国际学校和加拿大国际学校等4所学校提出了认证申请。

第四，增强了课程教材中心在合作中的独立性。2006—2012

① 阎凤桥：《“铁笼”是如何建造的？——外籍人员子女学校认证制度在中国建立过程的案例分析》，载《北京大学教育评论》2007年第1期。

年，在课程教材中心认证的28所次在华国际学校中（有的学校经历了第二轮或第三轮认证），采用联合认证的占了26所次，而采用课程教材中心独立认证的仅有2所，是不是意味着课程教材中心在认证中的独立性越来越弱了呢？恰恰相反，联合认证学校数量的增加表明四方的合作更加紧密、更加规范，同时，也表明课程教材中心在与国外学校认证机构合作中的独立性进一步增强了。在试点阶段，虽然采用课程教材中心认证标准试行版，但该标准的大部分条目借鉴了CIS/NEASC国际学校认证标准第六版的内容，课程教材中心所强调的内容分散在该标准的相关部分当中，而在联合认证所使用的标准中，课程教材中心“中国背景标准A”和“中国背景标准B”将课程教材中心所强调的内容集中起来，使其更加系统化和具体化，并在使用中作为独立的一部分保持了相对独立性，很好地突出了课程教材中心在华国际学校认证“规范管理，保证质量”的特色。

第五，促进了课程教材中心考察人员与国外学校认证机构考察人员之间的交流。CIS、NEASC、WASC的考察人员训练有素，有着丰富的实地考察经验。课程教材中心的考察人员虽然也经过培训，有的考察人员也经历了多次实地考察，但与上述三个机构的考察人员相比，其经验还比较欠缺。课程教材中心的考察人员通过与CIS、NEASC、WASC的考察人员的合作，可以跟外国同行学习实地考察的经验。可以说，课程教材中心考察人员参与联合考察的过程，就是接受实地培训的过程。由于联合考察所使用的标准是CIS/NEASC国际学校认证标准第七版或WASC国际学校认证标准“聚焦学习”加“中国背景标准”，课程教材中心考察人员在与国外同行运用认证标准分析信息、修改报告的过程中，可以增强彼此跨文化的理解，有利于巩固课程教材中心与国外学校认证机构联合认证的基础。

### 四、简捷途径联合认证

简捷途径的联合认证是指 CIS 或 NEASC 或 WASC 已经对某在华国际学校进行了认证，课程教材中心为了与其对该校进行联合认证，并使认证周期同步，会采用简捷途径单独对其进行认证。具体包括以下内容。①学校自评的时间可适当缩短。一般在课程教材中心与上述认证机构对学校的联合考察前完成。②学校自评的内容以学校向即将与课程教材中心对学校进行联合认证的认证机构提交的年度进展报告为基础，针对课程教材中心的“中国背景标准”。学校自评结束后，要向课程教材中心提交一份针对“中国背景标准”的进展报告。③课程教材中心单独组织考察团对学校进行考察，在即将与课程教材中心对学校进行联合认证的认证机构最近一次考察报告的基础上，针对“中国背景标准”完成一份考察报告。④课程教材中心的考察结束后，与即将和课程教材中心对学校进行联合认证的认证机构同步进入联合认证程序。

## 第二节　独立认证

独立认证是在在华国际学校自主选择的基础上，由课程教材中心独立进行的认证方式。在在华国际学校认证制度建立和发展过程中，独立认证又可分为两种形式：一种形式是与联合认证并存的完全途径的独立认证形式；另一种形式是在联合认证产生之前简捷途径的独立认证形式。

## 一、独立认证的概念

独立认证与联合认证是伴生的。2006 以后，许多在华国际学校纷纷申请课程教材中心与 CIS、NEASC 和 WASC 的联合认证，但是也有少数在华国际学校希望申请课程教材中心的独立认证。例如，上海瑞金国际学校于 2005 年 5 月、上海美丘第一幼儿园于 2006 年 2 月前向课程教材中心提出了独立认证的请求。在这一时期，课程教材中心为了满足在华国际学校申请课程教材中心独立认证的需求，一方面积极接受学校的申请按认证程序向前推进，另一方面也加快了对课程教材中心《外籍人员子女学校认证标准(试行)》的修订。2007 年 11 月，课程教材中心完成了对上海美丘第一幼儿园的考察团考察。2008 年 4 月，课程教材中心完成了对上海瑞金国际学校的考察团考察。因此，课程教材中心的独立认证是在在华国际学校需求的推动下产生的。

2006—2012 年，课程教材中心共认证了 28 所在华国际学校，但课程教材中心独立认证的学校只有上述两所。其主要原因是联合认证的一些优势吸引了在华国际学校，一所在华国际学校通过参加一个认证过程，可以同时拿到两个或两个以上认证机构的认证，从时间、精力和资金方面都是比较合算的。但在华国际学校的需求是多样化的，尽管有这么多的在华国际学校申请联合认证，但仍有少数在华国际学校希望申请课程教材中心独立认证。从在华国际学校对课程教材中心认证的需求来看，独立认证与联合认证将会长期共存。

## 二、独立认证的特点

课程教材中心独立认证的特点主要体现在认证程序的自主性

和认证标准的独立性两个方面。

（一）认证程序的自主性

认证程序的自主性就是课程教材中心在对在华国际学校进行独立认证时，要使用课程教材中心《外籍人员子女学校认证章程》（2008 版）要求的认证程序对学校进行认证，学校自评要按课程教材中心《外籍人员子女学校认证学校自评手册》（2008 版），考察团考察要按课程教材中心《外籍人员子女学校认证考察团手册》（2008 版）进行操作。课程教材中心认证的一般程序见第四章。

（二）认证标准的独立性

课程教材中心对在华国际学校进行独立认证时，要使用课程教材中心自己的认证标准，也就是课程教材中心《外籍人员子女学校认证标准》（2006 版）。课程教材中心《外籍人员子女学校认证标准》（2006 版）体现了课程教材中心在华国际学校认证“规范管理，保证质量”的特色，对在华国际学校具有较强的针对性。课程教材中心认证标准见第三章。

## 三、独立认证的意义

虽然目前申请课程教材中心独立认证的在华国际学校只占少数，但对于课程教材中心在华国际学校认证的发展却有重要意义。

（一）增强了课程教材中心在华国际学校认证的独立性

联合认证比起 2006 年以前的简捷途径的独立认证增强了课程教材中心在华国际学校认证的独立性，2006 年以后的独立认证比起前两种认证又进一步增强了其独立性。独立认证使课程教材中心从事在华国际学校认证的自主性进一步增强，课程教材中心开展独立认证时不但要使用自己的认证标准，还要按照自己认证文件所规定的认证程序进行实施。

（二）能够促进课程教材中心在华国际学校认证体系的规范和完善

在华国际学校申请课程教材中心独立认证对于课程教材中心认证的管理、考察人员的素质、认证文件的完善都是一个很大的挑战，会促使课程教材中心不断地去加强独立认证能力建设。例如，当上海美丘第一幼儿园和上海瑞金国际学校向课程教材中心提出独立申请认证时，促使课程教材中心加强了用于课程教材中心独立认证的相关文件的修订和完善工作，课程教材中心于2008年4月修订完成了用于课程教材中心独立认证的《外籍人员子女学校认证章程》（2008版）、《外籍人员子女学校认证标准》（2006版）、《外籍人员子女学校认证学校自评手册》（2008版）、《外籍人员子女学校认证考察团手册》（2008版）。课程教材中心开展独立认证的实践，使课程教材中心积累了开展独立认证的管理经验，锻炼了考察人员队伍。总之，在华国际学校申请课程教材中心独立认证成为促进课程教材中心认证发展的动力之一。

（三）有利于与国外学校认证机构建立平等的伙伴关系

课程教材中心在与国外学校认证机构的合作过程中，始终会面临依附与独立之间的平衡问题。过于依附国外学校认证机构，可能会淡化课程教材中心在华国际学校认证的特色，进而影响课程教材中心在华国际学校认证的生命力；过于强调独立，可能会影响与国际的接轨而导致落后。因此，课程教材中心与国外学校认证机构的合作关系应该以各自的特色和能力为基础，对在华国际学校的发展形成互补关系。当前，课程教材中心在华国际学校认证在与国外学校认证机构合作过程中的重点是增强自己的特色和认证能力。独立认证有利于增强课程教材中心在华国际学校认证的特色和能力。

（四）有利于发挥课程教材中心在华国际学校认证的独特功能

课程教材中心在华国际学校认证除了在华国际学校认证的本来意义以外，还具有在中国环境下的独特功能，那就是协助政府部门加强对学校的管理，促进学校教育质量的提高。课程教材中心开展独立认证更容易发挥“规范管理，保证质量”的独特功能。

（五）标志着课程教材中心初步具备了开展独立认证的能力

在华国际学校向课程教材中心申请独立认证说明学校对课程教材中心在华国际学校认证充满了信心。对两所在华国际学校独立认证的成功，说明课程教材中心已经初步具备了开展独立认证的能力。

## 四、简捷途径独立认证

如前所述，简捷途径的独立认证是国际学校认证制度被移植到中国的初期，对已经通过 NEASC/ECIS、WASC、WASC/ECIS 认证的在华国际学校认证时，所采取的一种认证方式，其主要做法是缩短学校自评时间，简化学校自评内容。其自评内容主要关注前一个认证机构认证以来，学校针对课程教材中心《外籍人员子女学校认证标准（试行）》各方面的进展情况，以及前一个认证机构考察时所提改进意见的改进情况。在此，将重点阐述简捷途径独立认证的一般特点。

（一）自评时间缩短

完全途径独立认证的学校自评需要 18 个月，而简捷途径的独立认证自评时间通常要求不少于 2 个月。在课程教材中心 2002—2005 年使用简捷途径独立认证所认证的 5 所学校中，自评时间最短的为 2 个月，最长的为 8 个月（见表 7-2）。

**表 7-2 简捷途径独立认证自评时间案例**

| 学校 | 自评时间 |
|---|---|
| 北京京西学校 | 3 个月 |
| 天津 MTI 国际学校 | 2 个月 |
| 北京顺义国际学校 | 8 个月 |
| 北京 BISS 国际学校 | 8 个月 |
| 上海长宁国际学校 | 8 个月 |

由于简捷途径独立认证的自评时间缩短，使得简捷途径独立认证的认证周期大大缩短，使用简捷途径独立认证完成对一所在华国际学校认证的周期大约需要 10 个月时间（见表 7-3），而用完全途径独立认证完成对一所在华国际学校的认证大约需要 23 个月的时间（见表 7-4）。

**表 7-3 简捷途径独立认证周期案例①**

| 活动 | 时间 | 间隔 |
|---|---|---|
| 课程教材中心初访 | 2003 年 9 月 | 1 个月 |
| 初访报告送达学校 | 2003 年 10 月 | 1 个月 |
| 学校自评和准备进展报告 | 2003 年 11 月至 2004 年 1 月 | 3 个月 |
| 学校自评进展报告送达课程教材中心、考察团团长和考察团成员 | 2004 年 2 月 | 1 个月 |
| 考察团访问学校 | 2004 年 3 月 | 1 个月 |
| 考察团报告送达课程教材中心 | 2004 年 4 月 | 1 个月 |
| 课程教材中心做出认证决定 | 2004 年 5 月 | 1 个月 |
| 考察团报告和认证决定送达学校 | 2004 年 6 月 | 1 个月 |
| 总周期 | | 10 个月 |

① 教育部基础教育课程教材发展中心：《学校自评手册》（初稿），2003 年 7 月，第 35 页。

表 7-4　完全途径独立认证周期案例①

| 活动 | 时间 | 间隔 |
|---|---|---|
| 课程教材中心初访 | 2003 年 10 月 | 1 个月 |
| 初访报告送达学校 | 2003 年 11 月 | 1 个月 |
| 自评 | 2003 年 12 月至 2005 年 2 月 | 15 个月 |
| 自评报告送达课程教材中心、考察团团长以及团员 | 2005 年 3 月 | 1 个月 |
| 考察团访问 | 2005 年 4 月 | 1 个月 |
| 考察团报告送达课程教材中心 | 2005 年 5 月 | 1 个月 |
| 课程教材中心做出认证决定 | 2005 年 7 月 | 2 个月 |
| 考察团认证报告和认证决定送达学校 | 2005 年 8 月 | 1 个月 |
| 总周期 | | 23 个月 |

（二）自评内容突出重点

在华国际学校自评内容以课程教材中心《外籍人员子女学校认证标准（试行）》为基础，侧重 NEASC/CIS，CIS，WASC 和 CIS/WASC 最近一次考察团报告所提改进意见的改进情况以及课程教材中心所强调的重点内容。在自评过程中，学校自评指导委员会和自评委员会要就最近一次国外学校认证机构（NEASC/CIS 或 CIS 或 WASC 或 CIS/WASC）认证时的学校自评报告征求学校员工的意见。征求意见的内容包括：学校目前的发展状况与自评报告中的事实描述相比较，是否一致，不一致的地方要特别说明。各自评委员会要对照课程教材中心《外籍人员子女学校认证标准（试行）》写出学校各个领域的进展报告。如果认为学校目前的状

① 教育部基础教育课程教材发展中心：《学校自评手册》（初稿），2003 年 7 月，第 36 页。

况与自评报告的表述一致，可以不写，但要特别予以说明；如果认为学校在某个方面有新的进展，对新进展的表述最多不超过一页 A4 纸。同时，各自评委员会在汇总每部分的进展情况时，还要对以下两方面给予特别关注。第一，上次国外学校认证机构考察团报告中所提改进意见的改进情况。第二，学校在运行过程中，遵守中国有关法律、法规的情况；学校通过课程设置，让学生了解中国文化的情况；教学管理的情况；以及学校与家庭、社区的关系。

（三）用进展报告代替自评报告

与完全途径独立认证不同的是，课程教材中心要求在华国际学校在自评结束时，提交进展报告。进展报告是对照课程教材中心《外籍人员子女学校认证标准（试行）》，反映最近一次国外学校认证机构（NEASC/CIS 或 CIS 或 WASC 或 CIS/WASC）考察以来，学校的各个领域的进展状况，同时，针对国外学校认证机构（NEASC/CIS 或 CIS 或 WASC 或 CIS/WASC）考察时，考察团报告所提改进意见的改进情况。学校进展报告的结构如下。

封面：包括学校的名称，学校自评指导委员会主席以及各位委员的签名。

第一部分：学校简介

第二部分：针对课程教材中心《外籍人员子女学校认证标准（试行）》每部分，学校的进展状况。

（1）办学理念和培养目标

（2）机构与管理

（3）学校的教职员工

（4）课程设置

（5）特殊需要教育

(6) 教学管理

(7) 辅导服务

(8) 健康与安全

(9) 学生服务

(10) 学生生活

(11) 图书馆/信息中心

(12) 学校设施

(13) 财务与财务管理

(14) 学生学习与在校表现评价

(15) 学校与家庭

第三部分：针对国外学校认证机构考察时，考察团报告所提改进意见的改进情况

——改进意见1

——改进意见2

——改进意见3

…………

第四部分：其他显著发展

第五部分：结论

主要长处

需要改进之处

改进方案

第六部分：补充信息

学校自评完成以后向课程教材中心提交的材料，除了学校的进展报告以外，还包括最近一次国外学校认证机构考察时的考察团报告以及最近一次国外学校认证机构考察时，学校的自评报告。

（四）邀请国外学校认证机构的专家作为考察团副团长

课程教材中心在试点阶段采取简捷途径独立认证考察每一所在华国际学校时，往往要从最近一次对学校进行考察团考察的国外学校认证机构中邀请一位认证专家作为课程教材中心考察团的副团长。这样做当时主要是基于以下几个方面的考虑：一是为了解决课程教材中心的考察团考察与前一个认证机构考察团考察的衔接；二是借这样一个机会，来实地培训课程教材中心的考察人员；三是为了保证课程教材中心考察工作的质量；四是便于课程教材中心考察团与学校之间的沟通。2002—2004 年，课程教材中心先后邀请了 5 位认证专家担任课程教材中心考察团的副团长（见表 7-5）。对天津 MTI 国际学校进行考察时，虽然没有从国外学校认证机构邀请认证专家担任副团长，但课程教材中心从北京京西学校邀请了该校理事会理事柯马凯先生参加了考察工作，同样起到了帮助考察团与学校沟通的作用。

**表 7-5　2002—2005 年国外认证专家担任考察团副团长的情况**

| 学校 | 来自的机构 | 人数 |
|---|---|---|
| 北京京西学校 | CIS | 1 |
| 天津 MTI 国际学校 | 北京京西学校 | 1 |
| 北京顺义国际学校 | CIS、WASC | 2 |
| 北京 BISS 国际学校 | WASC | 1 |
| 上海长宁国际学校 | WASC | 1 |

# 第八章　专业队伍

专业队伍是在华国际学校认证制度的核心要素。高水平的专业队伍对于保持在华国际学校认证的高水准，保持学校、社会和政府部门对认证机构的信任，起到关键作用。课程教材中心在华国际学校认证的专业队伍主要由四部分人员构成：认证研究人员、候选考察人员、考察人员和认证管理人员。这四部分人员对于在华国际学校认证的实施缺一不可，四部分人员在认证的实施中相辅相成，其中，认证管理人员起着主导作用。

## 第一节　认证研究人员

在课程教材中心在华国际学校认证体系中，认证研究人员是指为了满足课程教材中心在华国际学校认证发展的需要，在课程教材中心的组织下，从事在华国际学校认证的应用研究，为在华国际学校认证提供专业支持的人员。

## 一、认证研究人员的必要性

在华国际学校认证研究人员不是可有可无的，离开了认证研究人员，在华国际学校认证的专业水准和质量将无法保持。建立认证研究人员队伍是由在华国际学校认证实践来决定的。

### （一）外部环境的变化要求必须有认证研究人员为其提供专业支持

在华国际学校的外部环境在不断变化，在华国际学校在不断变化，在华国际学校认证也必须不断适应这些变化。因此，用来指导在华国际学校认证实践的认证标准、认证指南等相关文件也应随其不断地更新和完善。回顾课程教材中心在华国际学校认证工作的发展历程，我们发现，课程教材中心在华国际学校认证的研究工作一直没有停歇，并且随着课程教材中心在华国际学校认证实践的发展，其研究任务不断地发生变化（见表 8-1）。2006 年以前的研究任务主要是为课程教材中心在华国际学校认证争取合法地位、试点和宣传服务；2006 年以后的研究任务主要是为课程教材中心在华国际学校认证制度的建立和完善服务。要完成持续的研究任务，必须要有承担研究工作的主体——认证研究人员作保证。

**表 8-1　2001—2012 年开展在华国际学校认证研究的情况**

| 年份 | 研究成果 | 认证研究人员 |
| --- | --- | --- |
| 2001 | 《对外籍人员子女学校评估认证的可行性报告》 | 莫景祺 |
| 2002 | 《外籍人员子女学校认证办法》（试行）；《外籍人员子女学校认证标准》（试行）；《外籍人员子女学校申请认证表》（试行）。 | 莫景祺　王燕（翻译） |

续表

| 年份 | 研究成果 | 认证研究人员 |
|---|---|---|
| 2003 | 《外籍人员子女学校自评手册》（初稿）<br>《外籍人员子女学校考察团手册》（初稿）<br>《中国中小学试行认证制度的可行性报告》<br>《外籍人员子女学校应知中国有关法律法规汇编》（2003 版） | 王燕、约翰·麦克布赖德<br>高兰生<br>（未完成）<br>王燕、陈启德 |
| 2004 | 《中国外籍人员子女学校认证系统研究报告》 | 莫景祺、高兰生 |
| 2005 | 《关于成立教育认证机构的可行性报告》<br>《四方联合认证中国背景标准》；《四方联合认证指南》 | 莫景祺<br>高兰生与外方合作 |
| 2006 | 课程教材中心在华国际学校认证文件修订<br>《课程教材中心与 WASC 联合认证中国背景标准》；<br>《课程教材中心与 WASC 联合认证指南》<br>《外籍人员子女学校应知中国有关法律法规汇编》（2006 版） | 成立了 6 个课题组<br>（未实现）<br>高兰生与外方合作<br>周俊业、陈启德 |
| 2007 | 课程教材中心在华国际学校认证宣传手册：NCCT Accreditation；Standards；The China Context（A）；The China Context（B）；Procedures；Application. | 高兰生（参与者：莫景祺、韩江萍） |
| 2008 | 《外籍人员子女学校认证章程》（2008 版）<br>《外籍人员子女学校认证标准》（2008 版）<br>《考察团工作手册》（2008 版）<br>《外籍人员子女学校自评手册》（2008 版）<br>《认证办公室工作规范》（2008 版） | 莫景祺<br>高兰生（参与者：韩江萍、王燕、王桂珍、格兹·海登（Gez Hayden）、柯马凯等）<br>韩江萍 |
| 2012 | 《外籍人员子女学校认证章程》（2008 版）修订<br>《外籍人员子女学校认证标准》（2008 版）修订<br>《考察团工作手册》（2008 版）修订<br>《外籍人员子女学校自评手册》（2008 版）修订<br>The China Context 修订<br>《外籍人员子女学校应知中国有关法律法规汇编》（2006 版）修订 | 莫景祺<br>高兰生<br>高兰生<br>高兰生<br>高兰生<br>周俊业、韩江萍 |

（二）在华国际学校认证的运行机制要求必须有认证研究人员保证其水准和质量

课程教材中心在华国际学校认证的运行机制是靠市场机制来调节的。在华国际学校申请课程教材中心认证是自愿的，如果学校不申请，课程教材中心就不能去认证。那么，课程教材中心靠什么来吸引在华国际学校来申请认证呢？从根本上来讲，就是靠课程教材中心在华国际学校认证的水准和质量，要让学校感到通过课程教材中心认证确实能给学校带来好处，能够帮助学校解决问题，能够促进学校的发展。课程教材中心在华国际学校认证的水准和质量来自于课程教材中心在华国际学校认证的专业水准，要保持在华国际学校认可的专业水准，课程教材中心需要了解和把握国际上学校认证发展和变化的趋势，要研究在华国际学校的发展实际，还要不断总结课程教材中心在华国际学校认证实践的经验和教训。课程教材中心在几年持续的研究工作中，不断借鉴国外学校认证机构的先进经验，不断研究在华国际学校在中国的发展实际，不断总结在华国际学校认证的经验和教训，并将其提升到在华国际学校认证管理体系文件中，从而保持了课程教材中心在华国际学校认证的水准和质量，赢得了在华国际学校的信任。这一切，靠的就是认证研究人员。

（三）保持课程教材中心在华国际学校认证的可持续发展要求必须要有一支认证研究人员队伍超前研究

课程教材中心在华国际学校认证要保持可持续发展，必须跟踪国外学校认证不断发展变化的趋势，研究在华国际学校的发展实际，不断总结认证实践的经验和教训，进行超前研究，否则，课程教材中心的认证工作就会落后。在华国际学校认证制度产生和建立以来，课程教材中心的认证研究工作基本上处于一种跟踪状态，基本上适应了在华国际学校认证实践发展的需要。但从长远来看，还要拓展研究的领域，例如，在华国际学校认证本土化研究、候选考察人员培训研究，等等。课程教材中心在华国际学校认证要获得可持续发展一定要有认证研究人员队伍作为支撑。

## 二、认证研究人员的构成

课程教材中心没有专职的认证研究人员队伍，所有的认证研究人员均为兼职，包括大学教授，在华国际学校的校长、管理人员和教师，课程教材中心在华国际学校认证的管理人员。上述认证研究人员大多数是参加课程教材中心在华国际学校认证考察的人员，少数为课程教材中心在华国际学校认证管理人员，他们具有学校实地考察和认证管理的经验。课程教材中心在华国际学校认证研究人员的兼职性和实践性特点，有利于减轻认证机构的财政压力，有利于整合社会力量，有利于整合认证机构管理人员与考察人员的经验，有利于将认证的基本理念与认证实践很好地结合，从而增强课程教材中心在华国际学校认证的适切性。

## 三、认证研究人员的条件

从课程教材中心在华国际学校认证研究的实践来看，认证研究人员应该具备以下条件。

### （一）对认证工作有浓厚的兴趣

课程教材中心为兼职认证研究人员提供的研究经费和劳务费是有限的。因此，从事课程教材中心认证研究的人员往往把这项工作作为一项事业，他们对这项工作的兴趣超过他们从这项工作中得到的酬劳，也超出其他社会工作的吸引。

（二）有一定的时间和精力投入

课程教材中心在华国际学校认证的研究人员随着认证实践的发展发生了一些变化，这些变化主要表现在认证研究人员队伍越来越聚焦到少数人员。例如，2006 年 1 月，课程教材中心在华国际学校认证办公室制订了一个由 6 个课题组组成的研究计划，人数涉及近二十人，认证研究人员的背景涉及政府部门、在华国际学校、中国公办学校的国际部、大学、课程教材中心等，当然这些人都是课程教材中心在华国际学校认证的候选考察人员、课程教材中心在华国际学校认证委员会委员以及课程教材中心在华国际学校认证管理人员。但到最后，研究的任务落到少数人员身上。造成上述变化的原因，除了研究经费保障不足等方面的原因以外，一个最重要的原因是一些人工作太忙，没有时间和精力投入。而能够留下来的是退休的大学教授，他们身体健康，有充足的时间和精力。

（三）对所研究的领域比较熟悉

课程教材中心在华国际学校认证的研究人员主要来自课程教材中心在华国际学校认证的候选考察人员、在华国际学校以及在华国际学校认证管理人员，他们对在华国际学校的实际情况、认证的标准和程序、实地考察、认证的管理都比较熟悉。但在在华国际学校认证启动之初，课程教材中心在选择认证研究人员方面的确走过弯路。由于当时对在华国际学校认证领域不熟悉，不太清楚从事在华国际学校认证的研究人员需要哪些方面的条件，就选择了一些有一定的学术背景和名望的专家，但由于这些专家对该领域不熟悉，没有发挥太大作用。

（四）认证研究人员要相对稳定

在华国际学校认证的研究人员要具有一定的稳定性。如果认证研究人员不稳定，势必会影响在华国际学校认证研究工作的传承，也不利于适应外部世界的变化。但是，一个稳定的研究团队需要一定时间的磨合才能形成，并且需要形成一定的梯队。经过多年的沉淀，课程教材中心以候选考察人员为基础，基本形成了一支兼职的，老、中、青相结合的认证研究人员队伍。

## 四、认证研究人员的作用

课程教材中心在华国际学校认证研究人员在在华国际学校认证制度的产生和发展过程中主要发挥了以下作用。

第一，研究制订、修订了课程教材中心在华国际学校认证的标准、指南等一系列文件。如表 8-1 所列，在十几年中，认证研究人员共研究制订、修订了几十个认证文件，研究完成了多个比较重要的研究报告。

第二，为候选考察人员培训研究设计了一系列培训内容。课程教材中心每年要对候选考察人员进行 1—2 次培训，另外还要与国外学校认证机构进行联合培训。每次培训，有些研究人员作为培训者都要进行认真的准备，研究设计培训内容。

第三，为课程教材中心在华国际学校认证形成“规范管理，保证质量”的特色提供了专业支撑。课程教材中心在华国际学校认证特色体现在课程教材中心在华国际学校认证的一系列文件中，尤其是认证标准之中。认证研究人员通过研究将国际成功的经验与在华国际学校的发展实际结合起来，为课程教材中心在华国际学校认证特色的形成奠定了专业基础。

第四，为课程教材中心与国外学校认证机构的平等合作创造了条件。如果课程教材中心在在华国际学校认证方面没有研究能力，就失去了与国外学校认证机构平等合作的能力，正是课程教材中心有一支研究团队，在四方的合作，特别是在四方的合作研究中，保持了课程教材中心的独立性和课程教材中心在华国际学校认证的特色。

第五，帮助课程教材中心在在华国际学校中赢得了信誉。自2007年以来，有越来越多的在华国际学校申请课程教材中心认证，一个重要的原因之一是他们认为课程教材中心在华国际学校认证具有较高的水准，有自己的特色，与其他学校认证机构的作用可以互补，会给学校带来好处。这些信誉的背后是课程教材中心认证研究人员持续研究的支撑。

## 五、认证研究人员的工作机制

课程教材中心根据研究任务，一般以协议的方式委托认证研究人员开展研究。为了使研究工作得到在职认证研究人员所在单位的支持，课程教材中心往往要给认证研究人员所在单位发一份委托函，说明研究课题的名称、研究期限，希望对方给予支持。同时，课程教材中心要与兼职认证研究人员签订委托协议，规定课题的性质、双方的责任和义务等，特别是课程教材中心要提供一定的经费保障。例如，2003年，课程教材中心分别委托武汉大学的高兰生教授和北京京西学校的人力资源部主任王燕老师开展《考察团手册》和《学校自评手册》的研究；2006年，课程教材中心委托高兰生教授牵头负责课程教材中心在华国际学校认证文件2008版的研究均采取了这种方式。实践证明，这种协议委托的方式是非常有效的一种方式。

在研究机制中，影响课程教材中心在华国际学校认证研究开展的关键要素是研究经费的不足。造成研究经费不足的主要原因是课程教材中心在华国际学校认证刚刚起步，申请的学校比较少，工作成本相对来说比较高。另外该项目在以基础教育课程、教材和教学为主业的课程教材中心，其功能定位不明确和项目财务管理制度不健全，也是研究经费不足的主要原因。从研究工作对在华国际学校认证制度的重要性来看，今后一个时期要进一步明确该项目的功能定位，健全该项目的财务管理制度，建立研究经费保障的长效机制。

## 第二节　候选考察人员

候选考察人员是指经过课程教材中心的遴选和持续培训，具备从事在华国际学校考察的资格，被列入课程教材中心在华国际学校认证候选考察人员库的人员。

### 一、候选考察人员的遴选

#### （一）遴选条件

课程教材中心在华国际学校认证候选考察人员的遴选条件是由实地考察工作对考察人员的需要决定的。课程教材中心在华国际学校认证候选考察人员的遴选条件包括四个方面：①熟悉在华国际学校教学和（或）管理工作；②有较强的英语听、说、读、写能力；③有一定的学术专长；④有一定的时间和精力投入[①]。

熟悉在华国际学校教学和（或）管理工作，指不论候选考察人员来自哪个领域，必须熟悉在华国际学校的管理和教育教学情

① 教育部基础教育课程教材发展中心：《外籍人员子女学校认证工作章程》（2008版），第6页。

况。在华国际学校从管理体制、员工、课程、教学、招生对象等各个方面与中国当地的公办和民办学校都存在着较大差异。这样要求主要是避免来自非在华国际学校领域的考察人员用考察中国当地学校的某些理念和模式去观察和衡量在华国际学校。

有较强的英语听、说、读、写能力是由在华国际学校所使用的语言来决定的。在华国际学校员工的主体是外籍人员，其招生对象是外籍人员子女，其工作和教学语言一般都使用英语（除国别学校以外①）。课程教材中心在华国际学校认证考察要求使用英语和汉语，但一般都使用英语，否则会给学校和考察活动带来很大麻烦。因此，课程教材中心在选择候选考察人员时，要求每个候选考察人员都要有较强的英语听、说、读、写能力。

有一定的学术专长是指候选考察人员在学校管理、某个学科或某个教育领域有一定的专长，这有利于在考察过程中能够与在华国际学校的员工进行有效的对话，能够对学校带来切实的帮助。

有一定的时间和精力投入是指候选考察人员每年应该保证有一定的时间参加课程教材中心组织的培训和研究活动，特别是每年要参加1—2次学校考察活动，每次大概1周时间。课程教材中心候选考察人员的整体素质是比较高的，这些人往往都是所在单位的骨干，平时工作都比较忙，所以，课程教材中心要求要成为课程教材中心候选考察人员必须保证有一定的时间和精力投入。

（二）遴选方式

经过几年的摸索，课程教材中心对候选考察人员的遴选形成了“滚雪球”的方式，即通过在华国际学校或同行个别推荐后，

① 国别学校在此指主要以本国公民子女为教育对象，使用本国课程和本国语言教学的在华国际学校，如法国学校、韩国学校、日本学校等。

在考察活动中考察，合格一个吸收一个的方式。在课程教材中心在华国际学校认证工作刚刚开始的前几年中，由于急需候选考察人员，课程教材中心采取了请单位或个人推荐的方式，尽管课程教材中心提出了推荐的基本条件，但由于推荐单位对课程教材中心在华国际学校认证没有深入的了解，推荐的候选考察人员能够胜任考察工作的比率比较低，往往是课程教材中心花费一定的财力、人力和物力培训以后，有些人没有成为候选考察人员。“滚雪球”的遴选方式增强了遴选的准确性，提高了效率，防止了遴选的盲目性和浪费现象。据统计，2001—2008 年，课程教材中心在华国际学校认证工作开展以来，在课程教材中心培训过的近 50 位人员中，有近 20 位后来由于各方面的原因没有成为课程教材中心候选考察人员。经过培训而没有成为候选考察人员最多的一次是 2004 年 5 月，这次培训活动共培训了 11 位，有 7 位后来没有成为候选考察人员。通过总结这一阶段遴选候选考察人员的教训，课程教材中心改变了候选考察人员的遴选方式，采取了由在华国际学校或同行推荐，并在考察活动中考察的方式，合格一个吸收一个。由于在华国际学校或同行了解课程教材中心在华国际学校认证，对课程教材中心候选考察人员的条件有较深入的理解，他们在向课程教材中心推荐人选时，帮助课程教材中心把了第一道关。由于课程教材中心在华国际学校认证是一项实践性比较强的工作，对候选考察人员的整体素质具有较高的要求，因此，在实践中最能考察出人选对课程教材中心的考察工作是否能够胜任。实践证明：这种遴选方式增加了遴选的准确性，提高了效率，减少了浪费，特别是能够保持课程教材中心候选考察人员整体水平的稳定性。

## 二、候选考察人员的培训

### （一）持续培训

开展对候选考察人员的持续培训是建设一支高质量的候选考察人员队伍，保证认证工作质量的关键，也是与国外学校认证机构平等合作的基础。开展对候选考察人员的持续培训是国外学校认证机构的通行作法。课程教材中心自开展在华国际学校认证工作以来，每年组织 1—2 次对候选考察人员的培训（见表 8-2）。

**表 8-2　2002—2012 年候选考察人员的培训情况**

| 年份 | 地点 | 方式 | 培训内容 | 人数 |
|---|---|---|---|---|
| 2002 年 4 月 | 北京 | 独立 | 认证的方法和技术、在华国际学校发展状况、课程教材中心在华国际学校认证 | 12 |
| 2002 年 10 月 | 北京 | 独立 | 学校自评、考察团考察 | 15 |
| 2003 年 9 月 | 北京 | 独立 | 课程教材中心自评手册和考察团手册、对 ISB 认证的准备 | 22 |
| 2004 年 3 月 | 北京 | WASC | WASC 考察团考察 | 2 |
| 2004 年 5 月 | 北京 | 独立 | 在华国际学校认证的理论与实践、考察团考察、课程教材中心在华国际学校认证 | 11 |
| 2005 年 3 月 | 北京 | CIS | CIS/NEASC 第七版标准 | 10 |
| 2006 年 4 月 | 北京 | 独立 | 在华国际学校的管理、政策和法律问题；课程教材中心在华国际学校认证 | 5 |
| 2006 年 9 月 | 北京、上海、广州 | 课程教材中心与 WASC 联合 | 学校自评、考察团考察 | 28 |
| 2006 年 10 月 | 上海 | CIS、NEASC、课程教材中心联合 | CIS/NEASC 认证手册第七版、四方联合认证指南 | 8 |

续表

| 年份 | 地点 | 方式 | 培训内容 | 人数 |
| --- | --- | --- | --- | --- |
| 2007 年 3 月 | 北京 | CIS、NEASC、课程教材中心、WASC 联合 | CIS、NEASC、课程教材中心、WASC 联合认证指南、如何成为考察团成员 | 7 |
| 2008 年 3 月 | 上海 | CIS、NEASC、课程教材中心、WASC 联合 | CIS、NEASC、课程教材中心、WASC 联合认证指南、如何成为考察团成员 | — |
| 2009 年 3 月 | 北京 | CIS、NEASC、课程教材中心、WASC 联合 | CIS、NEASC、课程教材中心、WASC 联合认证指南、如何成为考察团成员 | — |
| 2010 年 3 月 | 香港 | CIS、NEASC、课程教材中心、WASC 联合 | CIS、NEASC、课程教材中心、WASC 联合认证指南、如何成为考察团成员 | 18 |
| 2010 年 9 月 | 北京 | 课程教材中心 | 法律、法规、政策；在华国际学校管理；财务；课程；联合认证中的合作问题 | 14 |
| 2010 年 11 月 | 上海 | 课程教材中心 | 法律、法规、政策；在华国际学校管理；财务；课程；联合认证中的合作问题 | 8 |
| 2010 年 12 月 | 广州 | 课程教材中心 | 法律、法规、政策；在华国际学校管理；财务；课程；联合认证中的合作问题 | 12 |
| 2011 年 3 月 | 上海 | CIS、NEASC、课程教材中心、WASC 联合 | 对学校认证的理解、联合认证及其程序、中国背景标准以及如何成为考察团成员等 | 60 |
| 2012 年 3 月 | 南京 | CIS、NEASC、课程教材中心、WASC 联合 | CIS/NEASC 国际学校认证标准第八版、四方联合认证指南 | 40 |
| 2012 年 11 月 | 上海 | 课程教材中心与 NEASC 联合 | CIS/NEASC 国际学校认证标准第八版和中国背景标准 | 50 |

### （二）培训方式

如果从培训主体的角度对培训方式进行分类的话，我们通过分析表 8-2 可以看出，课程教材中心对候选考察人员的培训方式主要有以下三种。

1. 独立培训

独立培训是由课程教材中心自己主导的，有时也邀请在华国际学校的校长、CIS、NEASC 和 WASC 的专家来帮助培训有关在华国际学校认证的方法和技术。

2. 参加 CIS、NEASC、WASC 的培训

有时是 CIS、NEASC 和 WASC 在中国境内组织面向在华国际学校管理者和教师的培训，课程教材中心会选派一些候选考察人员去参加培训，有时是 CIS、NEASC 和 WASC 邀请课程教材中心派考察人员参加他们对在华国际学校的考察之前，对中方考察人员的培训。

3. 联合培训

是四方联合认证方式产生以后，为了培养熟悉四方联合认证的候选考察人员由四方联合主持的培训。

（三）培训形式

在华国际学校认证考察工作是一项实践性很强的工作，要求考察人员有丰富的经验。只靠常规培训，是远远满足不了认证工作需要的，需要考察人员在实地考察中去体会、去积累经验。课程教材中心为了适应上述需要，在候选考察人员的培训方面探索了多种培训形式。

1. 常规培训

常规培训一般采取研讨会的形式，一般是针对新加入的候选考察人员或者是面向资深候选考察人员而增加新内容的培训。表 8-2 所示培训均为常规培训。

2. 实地培训

这种培训相当于实习。对于接受过常规培训，从来没有参加

过考察活动的人员，为了慎重起见一般先让其以观察员的身份参加考察活动；对于当过观察员但从未在考察团中承担过任务的人员，或尚缺乏经验的人员参加考察活动时，采取“以老带新”的方式，往往将他们与有经验的人分到一个小组工作。

3. 提高培训

提高培训是对有一定经验的候选考察人员的培训。例如，对如何做考察团团长或副团长的培训，对考察过程中经常遇到的共性问题进行研讨。另外，受 CIS、NEASC 和 WASC 的邀请，课程教材中心委派个别候选考察人员以观察员或考察团成员的身份参加对方的考察活动。

（四）培训内容

目前，课程教材中心对候选考察人员的培训内容（见表 8-2）归纳起来包括以下三个方面。

1. 在华国际学校认证的一般方法和技术

重点内容是如何成为一名合格的考察团成员，具体内容包括实地考察的程序、如何收集信息、如何分析信息、如何撰写考察团报告、考察人员在考察过程中的责任和义务、考察人员的纪律等。

2. 认证标准

这主要包括：如何理解和使用课程教材中心的认证标准以及“中国背景标准”；如何理解和使用 CIS/NEASC 第七版标准和第八版标准、WASC 标准以及“中国背景标准”。

3. 有关在华国际学校管理的法律、法规和政策

从课程教材中心在华国际学校认证“规范管理，保证质量”的特点来看，对课程教材中心候选考察人员的培训内容除了在华国际学校认证的一般方法和技术以外，重点加强了对在华国际学

校管理的法律、法规和政策方面的培训。从2001—2012年课程教材中心对候选考察人员培训的内容来看，有关在华国际学校管理的法律、法规和政策方面的培训是不够的，只有2006年和2010年两个年度的培训。今后，课程教材中心对候选考察人员的培训需要进一步增加有关在华国际学校管理的法律、法规和政策，以及在华国际学校课程设置等方面的内容，并使所有的培训内容课程化、系列化。

## 三、候选考察人员的构成

课程教材中心候选考察人员目前的结构是在课程教材中心在华国际学校考察活动中逐步形成的。课程教材中心候选考察人员的结构与CIS、NEASC和WASC有很大不同，CIS、NEASC和WASC强调“同行评估”，其候选考察人员主要来自国际学校，而课程教材中心的候选考察人员除了来自在华国际学校以外，还有一部分来自中国的其他教育机构。据统计，截至2012年12月，参加过课程教材中心在华国际学校考察活动、并且能够胜任考察工作的候选考察人员共计34人，其中来自在华国际学校的管理人员和教师有12位，占35.3%；来自中国当地学校的校长和教师有9位，占26.5%；来自大学的教授有5位，占14.7%；来自教育研究机构的研究人员有3位，占8.8%；来自政府部门的官员有3位，占8.8%；来自课程教材中心在华国际学校认证办公室的管理人员有2位，占5.9%（见表8-3）。

**表8-3　在华国际学校认证候选考察人员的构成**

| 来源 | 人数 | 百分比（%） |
|---|---|---|
| 在华国际学校 | 12 | 35.3 |
| 中国当地学校 | 9 | 26.5 |

续表

| 来源 | 人数 | 百分比（%） |
|---|---|---|
| 大学 | 5 | 14.7 |
| 教育研究机构 | 3 | 8.8 |
| 政府部门 | 3 | 8.8 |
| 课程教材中心在华国际学校认证办公室 | 2 | 5.9 |
| 合计 | 34 | 100 |

从表8-3来看，课程教材中心的候选考察人员中来自在华国际学校的比例占到了三分之一，而来自其他机构的占到三分之二。课程教材中心候选考察人员目前这种构成状况是由课程教材中心在华国际学校“规范管理，保证质量”的特点决定的。课程教材中心当前认证的着眼点是“规范管理，保证质量”，考察的重点是在华国际学校管理方面的内容，来自中国公办学校、大学、教育研究机构，特别是中国政府部门的考察人员比起在华国际学校的人员来，对中国的有关法律、法规要熟悉得多，理解起来也容易得多。但是，针对在华国际学校的特点和国际学校认证“同行评估”的原则，课程教材中心的候选考察人员队伍中还应增加来自在华国际学校的人员。这类人员对所评估的领域比较熟悉，容易与学校沟通，所提建议容易被学校接受，对学校的帮助往往比较大。同时，也能更好地体现国际学校的理念和文化。总之，课程教材中心在华国际学校候选考察人员的结构既体现了这类学校的国际性特点，又体现了这类学校在中国的地域性特点。

同时，课程教材中心在华国际学校认证候选考察人员的结构，面临着两方面的挑战。一方面，从课程教材中心考察团考察的实际情况来看，来自非在华国际学校领域的候选考察人员对在华国际学校的管理、课程、甚至文化不熟悉或没有体验，给培训工作和考察工作都带来了一定的难度。对这类人员的培训，不仅要培训学校认证的方法与技术，还要培训在华国际学校的有关内容。实际上对来自非在华国际学校领域的认证候选考察人员，只靠培训是远远不够的，他们需要经过多次实地考察的体验。因此，来自非在华国际学校领域的认证候选考察人员经过培训、实地考察的锻炼，到完全成为一名合格的认证候选考察人员所花费的成本、时间和精力相对来说是比较多的。另外一方面，来自在华国际学校的候选考察人员对中国的法律、法规和中国的文化不熟悉，要委派其代表课程教材中心对在华国际学校进行考察，也要对他们进行中国的相关法律、法规和中国文化，以及“中国背景标准”的培训。尽管如此，课程教材中心在华国际学校认证候选考察人员的结构是一个比较符合实际的结构，符合在华国际学校的发展实际。

## 第三节　考察人员

考察人员是指在课程教材中心的组织下，对在华国际学校进行资格考察、初步考察、考察团考察、中期考察以及特殊考察的人员。一般来讲，一个考察团的考察人员由团长、副团长、考察团成员和考察团秘书组成。

### 一、考察团团长

考察团团长是考察团的领导者和组织者。团长的领导和组织工作是考察团考察成功的一个重要要素。每个考察团团长可以有自己不同的风格，但在考察过程中要履行一些共同的职责。考察团团长的职责体现在考察前、考察期间和考察后三个阶段。

（一）考察前的职责

1. 至少在访问前 8 个星期，列出考察任务的清单；开始联系考察团成员；与学校进行早期联系。

2. 至少在访问前 6 个星期，阅读学校自评材料；向考察团成员提出进一步要求；与学校进一步联系。

3. 至少在访问前 3 个星期，确定考察团内部的工作方式和时间表。

（二）考察期间的职责

（1）到达的当天。要检查学校为考察团准备的设施，落实考察的后勤工作，包括考察团成员的住处、考察团在住处及学校的工作室、文字处理设备、餐饮、宾馆与学校间的交通等；借助晚餐的机会，欢迎考察团成员的到来，这种活动对于建立一种充满活力的团队精神大有帮助；与学校领导进一步交流此次活动的日程。

举行第一次正式考察团会议。主要内容包括：自我介绍；工作人员名单与对应的宾馆房号；交通、餐饮信息；每天的时间安排、行动路线；对任务安排表的重新调整；在草拟考察团报告的过程中，考察团团长及其成员应负有的责任；报告形成的工作方式和时间安排表；与秘书的工作关系；考察团报告的整体结构和组成部分；强调考察团成员应注意的关键事项和工作方式；向秘书明确其各方面的任务。

另外，考察团团长还要为即将进行的与学校员工的见面准备一份非正式的演讲稿，以应付可能的邀请讲话。

（2）第二天至第五天（上午）。考察团团长要强调撰写考察团报告的工作方法，尽力确保考察团尽可能地按照已制定的工作计划行事；还要起草考察团报告的序言及总结。

(3) 第五天下午/晚上。在星期四下午/晚上举行考察团最后会议，在这次会议上要完成四项任务。第一，组织报告定稿。考察团团长要主持考察团会议，讨论通过考察团报告。考察团团长准备的报告序言和总结也应该向全体考察团成员征求意见，并进行修改和定稿。第二，组织确定学校的主要优势及改进建议。学校的主要优势和改进建议必须从各小组考察报告逐字逐条地摘录。但选择哪些作为学校的主要优势和改进建议需要考察团全体会议讨论通过。第三，组织考察团成员依据标准对学校进行等级评定。考察团对学校的评估等级（共三级）应该达成一致，而且必须以标准为基础进行评定。对第二等和第三等，都必须附带一个简短的说明，还必须与考察团报告中的优势和改进建议部分相对应。第四，组织考察团成员对学校的认证结果和建议进行讨论，在取得共识后，通过认证结果和建议。

(4) 第六天。在考察团秘书的协助下，对报告作最后修改，并最后完成考察团报告的审校工作；对考察团成员进行评定，并填写对考察团成员的评定表格；讨论决定对学校校长及工作人员如何交换意见；向校长就报告中的事实作最后的查实，并作必要的修改；向校长通报考察团报告的主要内容，但不向学校校长出示报告的副本；不告知学校校长（或者学校中的任何其他人）考察团关于学校认证结果的建议。

### （三）考察后的职责

在返回后的一周内拿出最后定稿的考察团报告。将考察团报告通过电子邮件发给课程教材中心在华国际学校认证办公室（最好是一份 Word 文件）。

## 二、考察团成员

作为课程教材中心在华国际学校认证的考察团成员应该具有很强的专业能力和工作能力，有高度的职业道德和责任感。课程教材中心对考察团成员也寄予较高的期望，期望他们能够与团长和其他成员密切协作，对学校的运行提出理智的和深刻的看法。课程教材中心要求考察团成员在考察前应按要求做好准备工作；考察过程中应认真完成所承担的各项任务①。

（一）考察前的准备

作为一名考察团成员，做好考察前的准备，对于高质量地完成自己所承担的任务，保证整个考察团考察工作的顺利进行非常重要。一般来讲，一名考察团成员在考察前要做好以下准备工作。

1. 不随意改变承诺

作为一名课程教材中心考察团成员，在考察前需要一定的时间做准备。如果仓促上阵，不但会影响自己完成任务的质量，也会影响到整个团队的工作进展。为此，课程教材中心建议考察团成员一旦答应参加考察团的考察，如果没有极特殊的情况不要在临近出发改变主意，否则，会给课程教材中心的组织工作带来很大麻烦，也会影响替补成员做充分准备。

2. 及时回应认证办公室、考察团团长和学校的邮件

考察前，课程教材中心认证办公室、学校和考察团团长会履行各自的职责通过电子邮件与各位考察团成员进行联系。例如，学校可能从接待的角度需要考察团成员提供跟制作胸牌、交通、

① 教育部基础教育课程教材发展中心：《外籍人员子女学校认证工作章程》（2008版），第7页。

住宿、特殊需要等有关的信息；考察团团长可能从领导考察团工作的角度向考察团成员提出考察的有关要求，征求所承担任务的意向、发送任务分配、日程安排等；认证办公室，可能会协助考察团团长向考察团成员发送有关文件。例如，认证标准、对学校的初访报告、学校的自评报告等。考察前的准备工作是一环扣一环的，考察团成员需要对每一封电子邮件做出回应，最基本的要求是让对方知道自己已经收到邮件。

3. 认真阅读自评报告

考察团成员要在实地考察之前认真阅读学校的自评报告，特别是要分析与自己分担领域相关的章节，准备需要进一步核实的情况和准备要提问的问题。如果可能的话，考察团成员还可以按照考察团报告的框架，试着起草自己负责部分的考察报告。这项准备工作会使考察团成员的考察更有针对性，从而提高工作效率，并为整个团队顺利完成考察任务做出贡献。

（二）考察中的任务

概括起来，考察团成员在考察过程中的任务主要有以下四项。

1. 收集信息

一个考察团成员在考察团中要承担某一部分考察团报告的撰写任务。要完成自己负责的考察团报告的撰写，需要不断地收集信息。考察团成员需要时刻牢记始终围绕自己要完成的报告收集信息。时刻要提醒自己要完成任务还需要收集哪些信息。收集信息所采取的方式没有一定之规，往往要根据自己需要了解的内容来确定。查阅资料、校园观察、课堂观察、访谈是考察团成员常常采用的方式。收集信息不是一次性完成的，往往要贯穿实地考察的整个过程。为了帮助考察人员完成收集信息的任务，课程教材中心在《认证考察》中列出了一些提示性问题，以供考察人员参考。这些问题举例如下[1]：

（1）自己承担的任务是什么？

（2）为了完成任务，需要什么信息？

（3）什么种类的信息或数据对自己非常重要？

（4）在哪里和如何获取这些信息或数据？

（5）收集这些信息如何用一种有效的方式来完成？

（6）哪些信息可以通过考察团日程来获取？

（7）哪些信息需要在考察团日程之外来获取？

（8）如何记录这些信息？

2．检查信息

考察团成员对自己收集来的信息要进行检查和鉴别，要剔除那些多余的、矛盾的、过时的或不相关的的信息，保留那些准确的信息。检查信息应遵循两条原则：一是这些信息对回应自己负责领域的认证标准是有用的；二是这些信息要有事实作为支撑。为了帮助考察人员完成检查信息的任务，课程教材中心在《认证考察》中列出了一些提示性问题以供考察人员参考。这些问题举例如下[2]：

（1）从自己负责领域的认证标准来看，这些信息是相关的吗？

（2）从学校现在的运行状态来看，这些信息是最新的吗？

（3）这些信息与其他渠道收集来的信息，甚至与其他考察人员收集到的信息有矛盾的地方吗？

（4）从反映学校在该领域的运行状态来看，哪些信息比

①②　NCCT（课程教材中心），*Accreditation of Schools for Children of Foreign Nationals*，*Accreditation Visits*（*English*），Version 2008.

较典型，哪些不够典型？

3. 分析信息

完成对信息的检查和鉴别，就要对所获取的信息进行分析。分析信息，就是基于所占有的信息，找出自己对学校运行的发现，并将自己的发现与认证标准作对比，得出自己的判断。为了帮助考察人员完成分析信息的任务，课程教材中心在《认证考察》中列出了一些提示性问题以供考察人员参考。这些问题举例如下①：

(1) 在自己负责的领域，学校运行的事实是什么？

(2) 在自己负责的领域，在学校运行方面有重要的发现吗？这些发现是什么？

(3) 在自己负责的领域，将自己的发现与学校的办学理念和培养目标以及认证标准做比较，你得出什么判断？

(4) 哪些证据能够用来支持“赞扬”的发现？

(5) 哪些证据能够用来支持“建议”的发现？

4. 撰写考察团报告

考察人员在分析和判断的基础上，要将自己分析和判断的结果通过文字表达出来，也就是要撰写成考察团报告。为了帮助考察人员完成撰写考察团报告的任务，课程教材中心在《认证考察》中列出了一些提示性问题以供考察人员参考。这些问题举例如下②：

(1) 自己是否严格遵守了考察报告的格式和风格？

(2) 报告是否与学校自评报告中有关实际情况的表述进行了对比，并逐字引述了其自己认为准确的部分？

(3) 是否避免了堆砌无意义的褒扬和建议？

①② NCCT（课程教材中心），*Accreditation of Schools for Children of Foreign Nationals*，*Accreditation Visits*（*English*），Version 2008.

（4）报告是否简明和准确地表达出自己的意思？

（5）是否避免了将学校某一个人的名字写在报告中？

（三）收集信息的主要方式

1. 课堂观察

考察人员在考察期间的课堂观察分为一般性观察和与自己所承担的任务有关的针对性观察。课程教材中心要求考察团在考察期间要观察到所有教师的课。为了避免考察人员重复观察同一位教师的课，课程教材中心一般要求学校要在考察团工作室的墙上张贴学校的课程表和每个教师的照片及简介，每位考察团成员观课后，要在教师照片下面作上标记。考察团成员进出教室可以不拘礼节，不必让师生特意欢迎和欢送，考察团成员向上课的教师点头示意即可。考察团成员在教室不必观察一整堂课，一般停留5—10分钟就可以。但考察团成员也应该避免刚进教室就离开，否则，会让教师感到考察人员对自己不够尊重。

2. 访谈

考察团成员在考察过程中的访谈分为个别访谈和集体访谈。个别访谈指一个考察团成员对一位被访者的访谈；集体访谈指1—3位考察团成员对6—10位被访者的访谈。不管是个别访谈，还是集体访谈，都应该注意以下问题。

（1）准备好问题。考察团成员准备问题时要把握住两点：一是要明确自己所承担的任务；二是要根据认证标准，准备好需要了解的重点问题。

（2）组织好问题。考察人员要把握好自己的角色。考察人员的角色定位会影响考察人员提问题的语气、方式，而考察人员提问题的语气和方式会进而影响被访者的情绪和配合，会最后影响到访谈的效果。请看以下案例。

2002年5月，课程教材中心组织两位考察人员对一所在华国际学校进行初访。由于两位考察人员是第一次参加对在华国际学校的考察，缺乏访谈的经验，加之中西文化上的差异，他们提问的方式和语气，让学校的员工感受到了他们好像是检查者。学校的员工感到很紧张，甚至对刚刚开始的课程教材中心在华国际学校认证产生了怀疑。课程教材中心的组织者得知学校的反映，马上向两位考察人员做了说明，两位考察人员很快理解了自己的角色。第二天，两位考察人员改变了问问题的语气和方式，学校一些员工的误解很快化解。最后，这次初访圆满完成。

从以上案例来看，如果考察人员把握不好自己的角色，在提问时很容易被受访者感到你是一个检查者，会使受访者感到紧张、不安全，甚至在内心产生抵触。如果考察人员从同行、朋友的角度来组织问题，会与被访者拉近距离，会让被访者感到轻松、安全，并使其可以自由地发表自己的看法，达到访谈的目的。

同时，还要注意组织问题的一些技巧。例如，避免问带有暗示答案的问题。例如：难道你不认为……？……不是好一些吗？为什么你不……？以下是个别访谈和小组访谈的提问示例①。

(1) 起动的问题

a. 我从自评理解……，我理解的对吗？

b. 学生已经从……得到什么益处，您怎么看？

c. 您能举个例子来说明一下吗？

…………

① 教育部基础教育课程教材发展中心：《外籍人员子女学校认证指南之五——考察团手册》(初稿)，2003年7月。

（2）对董事会代表的问题

a. 您能描述一下学校董事会这个机构吗？

b. 学校为什么建立？

c. 董事会成员是如何产生的？一届有多长时间？

…………

（3）对教育领导者的问题

a. 您能概括一下学校的理念、体系和课程吗？如何检查它们？

b. 您能描述一下学校的组织结构吗？它有效吗？

c. 一个教育领导者如何知道课程正在被有效实施呢？

…………

（4）对课程负责人的问题

a. 您如何描述学校的课程？

b. 课程中最重要的是什么？

c. 如何发展和检查课程？

…………

（5）对教师的问题

a. 请介绍一下您自己，告诉我们您教什么，在学校多长时间了？

b. 您怎么喜欢在国际学校工作呢？

c. 作为一名教师在这个学校好事情是什么？挑战是什么？

…………

（6）对管理者的问题

a. 请您描述一下餐食服务项目？

b. 请说一说放学以后对学生有用的课外活动。有多少学生卷入？

c. 学生跟其他国际学校的学生有联系吗？跟社区所在地学校的学生呢？

…………

7）对家长的问题

a. 您知道和理解学校的使命和理念吗？

b. 学校履行了它的理念了吗？

c. 您如何描述学校的氛围和环境？

…………

（3）少说多听。考察人员要做积极的倾听者，尽量不要打断受访者的谈话。要适时地提醒自己："这对我有什么意义？"避免替谈话者下结论，然后陈述自己的观点；要判断自己已经知道了哪些信息，还需要知道哪些信息，并适时地提问。

（4）注意记录。在访谈过程中，对访谈内容和访谈过程做记录相当重要。记录包括说话者的身份和受访者所说的内容细节。访谈结束后要对记录进行补充，记下自己对访谈的感想和体会。

3. 查阅资料

考察人员要查阅的资料一般放在学校和宾馆的考察团工作室。考察人员不管是在学校工作还是在宾馆工作，都可以找到自己要找的资料。考察人员除了一般性地了解其他资料以外，特别要仔细阅读自己负责领域的资料。

4. 反思

在收集信息的过程中，自觉地反思，对于分析信息并做出判断非常重要。考察人员在思考、理解学校运行某方面的优势和弱势的过程中应注意记笔记；要注意与其他考察团成员随机讨论对学校某方面的印象；撰写报告的牵头人应该与小组成员讨论、交流为写报告准备的想法和笔记。

## 三、考察团秘书

（一）基本条件

在实地考察期间，考察团中需要有一位秘书。作为考察团秘书应该有很好的协调能力和书面表达能力。熟悉计算机办公软件操作系统，打字熟练。具有保密意识。更重要的是，秘书愿意在考察期间比别的考察团成员花费更多的精力和时间。例如，秘书应该比其他考察团成员早几个小时报到，以便与团长一起安排考察期间的一般性事务。当考察团多数成员离开时，考察团秘书可能要与团长一起留下，完成考察团报告。

（二）主要职责

考察团秘书的主要职责是负责考察团报告所需要的日常文字处理、打印、复印。考察团秘书向团长负责。考察团秘书是考察团的助手，是考察团与学校、宾馆负责接待的人员的联络人。考察团秘书主要负责下列有关事宜：①考察团成员的住宿安排；②协调宾馆与学校间的交通安排；③学校提供的文件、文字处理设备的验收；④考察团所需物品的供应；⑤全团活动安排的每日公告；⑥考察团离开工作室时的安全检查；⑦协调学校报销考察团成员的交通费用；⑧学校提供物品的归还。

## 四、考察人员准则

在华国际学校认证的宗旨是为学校的发展提供帮助和服务，认证的原则是“坚持客观、公正、诚信”，“促进学校的发展”①。

① 教育部基础教育课程教材发展中心：《外籍人员子女学校认证工作章程》（2008版），第3—4页。

在华国际学校认证的宗旨和原则要求考察人员不仅要具有较高的专业素质，还要具有严格的职业操守。否则，就会影响在华国际学校认证机构的声誉和认证宗旨的实现。以下是考察人员在在华国际学校考察活动中应该遵守的行为准则。

（一）认真、负责

认真、负责地对待各项任务。没有特殊情况，不中途离开考察团。实地考察期间将手机调至静音，不在工作期间接手机。

（二）谦虚、谨慎

考察人员是在为学校提供帮助和服务。考察人员作为教育工作者，将从学校学到很多东西。谦虚、谨慎地对待学校的每一个人，不让人感到你是敌对的人，是“督察”。不对学校的任何员工进行评价，特别是不要在学校校长面前评价学校的任何员工。不扮演“专家”的角色，告诉别人“我们学校怎么做”，“那个学校比你们做得好”，宣传自己的教育理论。耐心听取被访者的意见。

（三）客观、公正

考察人员在收集证据、进行查证、描述见闻的时候要客观、公正，不要因为个人偏见，因为某些小组或个人的影响，而匆忙下结论。考察人员在提问时，应该避免用暗含价值判断的问句，不以以下开头的句子进行提问。例如，“难道你不认为……?”、“这样做是否好一点?”、“为什么你不……?”，以避免提出带有隐含答案的问题，争取多听少说。

（四）公开、保密

学校考察需要学校全体员工的广泛参与，要让学校员工了解考察的目的、考察的程序、对学校实地考察的计划等。但有些信息，如涉及学校敏感的事情、有关考察工作的信息、考察团对学校考察结果的决定等，时刻要注意保密，不泄露给考察团以外的人员。因此，课程教材中心要求考察人员：①不把有关材料交给外人；②不向外人泄露应该只有考察团成员才知道的事情，如考察团会议上相对立的意见、赞成或反对某件事情的人的名字；③离开学校时不把可能引起误解的东西，如考察团报告的草稿、考察团的会议记录留在考察团工作室或学校的某些地方。

（五）廉洁、自律

考察团成员不利用实地考察的机会，谋求个人利益。不接受学校的礼物。实地考察期间不进入娱乐场所。不对学校提出与实地考察无关的、不正当的要求。

## 第四节　认证管理人员

课程教材中心在华国际学校认证的管理人员是课程教材中心在华国际学校认证系统的建构者，认证工作的设计者、组织者和评估者。在课程教材中心在华国际学校认证制度基本建立以后，认证管理人员对课程教材中心在华国际学校认证制度的完善、认证工作的有效实施起着主导作用。

### 一、主要职责

回顾十几年来课程教材中心在华国际学校认证管理人员的主要工作，归纳起来，课程教材中心认证管理人员的主要职责包括以下几方面：①受理学校的申请认证，组织对在华国际学校的认证活动；②组织开展在华国际学校认证的相关研究；③组织制订、修订在华国际学校认证的相关文件；④组织对认证候选考察人员的培训；⑤组织对在华国际学校校长、管理者和教师的培训；⑥负责与国外学校认证机构的联络，组织开展联合培训和联合认证，组织召开国际会议；⑦开展在华国际学校认证的宣传工作。

如上所述，课程教材中心在华国际学校认证管理人员的主要职责是在实践中总结形成的。它是维持课程教材中心在华国际学校认证体系运行必须要履行的职责，否则，课程教材中心在华国际学校认证体系就不能有效运行或不能运行。

## 二、基本条件

从开展在华国际学校认证工作需要出发，作为一名课程教材中心在华国际学校认证管理人员，需要具备以下条件。

### （一）要有较强的责任心

学校认证在中国是新生事物。尽管课程教材中心在华国际学校认证工作已经开展了十多年的时间，但面临行政体制、文化环境的某些障碍，在开展过程中会遇到很多困难。特别需要强调的是，在华国际学校认证工作作为一项职能落户到以中小学课程教材为主业的课程教材中心，是在特定时期由多方面因素促成的。但从课程教材中心的主业来看，在华国际学校认证工作落户课程教材中心，与课程教材中心的主业相比，总显得“生不逢地”。有利的地方是，由于这项工作受主业影响不会被特别关注，在工作中有很大的空间和自主性；不利的地方是，这项工作可能得不到应有的重视。在这种情形下，作为在华国际学校认证的管理者，需要耐得住寂寞，以平和的心态把这项工作作为一项事业来对待。从另外一个角度来讲，在华国际学校认证是一个制度体系，大到政府部门的行政认可，小到微观层面的技术支持，有严格的专业规范，认证管理人员除了日常的管理工作以外，还要不断地去完善这个体系，这也需要认证管理人员有较强的责任心。

（二）有较强的英语能力

在华国际学校认证管理人员面对的是一个使用英语的工作领域。大多数在华国际学校为英语环境（少数国别学校使用本国语言）。根据课程教材中心《外籍人员子女学校认证工作章程》的要求，在认证过程中以英语和汉语为工作语言。但在实际工作中一般都使用英语，包括学校的自评报告和考察团报告。在在华国际学校认证方面与课程教材中心合作的CIS、NEASC和WASC三个认证机构的官方语言均为英语。作为课程教材中心在华国际学校认证的管理人员必须有较强的英语语言能力，才能适应日常管理工作的需要。

（三）有较强的沟通能力

课程教材中心在华国际学校认证管理人员在日常工作中，需要与政府部门、与课程教材中心合作的国外学校认证机构、在华国际学校、考察人员等打交道。作为课程教材中心在华国际学校认证管理人员要熟悉政府部门的相关政策，善于与政府官员沟通；要了解国外学校认证机构的政策，熟悉在华国际学校，具有跨文化理解的意识，懂得如何与外国人打交道；要了解各位考察人员的专业特长和性格特点，善于与考察人员进行沟通。更重要的是，作为课程教材中心在华国际学校认证管理人员要有很强的包容性。

（四）有较强的协调能力

开展在华国际学校认证工作涉及多个利益相关主体。课程教材中心在华国际学校认证管理人员在开展工作过程中，一般需要与政府部门、国外学校认证机构、在华国际学校、考察人员、课程教材中心内部相关部门等进行协调，这需要管理人员要具有较强的协调能力。例如，课程教材中心与CIS、NEASC和WASC每年都要召开四方会议、开展联合培训、对在华国际学校进行联合认证。每次会议的时间、地点、议程、与会人员等方面都要进行不断地协调。特别是在联合认证过程中，要就考察的时间、派出的人员，跟联合的认证机构、在华国际学校和考察人员进行不断地协调。有时，会出现一些突发情况，例如，临近考察工作开始了，有的考察人员因故不能参加，需要跟联合的认证机构、在华国际学校、候选考察人员沟通，改派新的考察人员参加。有时在认证过程中，会发现个别在华国际学校办学不规范，需要在政府部门和学校之间进行协调，要引导学校理解和遵守中国相关法律、法规和规章。

（五）有较强的专业能力

课程教材中心在华国际学校认证管理人员应该是认证方面的专家和教育某方面的专家。在华国际学校认证是一项专业性很强的工作，认证管理人员必须要熟悉认证的基本理念、理论、认证程序、考察的方法和技术，还要熟悉在华国际学校的政策，熟悉在华国际学校的文化、管理和课程。同时，还要有较强的研究能力，要追踪国际上学校认证的发展趋势，要善于在认证实践中不断总结经验，开展应用研究，使在华国际学校认证工作与时俱进，不断完善在华国际学校认证制度。

## 三、专业规范

课程教材中心认证工作办公室为了规范在华国际学校认证管理人员的管理行为，使其日常管理行为符合在华国际学校的专业规范，专门编写了《认证办公室工作规范》。

《认证办公室工作规范》以课程教材中心在华国际学校认证程序为纲，规定了在每一个认证程序中认证管理人员应该做什么，如何去做，以及做到何种程度。同时，《认证办公室工作规范》还专门附录了在每一个程序中使用的基本工具，多达三十多个。

《认证办公室工作规范》是课程教材中心认证办公室对十几年在华国际学校认证管理经验的总结，是认证管理人员的指导手册，有利于在华国际学校认证管理走向科学化和规范化。

# 第九章　运行机制

在华国际学校认证经过十多年的探索，基本形成了政府认可、事业单位实施、社会参与的运行机制。这一运行机制主要包括在华国际学校运行的动力机制、对外合作机制以及维持在华国际学校认证日常运行的组织体系。这一运行机制是在华国际学校认证顺利实施的直接动力和保障，为构建我国教育质量保障机制提供了一个具体生动的案例。

## 第一节　动力机制

课程教材中心在华国际学校认证的动力机制包括来源于在华国际学校利益相关主体的推动力，以及把这些力量结构化的职责分工。

### 一、运行动力

课程教材中心在华国际学校认证运行的动力来自四个不同方面。一是在华国际学校的推动。在华国际学校希望通过这个制度获得中国社会，特别是中国政府部门的认可，提升其在中国教育体系中的地位，解决它们在办学过程中遇到的有关问题。

二是中国教育行政部门的支持。中国教育行政部门把对在华国际学校认证作为对在华国际学校管理方式创新的一种尝试。希望通过对在华国际学校认证加强对在华国际学校的管理。

三是课程教材中心的实施。课程教材中心希望通过开展在华国际学校认证工作，扩展课程教材中心的职能，了解国外基础教育的发展趋势，以及中小学课程、教材、教学和评价等方面的先进理念和经验。

四是国外学校认证机构的参与。CIS、NEASC 和 WASC 通过与课程教材中心合作的方式积极参与在华国际学校认证，是希望借此进入中国大陆的在华国际学校认证市场，扩大其在中国大陆在华国际学校的认证份额。当这四方面的动力在在华国际学校认证制度这个载体发挥作用时，需要通过一定的结构把它们组织起来，使这些力量从不同角度、有序地发挥作用。这就是在下一部分阐述的在华国际学校认证运行的动力结构。

## 二、动力结构

在华国际学校认证运行的动力结构具体表现为：在华国际学校认证的利益相关主体——教育部及其主管部门、课程教材中心、在华国际学校等的职责分工。其中，CIS、NEASC 和 WASC 是通过与课程教材中心的合作参与在华国际学校认证的。上述几个利益相关主体对在华国际学校认证工作的职责如图 9-1 所示①。

① 根据国务院 2012 年 9 月 23 日发布的《国务院关于第六批取消和调整行政审批项目的决定》(国发〔2012〕52 号)，设立外籍人员子女学校的审批权已下放省级人民政府教育行政部门。

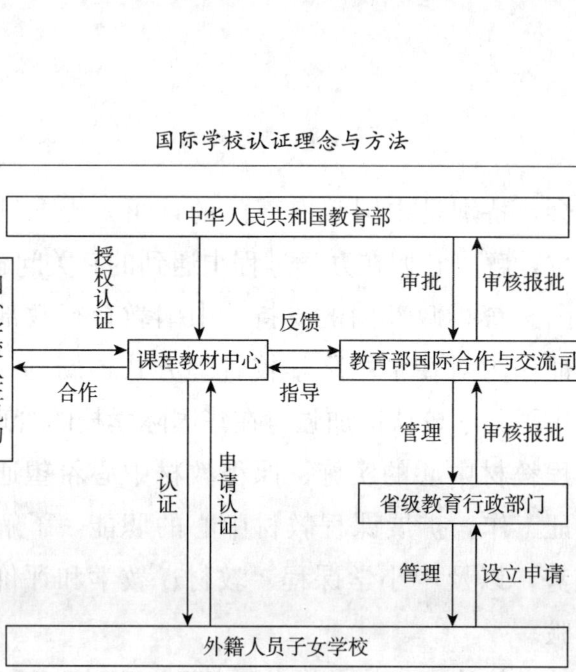


图 9-1　在华国际学校认证的职责关系

如图 9-1 所示，中华人民共和国教育部对课程教材中心开展在华国际学校认证工作进行了授权。2002 年 2 月，教育部关于《教育部基础教育课程教材发展中心管理体制、职责任务、机构设置和人员编制方案》（教人〔2002〕1 号）中规定“经政府部门批准，承担对在华外籍人员子女学校的评估认证工作。”教育部通过“三定方案”对课程教材中心的行政授权，使开展在华国际学校认证工作成为课程教材中心的一项职责。同时，课程教材中心有责任向教育部在华国际学校主管部门——国际合作与交流司反馈在华国际学校办学的相关情况，并接受教育部国际合作与交流司的具体指导。到目前为止，课程教材中心是唯一经过中华人民共和国教育部授权开展在华国际学校认证的权威机构。在华国际学校要申请中国权威机构的认证，只有向课程教材中心提出申请；课程教材中心有权受理在华国际学校的申请，组织对其认证，并授予其认证结果。课程教材中心与 CIS、NEASC 和 WASC 在在华国际学校认证中是合作关系。

在华国际学校认证运行机制与美国学校认证运行机制有所不

同。美国有的学校认证机构虽然是经过美国教育部认可的，但自主性很强；而课程教材中心是通过接受行政授权开展在华国际学校认证，加上课程教材中心是教育部直属事业单位，在华国际学校认证的政府主导性比较强。美国的学校认证机构是非政府非营利机构，而课程教材中心是教育部直属事业单位，行政权威性比较强。在华国际学校认证的社会参与性与美国学校认证制度相似，是由学校认证向社会和学校提供教育质量保证的功能决定的。其社会参与性主要表现在：学校认证的标准需要获得利益相关者的共识；认证委员会的人员构成要有较广泛的社会代表性等；学校认证要向学校和社会提供教育质量保证。

## 第二节　对外合作机制

在华国际学校认证制度的产生和发展过程，是同课程教材中心与 CIS、NEASC 和 WASC 的合作过程相伴随的。没有课程教材中心的对外合作，在华国际学校认证制度就不会顺利地产生和发展。因此，对外合作机制是在华国际学校认证运行机制不可缺少的组成部分。2003 年，课程教材中心与 CIS、NEASC 和 WASC 签署了四方《合作框架协议》，该协议成为以后四方合作的法律基础和基本框架。课程教材中心在华国际学校认证的对外合作机制主要包括以下内容。

### 一、沟通机制

四方（课程教材中心、CIS、NEASC、WASC）在合作过程中，电子邮件是四方日常沟通的主要形式。在一定程度上讲，如果没有电子邮件这种现代通信手段，对于时间性要求很强的在华国际学校认证工作，四方的合作进程将不会如此快速，甚至会无法合作。除此之外，四方会议成为四方沟通的重要机制。2002 年以来，四方每年至少召开一次四方会议，截至 2012 年年底，四方已经召开 12 次四方会议（见表 9-1）。

**表 9-1　2002—2012 年历届四方会议的情况**

| 时间 | 地点 | 主持方 | 参加人员 |
| --- | --- | --- | --- |
| 2002 年 10 月 | 北京 | 课程教材中心 | 课程教材中心：徐岩、莫景祺、陈旭芬；ECIS：David Styan；NEASC：Eva Kampits；WASC：Marilyn George；课程教材中心认证顾问：John McBryde；课程教材中心认证海外协调员：王燕。 |
| 2003 年 11 月 | 吉隆坡 | —— | 课程教材中心认证顾问：John McBryde；CIS：David Styan；NEASC：Eva Kampits；WASC：Marilyn George. |
| 2004 年 10 月 | 胡志明市 | 课程教材中心 | 课程教材中心：莫景祺、高兰生；CIS：David Styan；NEASC：Eva Kampits；WASC：Marilyn George；课程教材中心认证顾问：John McBryde；课程教材中心认证海外协调员：王燕。 |
| 2005 年 4 月 | 上海 | 课程教材中心 | 课程教材中心：徐岩、莫景祺、高兰生、唐盛昌；CIS：David Styan；NEASC：Eva Kampits；WASC：Marilyn George；课程教材中心认证顾问：John McBryde；课程教材中心认证海外协调员：王燕。 |
| 2005 年 11 月 | 三亚 | CIS | 课程教材中心：曹志祥、莫景祺、高兰生；CIS：David Styan；NEASC：Eva Kampits；WASC：Marilyn George；课程教材中心认证顾问：John McBryde. |

续表

| 时间 | 地点 | 主持方 | 参加人员 |
|---|---|---|---|
| 2006 年 11 月 | 尼斯 | NEASC | 课程教材中心认证顾问：John McBryde；课程教材中心认证海外协调员：王燕；CIS：David Styan；NEASC：Eva Kampits；WASC：Marilyn George. |
| 2007 年 11 月 | 苏州 | 课程教材中心 | 课程教材中心：曹志祥、莫景祺、高兰生、韩江萍、陈伟骏；CIS：Margaret Alvarez；NEASC：Eva Kampits；WASC：Marilyn George；课程教材中心认证海外协调员：王燕；课程教材中心认证顾问：John McBryde. |
| 2008 年 11 月 | 昆明 | WASC | 课程教材中心：莫景祺、高兰生、韩江萍；CIS：Margaret Alvarez；NEASC：Eva Kampits；WASC：Marilyn George；课程教材中心认证顾问：John McBryde. |
| 2009 年 11 月 | 桂林 | NEASC | 课程教材中心：莫景祺、高兰生、韩江萍；CIS：Margaret Alvarez；NEASC：Eva Kampits；WASC：Marilyn George；课程教材中心认证海外协调员：王燕；课程教材中心认证顾问：John McBryde. |
| 2010 年 11 月 | 成都 | CIS | 课程教材中心：莫景祺、高兰生；课程教材中心认证海外协调员：王燕；CIS：Margaret Alvarez；NEASC：Michael Popinchalk；WASC：Marilyn George. |
| 2011 年 | 西安 | 课程教材中心 | 课程教材中心：高兰生、韩江萍；课程教材中心认证海外协调员：王燕；CIS：Margaret Alvarez；NEASC：Michael Popinchalk；WASC：Marilyn George. |
| 2012 年 | 南京 | NEASC | 课程教材中心：莫景祺、高兰生；课程教材中心认证海外协调员：王燕；CIS：Margaret Alvarez；NEASC：Michael Popinchalk；WASC：Marilyn George. |

根据四方《合作框架协议》，四方会议由四方轮流主持，与会人员的食宿和交通费自理。四方会议的主要议题是四方分别通报一年来认证工作的情况，讨论在合作过程中面临的问题和解决办法。每次会后要形成一份会议纪要。从10年来12次四方会议的具体议程来看，四方会议主要发挥了以下作用。①保持了四方在合作过程中的了解和理解。每次四方会，四方都要报告各自认证工作的进展情况，还要针对四方关注的问题进行沟通和讨论，这样做增进了彼此的了解，消除了一些误会，加深了彼此的理解和信任。②推动了认证工作的开展。每次四方会，四方都要检查已经认证和正在认证的学校的周期，共同讨论下一年度学校考察的相关准备工作。为了吸引更多的学校来申请联合认证，四方还联合起草和下发面向在华国际学校的公开信。③推动了在华国际学校认证制度的不断完善。通过四方会议，四方讨论、确认了一系列用于四方联合认证的文件和工具，例如，中国背景标准、联合认证指南、联合培训大纲、各类考察报告的模板、相关认证程序的规范等。另外，CIS、NEASC和WASC还就课程教材中心的认证工作提出了许多富有建设性的建议。这些都对在华国际学校认证制度的完善起到了推动作用。

## 二、联合培训

四方联合认证的开展促进了联合培训的产生。从2006—2012年，课程教材中心与CIS、NEASC和WASC每年都有联合培训(见表8-2)。联合培训的目的是培养参加四方联合认证的考察团成员。为此，四方还联合编制了培训大纲，培训的内容主要涉及四方机构介绍、联合认证介绍、联合认证程序、联合认证标准以及作为考察团成员如何收集、分析信息，如何撰写考察团报告等。

联合培训一方面为联合认证培养了一批参加四方联合认证的候选考察人员；另外一方面在客观上也向在华国际学校宣传了四方联合认证，吸引了更多在华国际学校来申请多方的联合认证。但是，四方在联合培训的方式、内容、对经过培训的候选考察人员的有效利用方面也面临着如何创新的问题。

### 三、联合认证

联合认证是课程教材中心对外合作的核心载体。截至 2012 年年底，课程教材中心已经认证和正在认证的在华国际学校有 32 所，其中有 25 所学校是课程教材中心与 CIS、NEASC 和 WASC 采取不同组合联合认证的学校，特别是 2006 年以来已经认证和正在认证的 27 所在华国际学校中，有 25 所是联合认证的。

四方在合作中选择联合认证，是合作机制上的重要创新。联合认证方式是利益相关主体利益诉求最合适的载体，利益相关主体在联合认证中通过不断地沟通、交流、碰撞和融合，来完善联合认证方式，并实现各自的利益。同时，联合认证方式也是国际学校认证制度中国化的具体实现形式，这种具体实现形式既借鉴了国际学校认证制度的先进经验，又融入了中国元素。联合认证方式体现了在华国际学校认证制度构建参与者的智慧。

## 第三节　组织体系

在华国际学校认证是一项复杂的系统工程，要达到预期目的，需要一定的组织形式将不同的机构、各个机构中不同的部门以及不同部门中所有的人员组织起来，按一定的秩序运行，这些组织形式及其关系就构成了在华国际学校认证的组织体系。在华国际学校认证的组织体系是在华国际学校认证实施的组织保障。在华国际学校认证的组织体系可分为自评组织体系和外评组织体系。

## 一、自评组织体系

在华国际学校认证的自评组织体系是指申请认证的学校为完成一个认证过程，在学校内部成立的一系列组织形式以及各组织形式之间的关系。如前所述，在华国际学校的自评组织体系一般由自评指导委员会、一般信息委员会、各自评委员会构成。各委员会在学校自评过程中具有不同的职责，发挥着不同的功能。自评指导委员会承担着领导的角色，协调、推动和监控各自评委员会的工作；一般信息委员会为各自评委员会提供学校的一般信息；各自评委员会在学校运行的指派领域收集信息、检查信息、分析信息，并撰写自评报告和行动计划。本节将重点阐述自评组织体系中各组织形式之间的关系。

### （一）自评组织体系的运行机制

在华国际学校为了获得外部认证机构的认证，要调动学校内部的所有部门和所有人员开展旨在自我改进、自我提高的自评活动。为了保证活动的有序、高效进行，需要成立相应组织机构。各组织机构的运行要遵循一定的运行机制，其运行机制就是外部认证机构和学校共同认可的在华国际学校认证的自评程序。

### （二）各组织机构之间的关系

各组织机构在认证程序中，特别是在自评程序中彼此形成了一定的关系，了解和认识这些关系对于学校建立内部质量保障组织体系具有借鉴和指导意义。通过考察各组织机构在认证程序，特别是在自评程序的任务和功能，我们会发现各组织机构之间的关系总体来讲是围绕一个共同目标的协作关系，具体表现在以下几个方面。

第一，从工作目标来讲，各组织机构的工作目标是共同的。在华国际学校自评工作的共同目标是通过自评进行诊断和改进，为外部考察团考察奠定基础。为了实现这个目标，各组织机构也具有共同的工作任务，那就是产生学校的自评报告和行动计划。各组织机构围绕共同的工作目标和工作任务，根据不同的分工在不同的阶段，从不同的角度履行职责。这是各组织机构协作的基础。

第二，从工作任务来讲，各组织机构的任务有“前后相继”的关系。在自评开始之前，自评指导委员会所做的工作，例如，编制时间表、组建各自评委员会、对相关人员进行培训，对办学理念和培养目标的检查等工作为接下来各自评委员会的自评奠定了基础；一般信息委员会对学校一般信息的收集和分析，以及所做的意见调查也为其他各自评委员会的自评提供了参考；各自评委员会所完成的相关领域的自评报告为自评指导委员会完成自评报告的第三部分——主要结论的撰写和学校行动计划的撰写提供了依据。因此，在学校自评的链条中，前一个组织机构完成的任务为下一个组织机构完成任务奠定了基础，后一个组织机构在前一个组织机构工作成果的基础上再完成新的任务。这是各组织机构协作的机制。

第三，从功能来讲，各组织机构之间还具有指导与实施的关系。学校自评指导委员会对学校自评的准备、实施步骤、组织构成、人员培训、监控机制等进行整体设计，一般信息委员会、各自评委员会根据自评指导委员会的部署进行自评，并按期完成自评报告。在各自评委员会自评过程中，自评指导委员会在认证协调员的协助下，通过召开各委员会主席会议听取情况反馈，并对各自评委员会的自评给予指导。这是各组织形式协作的保障。

各组织形式之间的协作关系可以用图 9-2 来表示。

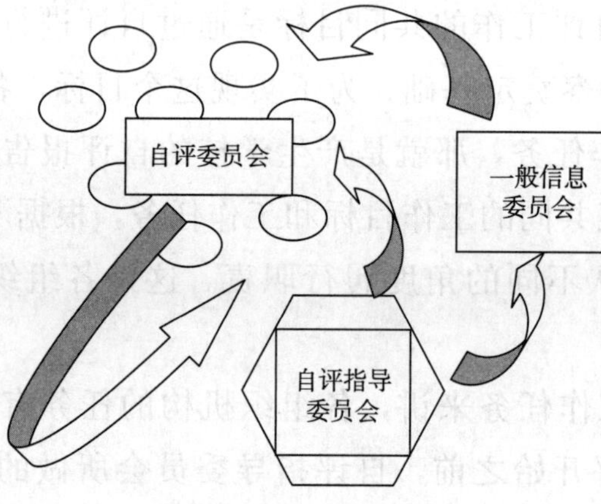


图 9-2　在华国际学校认证自评组织体系①

## 二、外评组织体系

在华国际学校认证的外部组织是课程教材中心。课程教材中心是经教育部授权组织对在华国际学校的认证活动的。课程教材中心为了保障在华国际学校认证活动的开展，在组织内部成立了认证委员会、认证咨询委员会等非常设机构和认证办公室，构成了在华国际学校认证的外评组织体系及其彼此之间的关系。

### （一）认证委员会

课程教材中心认证委员会的主要功能是在在华国际学校认证程序的“认证决定”阶段，审议考察团对在华国际学校的考察报告以及认证结果的建议报告，并就授予学校认证结果向课程教材

① 此图参照了 WASC 的“Focus on Learning，The Accreditation Manual，2003—2004 WASC Edition”中的图示。

中心提出建议。另外，应课程教材中心的要求，有时也就课程教材中心在华国际学校的认证工作向课程教材中心提供咨询。例如，2005 年 10 月 18 日，在课程教材中心第二届认证委员会及第一届认证咨询委员会成立会议上，课程教材中心专门听取了各位委员对课程教材中心在华国际学校认证工作的意见和建议。课程教材中心认证委员会的成立，体现了认证的客观独立、公开公正、诚实信用的原则。

课程教材中心认证委员会的职责是在课程教材中心在华国际学校认证实践中不断地丰富和完善的。课程教材中心《外籍人员子女学校认证工作章程》（2008 版）对认证委员会的职责做出了如下规定：①听取认证办公室关于认证工作的报告；②听取考察团团长或考察团代表关于对学校考察情况的报告；③审议考察团报告以及考察团关于认证结果的建议报告；④向课程教材中心提交关于认证结果的建议报告。

认证委员会的职责是通过认证委员会会议来履行的，所以，认证委员会会议的日程反映了认证委员会职责的具体履行。例如，2008 年 4 月 28—29 日的认证委员会会议的日程，生动地反映了课程教材中心认证委员会的职责。

第三届认证委员会和第二届认证咨询委员会
成立暨认证委员会会议日程
（2008 年 4 月 28—29 日）

**4 月 28 日**

8：30—9：00 课程教材中心领导讲话

9：00—9：15 换届说明

9：15—9：35 课程教材中心领导向各位委员颁发聘书

9：35—10：00 认证办公室报告在华国际学校认证情况

10：00—10：10 休息

10：10—10：20 分组审议安排

12：00—13：00 午餐

14：00—18：00 各小组阅读与讨论考察报告

18：00—19：00 晚餐

**4 月 29 日**

8：30—8：45 团长报告考察团对上海长宁国际学校的考察情况；向认证委员会提出考察团对认证结果的建议

8：45—9：05 小组负责人报告讨论结果

9：05—9：30 讨论

9：30—9：45 团长报告考察团对上海美丘第一幼儿园的考察情况；向认证委员会提出考察团对认证结果的建议

9：45—10：05 小组负责人报告讨论结果

10：05—10：30 讨论

10：30—11：00 休息

11：00—11：15 团长报告考察团对北京大韩学校的考察情况；向认证委员会提出考察团对认证结果的建议

11：15—11：35 小组负责人报告讨论结果

11：35—12：00 讨论

12：00—13：00 午餐

14：00—14：15 团长报告考察团对上海瑞金国际学校的考察情况；向认证委员会提出考察团对认证结果的建议

14：15—14：35 小组负责人报告讨论结果

14：35—15：00 讨论

15：00—15：15 休息

15：15—15：30 团长报告考察团对厦门国际学校的考察情况；向认证委员会提出考察团对认证结果的建议

15：30—15：50 小组负责人报告讨论结果

15：50—16：15 讨论

16：15—16：45 各小组填写认证结果建议表

课程教材中心认证委员会每届任期两年。认证委员会的组成人员来自不同方面，力求代表利益相关者的不同利益。有的代表着在华国际学校的利益；有的代表着政府部门的利益；有的代表着认证机构的利益。课程教材中心认证委员会的人员构成在换届过程中，发生了一些变化。最明显的变化是来自在华国际学校的人员逐渐增多，而来自政府部门的人员逐渐减少，并增加了法律专家以及考察人员的代表（见表 9-2）。

**表 9-2　课程教材中心在华国际学校认证委员会的人员构成**

| 届别 | 成立年份 | 人数 | 在华国际学校 | 大学 | 教育研究机构 | 政府部门 | 公办学校 | 课程教材中心 |
|---|---|---|---|---|---|---|---|---|
| 一 | 2002 | 11 | 0 | 3 | 0 | 5 | 1 | 2 |
| 二 | 2005 | 9 | 2 | 3 | 1 | 0 | 1 | 2 |
| 三 | 2008 | 12 | 3 | 3 | 1 | 1 | 2 | 2 |
| 四 | 2010 | 15 | 4 | 4 | 1 | 2 | 2 | 2 |

（二）认证咨询委员会

课程教材中心认证咨询委员会是伴随着第二届认证委员会组成人员的调整而诞生的。在第二届认证委员会换届之时，教育部主管部门建议，为了体现认证委员会对认证结果审议的公正性，政府部门的代表应该逐渐退出认证委员会，增加在华国际学校的代表，其理由是在在华国际学校认证试点之初，政府部门的有关代表进入认证委员会加强对认证工作的政策指导是必要的，但随着在华国际学校认证工作的不断完善，政府部门的代表应该逐渐退出认证委员会。课程教材中心考虑到在华国际学校认证工作是一项政策性、专业性很强的工作，不但需要政府部门的政策指导，而且需要专业和法律方面的指导，应该把这种指导制度化，在征求有关专家意见的基础上，决定单独成立认证咨询委员会。

课程教材中心认证咨询委员会主要由教育部主管部门的代表、地方教育行政主管部门的代表、法律专家、认证专家组成（见表9-3）。在2010年第三届认证咨询委员会换届时，认证咨询委员会的人员全部由教育部和地方教育行政主管部门的人员构成，其功能主要是进行政策方面的咨询，其法律和专业方面的咨询已经转到认证委员会。

**表9-3　课程教材中心在华国际学校认证咨询委员会的人员构成**

| 届别 | 成立年份 | 人数 | 教育部 | 省级教育行政部门 | 来自大学法律专家 | 来自大学认证专家 | 教育研究机构 |
|---|---|---|---|---|---|---|---|
| 一 | 2005 | 9 | 1 | 5 | 1 | 2 | 0 |
| 二 | 2008 | 12 | 4 | 5 | 1 | 1 | 1 |
| 三 | 2010 | 12 | 5 | 7 | 0 | 0 | 0 |

课程教材中心认证咨询委员会的主要职责是为课程教材中心的在华国际学校认证工作提供政策咨询。课程教材中心《外籍人员子女学校认证工作章程》（2008版）对认证咨询委员会的职责做出了如下规定：①听取认证办公室关于认证工作的报告；②列席认证委员会会议；③向课程教材中心提供咨询。

课程教材中心认证咨询委员会的职责也像认证委员会一样，是通过认证咨询委员会会议来履行的。但课程教材中心没有单独组织召开过认证咨询委员会会议，一般都是与认证委员会一并召开，认证咨询委员会的委员参加对考察团报告的审议和讨论，但不参加对在华国际学校认证结果的投票。采用这种方式主要有以下原因：一是在前两届认证咨询委员会中，有一些委员同时也是认证委员会的委员，认证委员会会议和认证咨询委员会会议同时召开比较方便；二是为体现审议的公正性，来自政府部门的认证咨询委员会委员不参加对认证结果的投票；三是课程教材中心想通过认证咨询委员会委员列席认证委员会会议对于认证结果的审议和讨论给予指导，同时，也借此机会让认证咨询委员会委员更多地了解在华国际学校的办学情况。

（三）认证办公室

课程教材中心在华国际学校认证办公室是一个非专门性的常设机构。所谓非专门性，就是说它是由课程教材中心评价处代行其职能，与课程教材中心评价处是一个部门两种称谓，当评价处行使认证工作的职责时，对外一般称认证办公室。

认证办公室是课程教材中心处理在华国际学校认证日常事务的执行机构。课程教材中心的《外籍人员子女学校认证工作章程》（2008 版）对认证办公室的职责做出了如下规定：①受理学校的申请认证，组织对学校的认证活动；②组织制订、修订学校认证的相关文件；③组织对认证候选考察人员的培训；④组织对学校有关人员的培训；⑤负责学校认证的宣传工作；⑥负责与国外学校认证机构的宣传工作；⑦负责与学校认证工作相关的其他事务。

（四）外评组织体系的运行机制

如前所述，在华国际学校认证的外部组织是课程教材中心。课程教材中心在组织内部成立了认证委员会、认证咨询委员会和认证办公室，由此构成了在华国际学校的外评组织体系（如图 9-3 所示）。

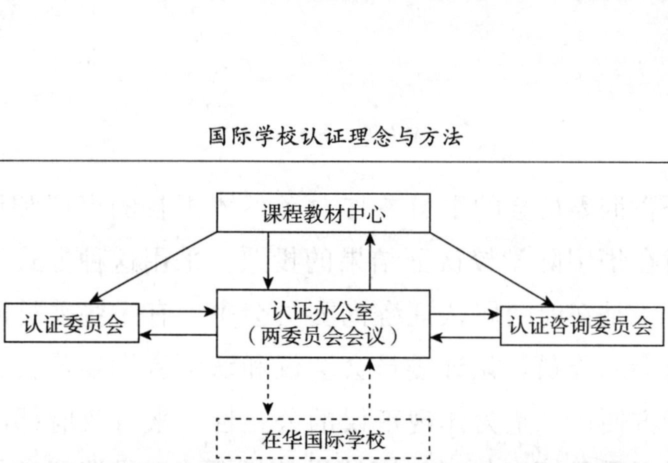


图 9-3　在华国际学校认证外评组织体系

如前所述，认证委员会和认证咨询委员会是通过两个委员会会议履行其职责并发挥作用的。当课程教材中心需要召开认证委员会和认证咨询委员会会议时，课程教材中心会通过认证办公室具体组织认证委员会和咨询委员会会议，并在会议上由认证办公室向两个委员会报告在华国际学校认证工作。认证委员会的审议结果和认证咨询委员会的意见会通过认证办公室报告课程教材中心。

# 第十章　认证的作用

课程教材中心在华国际学校认证在十几年的本土化过程中，逐渐形成了“规范管理，保证质量”的功能定位。这意味着其在中国社会发挥的作用是独特的，是 CIS、NEASC 和 WASC 所不能替代的。课程教材中心在华国际学校认证不仅在中国社会中发挥了独特作用，也对国际社会产生了一定影响。

## 第一节　为政府部门提供服务

教育部主管部门支持建立在华国际学校认证制度是其对在华国际学校管理机制的创新，是由过去的直接管理到借助第三方管理的转变。这意味着在华国际学校认证具有协助政府部门管理在华国际学校的功能。其功能主要表现在以下三个方面。

### 一、协助管理学校

课程教材中心在华国际学校认证作为教育部主管部门管理在华国际学校的手段体现在课程教材中心在华国际学校认证体系的

各个方面。①在功能定位方面，课程教材中心在华国际学校认证强调“规范管理，保证质量”，在现阶段将规范管理作为保证在华国际学校教育质量的重要前提。②在认证标准方面，无论是用于独立认证的标准，还是用于联合认证的标准，都突出强调了规范管理的内容，特别是强调在华国际学校要遵守中国的相关法律和法规。③从组织架构来看，课程教材中心在华国际学校认证早期的认证委员会中邀请了部分教育行政主管部门的人员作为认证委员会委员，在后来又专门成立了认证咨询委员会，其委员大部分为教育行政主管部门的人员。这样主要是便于他们从政策上对课程教材中心在华国际学校认证进行咨询，使课程教材中心在华国际学校认证更好地体现教育行政主管部门的要求。④从考察人员来看，课程教材中心考察人员中有一部分来自中国的教育机构，这些人熟悉中国的法律、法规和中国国情，有利于他们在考察中，关注认证标准中规范管理的内容。⑤认证程序在规范在华国际学校的办学行为方面尤为明显。十多年来，课程教材中心在华国际学校认证对规范学校的办学行为发挥了重要作用。2007 年 1 月 19 日，在课程教材中心在华国际学校认证委员会和认证咨询委员会会议上，时任教育部国际合作与交流司司长助理兼政策规划处处长的徐永吉谈到：

> 课程教材中心在华国际学校认证客观上起到了帮助政府部门进一步加强对在华国际学校的规范管理的作用。教育行政部门对于在华国际学校进入的门槛把关比较多，但是对于学校办起来之后，在规范管理、提高质量方面有点缺位。课程教材中心对于政府部门的这种缺位做了很好的补充。

从 2010 年开始，课程教材中心通过在华国际学校认证协助政府部门加强对在华国际学校管理的范围开始扩展。课程教材中心开始受政府部门委托对审批前的办学资质进行考察。例如，2010—2012 年，江苏省教育厅先后三次委托课程教材中心对其即将审核的南京英国国际学校、无锡伊顿国际学校和南京伊顿国际学校的办学资质进行了考察。课程教材中心先后向江苏省教育厅转送了考察组对三所学校的办学资质考察报告，为江苏省教育厅对这些学校的审核提供参考。这项工作标志着课程教材中心在华国际学校认证对政府部门的服务功能开始由“审批后”向“审批前”扩展。

## 二、为决策提供参考

课程教材中心在华国际学校认证还为政府部门制定政策发挥了服务功能。自在华国际学校 20 世纪 80 年代中期在中国出现以来，从来还没有一种工作机制可以使人们对在华国际学校了解得如此详细。2002 年，课程教材中心在华国际学校认证起步之时，正是教育部国际合作与交流司酝酿修订《关于开办外籍人员子女学校暂行管理办法》之时。教育部国际合作与交流司主管处室充分利用了课程教材中心考察人员了解在华国际学校的优势，发挥了课程教材中心考察人员的作用。例如，2002 年 4 月，教育部国际合作与交流司委托课程教材中心先后组织 11 位考察人员组成三个调研组，分赴上海、青岛、大连、广州和深圳，就修改《关于开办外籍人员子女学校暂行管理办法》进行调研。调研结束后，课程教材中心向教育部国际合作与交流司转交了三个调研报告。同年 5 月，教育部国际合作与交流司主管处室又委托课程教材中心召开考察人员座谈会，听取了考察人员对《关于开办外籍人员子女学校暂行管理办法》的修改意见。同年 6 月，教育部国际合作与交流司委托课程教材中心召开《关于开办外籍人员子女学校暂行管理办法》修订会议。会后，形成了《外籍人员子女学校管理办法》（草稿）以及《关于修订〈关于开办外籍人员子女学校暂行管理办法〉的说明》。2008 年 6 月，教育部国际合作与交流司委托课程教材中心就《外籍人员子女学校审批和管理办法》（修改稿）征求了 4 位专家的意见。2010 年 3 月，教育部国际合作与交流司再次利用课程教材中心召开认证委员会会议的机会就《外籍人员子女学校审批和管理办法》征求认证委员会各位委员的意见。2007 年 1 月 19 日，在课程教材中心在华国际学校认证委员会和认证咨询委员会会议上，徐永吉还谈到：

> 课程教材中心在华国际学校认证对于我们完善法规的建设提供了第一手案例和可以研究的问题。目前，我们正在对《外籍人员子女学校管理办法》进行修订。前两年，我们曾委托课程教材中心组织专家到在华国际学校比较多的城市进行调研，专家们在调研之后给我们提出了许多热点问题以及在华国际学校关注的问题，我们在修订文件时，对上述问题都给予了高度重视，这对于我们修订文件起了很大作用。

上述活动表明，课程教材中心在华国际学校认证以及课程教材中心在华国际学校认证的专业团队对中国教育部在华国际学校主管部门的决策起到了参谋作用。

## 三、了解办学情况

课程教材中心在华国际学校认证还成为了在华国际学校与中国教育体系沟通的桥梁。在课程教材中心在华国际学校认证产生之前，在华国际学校在中国的办学相对封闭，与中国教育体系处于相对隔绝的状态。中国的教育体系没有给予在华国际学校应有的地位，例如，对于这类学校的性质一直没有一个明确定位。课程教材中心在华国际学校认证在在华国际学校与中国教育体系之间架起了一座桥梁。

课程教材中心在华国际学校认证促进了在华国际学校与中国教育行政部门的沟通，建立了协助政府部门了解在华国际学校办学情况的机制。①考察团报告抄送制度。课程教材中心每认证完一所学校，就将对学校的考察团报告抄送教育部国际合作与交流司，以及学校所属的省级教育行政部门。②咨询委员会制度。在2005年10月之前，课程教材中心通过邀请教育部国际合作与交流司政策规划处的负责人，以及北京、上海、广东等在华国际学校比较集中的省级教育行政主管部门负责人作为认证委员会委员参加会议，来了解所认证的在华国际学校的办学情况。2005年以后，课程教材中心又专门成立了认证咨询委员会，邀请教育部国际合作与交流司、政策法规司等部门领导及相关处室负责人，以及北京、上海、天津、广东、江苏、山东等省级教育行政主管部门的负责人以咨询委员会委员的身份列席认证委员会会议，参与讨论并了解在华国际学校的办学情况。③认证考察人员或观察员制度。课程教材中心曾邀请教育部国际合作与交流司和省级教育行政主管部门负责在华国际学校工作的官员，以考察人员或以观察员身份参加了对学校的实地考察工作。④专题报告制度。课程教材中心针对考察团在在华国际学校实地考察过程中发现的问题向国际合作与交流司进行专题报告。例如，课程教材中心曾针对XM国际学校的办学情况、SX国际学校和GE学校的宗教问题向教育部国际合作与交流司递交了报告。

在中国教育行政部门对在华国际学校的管理中，目前尚没有一种机制比得上课程教材中心认证对一所在华国际学校了解得如此全面和深入。考察团报告的内容涉及在华国际学校工作的方方面面。从课程教材中心与 CIS、NEASC 和 CIS/WASC 所使用的 CIS/NEASC 国际学校认证标准第七版加“中国背景标准”来看，对一所在华国际学校认证报告的内容涉及办学理念和办学目标、课程、机构与管理、员工、学生支持服务、资源、学生与社区生活、中国背景标准等。特别是“中国背景标准”又包括：①以适当方式将当地文化整合到课程之中；②学校的决策者和管理者遵守所有适用的法令、法律和规章；③学校财务和财产管理要一直与中国现行的标准保持一致，应与国际学校最好的实践保持一致；④学校的决策者和管理者要熟悉与员工的权利和利益相关的法律和法规，并遵守它们；⑤学校积极地促进跨文化和国际理解教育。由于课程教材中心对每一所在华国际学校的认证报告都会抄送教育部国际合作与交流司，以及学校所属的省级教育行政部门，教育行政主管部门可以随时了解和查阅学校各方面的情况。

## 第二节　促进学校整体发展

在华国际学校发展时间短，发展速度快，相关法律法规不健全，所以，在华国际学校现阶段发展过程中的主要矛盾是办学不规范。规范办学是提高质量的前提，提高质量是规范办学的归宿。课程教材中心在华国际学校认证现阶段的关注点是规范管理，通过规范管理促进学校提高质量，进而促进学校的整体发展。

### 一、宣传中国的法律法规

课程教材中心在华国际学校认证的过程就是向学校宣传中国有关法律、法规和政策的过程。为了使在华国际学校和考察人员熟悉中国的有关法律和法规，课程教材中心专门编辑了《外籍人员子女学校应知中国法律法规汇编》，供在华国际学校和考察人员参考。课程教材中心在华国际学校认证标准的重要内容之一是要求学校遵守中国有关的法律和法规。课程教材中心与 CIS、NEASC 和 WASC 联合认证的标准中体现中国背景的部分，突出强调了学校要遵守中国的有关法律和法规。课程教材中心对其考察人员和在华国际学校管理者的培训以中国的有关法律和法规为主要内容。例如，2006 年 4 月，课程教材中心在北京召开在华国际学校认证研讨会，组织在京津两地的 12 所在华国际学校的代表及评估人员，研讨了在华国际学校在办学过程中的政策、法律和管理等问题。2010 年 9 月、11 月、12 月又分别在北京、上海和广州举办了同样内容的培训。课程教材中心的考察人员在考察过程中，往往会以专家的身份，就中国的相关法律、法规和政策对学校进行指导和答疑。

## 二、引导学校规范办学

在课程教材中心在华国际学校认证实践中形成的资格考察程序，考察的内容是学校是否为教育部审批的学校，其办学手续是否齐全，学校是否处于正常的运行状态。课程教材中心把在华国际学校的办学是否合法作为受理其申请的前提。在过去的 10 年中，先后有三所在华国际学校、多所属地方越权审批的“在华国际学校”因不具备课程教材中心的认证资格，没有进入认证程序，课程教材中心建议这些学校经过改进，具备资格后再重新申请。未进入程序的三所学校中，有一所还没有完成从外交人员子女学校向国际学校的转制；两所学校存在着与中国法律相背的宗教问题。课程教材中心考察人员在考察过程中，如果发现在华国际学校有违背中国法律、法规的情况，从同行的角度依照认证标准向学校做解释工作。课程教材中心对认证结果的授予对规范在华国际学校的办学行为也起到了很好的导向作用。在课程教材中心认证的在华国际学校中，曾经有七所学校主要因为办学不规范而被课程教材中心授予认证的第二档——有条件通过认证，即利用一年时间对考察团所提出的改进意见进行改进，经过考察后再决定是否授予认证。这些改进意见主要涉及以下几个方面。①基本办学规范。例如，某些证书的更新；使用新校名要依法履行变更手续。②财务问题。例如，财务要进行年审；学校不应该设立海外账户；要加强对财务的管理。③安全隐患。例如，要求学校立即消除安全和健康隐患。④遵守中国的法律法规。例如，建议学校聘请熟悉中国教育法律法规和其他相关法律法规的律师，为学校提供服务；要认真审议雇佣员工的程序，使其符合中国的各项法规；建议学校在对外签署每一份合作协议之前，请律师审查，确保不出现资金损失情况，确保这些协议符合中国的法律法规。⑤宗教问题。例如，要求学校遵守中国法律关于教育与宗教相分离的有关规定，使学校对办学理念和办学目标的陈述，学校的课程、教学活动符合中国的法律法规。⑥管理机制。例如，建议学校建立有效的运行机制，在董事会、管理团队和教师之间形成和谐的关系。课程教材中心还要求每一所经过其认证的学校都要按考察团报告的建议，持续改进，并且每年向其递交进展报告。

## 三、促进学校整体发展

在华国际学校的发展受到国际环境和国内环境两大因素的影响。因此，要通过认证促进学校的整体发展，认证的内容必须关注国际环境和国内环境两方面的内容。许多在华国际学校的办学实践证明，只关注国际环境或国内环境对在华国际学校的影响，都不能促进学校的整体发展，只有将两者结合起来，才能真正促进学校的整体发展。课程教材中心与国外学校认证机构的合作很好地解决了这个问题。国外学校认证机构熟悉国际文化和在华国际学校的办学理念、办学经验、课程设置和教学方法等，而课程教材中心熟悉中国文化、熟悉中国环境以及中国的相关法律法规。课程教材中心与国外学校认证机构对在华国际学校开展联合认证既能抓住当前在华国际学校发展过程中的主要矛盾——办学规范问题，又能关注在华国际学校发展的国际经验或一般经验。要促进在华国际学校的整体发展，课程教材中心认证和国外学校认证机构认证的作用都不可或缺；或者说课程教材中心认证与国外学校认证机构认证在促进在华国际学校整体发展方面具有互补性。这已经在课程教材中心、CIS、NEASC、WASC，以及在华国际学校中形成基本共识。从这个角度来讲，课程教材中心认证在促进在华国际学校整体发展方面发挥了独特作用。

## 第三节 为社会提供教育质量保证

向社会提供教育质量保证是学校认证的本质属性。课程教材中心在华国际学校认证在本土化过程中保持了这一功能。同时，作为一种教育质量保障模式，也为中国教育领域提供了教育质量保障的经验。

### 一、提供教育质量保证

课程教材中心认证为中国社会提供了教育质量保证。向社会提供关于学校教育质量的证明，是学校认证应有的内涵。课程教材中心在华国际学校认证也同样具有这种功能。随着在华国际学校数量的不断增加，一些学生家长产生了对学校教育质量保证的需求，即很希望知道哪些学校是中国权威教育部门认可的高质量的学校。在在华国际学校家长中，家长们对学校最关注的是教育质量，并以此作为为孩子选择学校的依据，这是不争的事实。在课程教材中心在华国际学校认证产生之前，家长们往往关注在华国际学校是否经过了国际认证；课程教材中心在华国际学校认证产生以后，一些家长也开始关注学校是否经过了课程教材中心认证。一个很明显的例子是时常会有学生家长向课程教材中心在华国际学校认证办公室询问课程教材中心对某个城市中在华国际学校认证的情况。甚至会有一些比较大的跨国公司电话询问课程教材中心对在华国际学校认证的情况，并以此作为为员工子女选择学校时的参考。课程教材中心向家长们提供在华国际学校教育质量保证的方式主要有以下两种：其一，课程教材中心在其认证网站上公布已经认证和正在认证的在华国际学校名单；其二，课程教材中心允许经过其认证的在华国际学校使用课程教材中心的标识，对外宣传该校是经过课程教材中心认证的学校。通过对一些经过课程教材中心认证的在华国际学校负责人的访谈也表明：课程教材中心认证的确促进了一些在华国际学校招生数量的增加。

课程教材中心在华国际学校认证的过程也促进了家长对学校管理的参与。在华国际学校家长有参与学校管理的传统，其对学校管理的参与度与中国当地的其他中小学相比是很高的。在华国际学校一般通过家长委员会参与学校的日常管理。课程教材中心用于在华国际学校联合认证和独立认证的标准中都有家长参与学校管理的要求。课程教材中心认证要求学校自评的各个小组都要有家长参与。课程教材中心考察团在考察过程中，要召开家长座谈会了解家长对学校各方面的评价。从这个意义上讲，课程教材中心认证进一步促进了家长对在华国际学校管理的参与。

课程教材中心在华国际学校认证的结果也成为一些政府部门确认在华国际学校身份的依据。如前所述，在华国际学校从 20 世纪 80 年代出现以来一直身份不明确，有的注册为事业单位、有的注册为企业、有的注册为民办非企业单位，甚至有的没有登记注册。因此，这些学校不能享受中国税法所规定的税收优惠政策。2003 年 11 月 5 日，北京市教委根据课程教材中心对北京京西学校的认证结果，确认该校为实施学历教育的学校，以及该校的小学、初中和高中毕业生具有相应学历。随后，北京京西学校持北京市教委的批复，到北京市地方税务局依法办理免交营业税并获得批准。2003 年 12 月 30 日，北京顺义国际学校也以同样的方式办理了免交营业税①。受北京市教委这种处理方式的影响，广东、江苏等地的教育行政主管部门和地税行政主管部门也以课程教材中心对其辖区内在华国际学校认证结果为依据，开始承认这类学校为学历教育学校，并免除了个别学校的营业税。本来课程教材中心在华国际学校认证没有确认在华国际学校是否为学历教育的功能，但是由于历史原因，个别地方教育行政主管部门为了解决其辖区内在华国际学校身份不明确的问题，使用了课程教材中心的认证结果，使课程教材中心在华国际学校认证在客观上为政府部门提供了在华国际学校的教育质量保证。

① 北京市教委以课程教材中心的认证结果为依据，只批复了北京京西学校和北京顺义国际学校为学历教育学校。此后，北京市教委主管部门没有再以这种方式批复其他外籍人员子女学校为学历教育学校。

## 二、提供质量保障经验

课程教材中心在华国际学校认证为中国其他教育领域建立质量保障机制提供了经验。进入 21 世纪以来，国外学校认证制度，特别是美国的学校认证制度对中国的教育领域产生了很大影响。检索这一时期的相关文献，我们会发现有关这方面的学术研究空前活跃，国际交流日益频繁，一些地方开展了不同程度的认证实践探索。进入 21 世纪以来，中国教育领域更加重视教育质量保障机制的建立。课程教材中心在华国际学校认证作为教育质量保障的一种实践模式，可以说是生逢其时，先行一步。

课程教材中心在华国际学校认证作为一种教育质量保障模式在中国的实践，为中国其他教育领域建立质量保障机制提供了经验。2003 年以来，中国一些教育领域教育质量保障机制的探索不同程度地受到了课程教材中心在华国际学校认证的影响。例如，2003 年，教育部基础教育司为引导普通高中教育的改革和发展，促进普通高中教育质量的不断改进和提高，准备建立"政府指导、社会参与、学校自主发展"相结合的普通高中发展性评估制度。由于笔者在这一时期负责在华国际学校认证工作，对国际学校认证比较熟悉，被吸收到该课题组担任副组长。后来，笔者还执笔起草了普通高中发展性评估的《考察团工作手册》。课程教材中心在华国际学校认证通过张民选和江彦桥，对上海评估院开展中外合作办学机构（项目）认证也产生了较大影响。张民选当时是课程教材中心在华国际学校认证的考察人员，课程教材中心在华国际学校认证委员会委员（2005 年后任课程教材中心认证咨询委员会主任），曾数次参加课程教材中心组织的对在华国际学校的考察活动，对课程教材中心在华国际学校认证比较熟悉。他从上海师范大学调任上海市教委副主任，主管上海市教育评估院的工作后，积极地推动上海市教育评估院开展中外合作办学机构（项目）的认证工作。江彦桥当时是上海市教委国际合作与交流处处长，主管中外合作办学工作，又是课程教材中心在华国际学校认证委员会委员（2002 年起任课程教材中心认证委员会委员，2005 年起任课程教材中心认证咨询委员会委员，2008 年起任认证委员会委员），对课程教材中心在华国际学校认证比较熟悉，他对上海市教育评估院开展中外合作办学机构（项目）认证也是积极的推动者。2005—2006 年，上海市教育评估院和上海市教育评估协会，借鉴课程教材中心在华国际学校认证的经验，成立了上海市中外合作办学认证委员会。委员会参照课程教材中心在华国际学校认证的相关文件，先后制订了《中外合作办学认证办法》《中外合作办学机构认证标准操作手册》《中外合作办学机构认证专家手册》《中外合作办学机构认证相关法规汇编》等文件。2006 年 7 月 6—9 日，该院对上海悉尼工商学院进行认证试点。到 2010 年 9 月，他们已经认证了 5 所中外合作办学机构。近几年来，笔者多次受邀参加有关会议，介绍课程教材中心在华国际学校认证的基本做法。例如，2008 年 2 月 1 日，笔者应邀去中国教育国际交流协会，向有关领导等介绍了课程教材中心开展国际学校认证的情况。2010 年 2 月，笔者受邀参加教育部学位与研究生教育发展中心会议，参与讨论中外合作办学试点评估实施方案。2010 年 9 月 15 日，笔者再次受邀参加中国教育国际交流协会中外合作办学认证专家座谈会暨“2010 中国国际教育年会中外合作办学认证圆桌会议”筹备会，参与讨论了中外合作办学认证机构的组织机构建设、工作办法和指标体系。2010 年 10 月 17 日，笔者受邀在中国教育国际交流协会主办的中外合作办学认证圆桌会议上作了题为“国际教育质量保障的中国实践”的演讲。2009 年以来，笔者等又将在华国际学校认证的理念、方法和技术用于对中国公民办中小学和幼儿园的认证。到 2012 年底，课程教材中心已经认证和正在认证的公办、民办学校和幼儿园已经有 7 所。

课程教材中心在华国际学校认证开始成为一些研究者的研究案例，具体表现为两种方式。一是在期刊上发表学术论文。例如，北京大学教育学院的阎凤桥教授在《北京大学教育评论》2007 年第 1 期发表了题为《“铁笼”是如何建造的？——国际学校认证制度在中国建立过程的案例分析》；《教育发展研究》以“本刊记者”的名义在 2007 年第 17 期发表《国际教育质量保障的中国实践——课程教材中心外籍人员子女学校认证》。二是学术讲座。例如，NEASC 的伊娃·坎派茨曾在哈佛大学肯尼迪政府学院和教育学院将课程教材中心在华国际学校认证作为国际认证向东道国移植的一种模式进行介绍。笔者自 2004 年以来，曾几次在北京大学教育学院举办的中小学校长培训班上介绍课程教材中心在华国际学校认证。当时在香港理工大学工作的孙建荣教授自 2005 年以来，在为北大教育学院博士班的同学开讲座时，也曾以课程教材中心在华国际学校认证作为案例。

## 第四节　促进对外学习与交流

课程教材中心在华国际学校认证的对象是在华国际学校，并且从一开始就与国外知名的学校认证机构合作，这使得课程教材中心在华国际学校认证成为课程教材中心以及参与这项工作的管理者和专家观察国际基础教育发展趋势的重要窗口，也成为促进中外基础教育交流的桥梁。

## 一、保持国际视野

课程教材中心从2001年向教育部国际合作与交流司申请承担在华国际学校认证工作时就将保持国际视野作为一个重要的理由之一。课程教材中心认为：

> 通过对在华国际学校学历的评估认证，使在华国际学校可以成为中外基础教育交流的一个重要窗口。例如，北京京西学校有来自四十余个国家的学生，学校课程要兼顾所有这些学生的需求。通过学历评估认证活动，研究它的课程、教材和教学方法，可以把国际基础教育先进的教育理念、教育管理经验和教学方法介绍到国内，也可以扩大我国基础教育的对外宣传。①

2001—2005年，教育部领导和课程教材中心领导多次强调开展在华国际学校认证对于中国基础教育领域，特别是课程教材中心在中国基础教育课程、教材、教学等方面保持国际视野的重要性。2002年9月11日下午，时任教育部副部长章新胜在听取课程教材中心关于在华国际学校认证工作准备情况的汇报时谈到：开展在华国际学校认证所了解的情况，比起组团到国外去考察学校要经济得多和深入得多。时任课程教材中心主任李连宁和常务副主任徐岩都曾经谈到通过开展在华国际学校认证了解和研究国外的基础教育课程、教材和教学方法对于我国基础教育课程改革的借鉴意义。可以说，在这一时期，从部领导到课程教材中心领导

---

① 教育部基础教育课程教材发展中心：《关于承接在华国际学校基础教育阶段学历评估认证工作的请示》，2001年1月2日。

都很敏锐地认识到课程教材中心在华国际学校认证对课程教材中心的课程、教材和教学工作的窗口作用。从这个意义上讲，课程教材中心在华国际学校认证会对课程教材中心的课程、教材和教学等主业工作起到辅助作用，如同为课程教材中心增加了一双观察世界基础教育的眼睛。

课程教材中心在华国际学校认证也开阔了参与这项工作的人员的视野。这一点通过课程教材中心考察人员的谈话可以得到充分证明。2007 年 1 月 19 日，在课程教材中心召开的认证委员会和认证咨询委员会会议上，课程教材中心在华国际学校认证委员会委员、上海中学校长唐盛昌谈到：

> 认证工作对个人的帮助，对于整个国家教育界视野的开阔是非常重要的，因为课程教材中心现在所做的认证与督导是不同的，它完全是按照国际标准，也包括课程教材中心自己提出的东西来进行认证的。这对于教育部门来说，是一个具有重大意义的事件。而对于参加这项工作的人员、专家、认证委员会的人员来说，有一个很大的任务就是学习，要对 CIS、NEASC 和 WASC 的认证标准、认证程序进行反复的研究和学习；要学习在联合认证时，如何与外国专家相互协调，取得共识等。参加这项工作，对于自身的提高是有重大价值的。

人大附中国际部主任杨金平谈到：

> 我是 2002 年开始参加认证工作的。几年的实践让我体会到认证的魅力在于这是一种发自内心的自我提高的过程。认证与评估、检查有着本质的区别。我们在国际学校看到的是教师们很自然的表情，学校、教师、家长、学生提供的信息是不带掩饰的，也没有发现学校在哪些方面是经过预演和排

练的。认证工作很辛苦，考察期间有时一天只能睡2—3个小时，但我觉得很值，为什么呢？因为，我们能从中学到很多东西。这种工作方式、工作精神以及完成工作后的喜悦是很让人振奋的。更重要的是，通过参加认证，我对学校办学以及学校核心的东西，有了更深刻的理解。通过参加认证，我们学会看问题不是看问题本身怎样，而是与别人对比，取别人的长处，补自己的短处，同时也拿自己的长处对别人提供一些建议，让别人也从中受益。这就是认证的意义所在。进行认证时，参与人员完全是从学校自身提高的角度讲，为学校提供一些非常有意义的建议。

这些考察人员之所以热心参与这项工作，是因为通过这项工作，他们能够学到许多前沿的东西。当他们回顾自己参加这项工作的前后变化时，他们认为他们通过这个平台提高了很多。2009年10月28日，当笔者对杨金平进行访谈，问及他为什么积极参与课程教材中心在华国际学校认证时，他再次谈到：

我对于认证的方式、模式非常认可。认证工作是完全建立在平等自愿基础上的一项工作。每人的出发点不一样。对于我个人来讲，是自我学习提高的过程。这个过程也是一个痛苦的过程，面临时间紧、工作量大的挑战，自评报告只看一遍不行。每次都上一个台阶，与人交流，对学校的作用，自身提高都是一个历练的过程。也有与外国同行交往的机会。

## 二、促进教育交流

课程教材中心在华国际学校认证促进了中外基础教育的交流。在华国际学校的国际性特点，使它们能够最快发现和吸收世界最先进的办学理念、管理经验和教学方法。在一定程度上讲，在华国际学校是世界先进办学理念、管理经验和教学方法的风向标。课程教材中心在华国际学校认证已经成为中外基础教育交流的桥梁。课程教材中心的考察人员有一部分是来自中国教育机构的人员，他们通过参加对在华国际学校的考察，往往能够学到许多先进的东西。通过这种方式所了解的情况比起组织考察团到国外去考察要全面得多、深入得多。一些考察人员可以把在考察中学到的先进经验马上用于自己的工作之中。

课程教材中心在华国际学校认证的管理者认识到在华国际学校中有着丰富的国际教育资源，为此，课程教材中心也曾积极地组织过中外基础教育的交流活动。例如，2005 年 4 月 14—15 日，课程教材中心与北京京西学校联合举办“中外基础教育论坛”，这次论坛的主题为“21 世纪的教与学”。与会代表分别就研究性学习、图书馆与学习、电脑技术与学习、领导与学习四个题目进行了研讨。来自中国学校和在华国际学校的校长、教师 100 多人参加了会议。这次会议为中国学校和在华国际学校搭建交流平台进行了尝试。同时，课程教材中心还为在华国际学校编写了一套反映中国文化的读物。

## 三、为国际社会提供经验

课程教材中心在华国际学校认证向国际社会提供了一种国际学校认证向东道国移植的模式。课程教材中心及其他利益相关主体通过创造性地移植国际学校认证制度而形成的互动模式，逐渐成为 CIS、NEASC 和 WASC 向其他国家推广或国际社会效仿的一种模式。

课程教材中心与 CIS、NEASC 和 WASC 在华国际学校认证互动模式主要是通过以下途径进行传播的：①课程教材中心的代表在 NEASC 和 WASC 国际学校认证年会、EARCOS 年会上的介绍；②课程教材中心、CIS、NEASC 和 WASC 的代表在 ACAMIS[①] 年会上的介绍；③CIS、NEASC 和 WASC 的代表在 EARCOS 年会上的介绍；④NEASC 的伊娃·坎派茨向国际听众的介绍，包括在哈佛大学的肯尼迪政府学院和教育学院的介绍；⑤CIS、NEASC 和 WASC 的代表向其他国家的推介。

目前，四方合作认证的互动模式开始对泰国产生影响。当课程教材中心开始探索开展在华国际学校认证时，泰国官方已开始委托对在泰国际学校的认证。泰国教育部下发过一个 B. E2538 号文件，后来又下发了一个《国际学校质量保证的标准和指导规定》。建立了对已获得海外认证的国际学校的指导。他们这样做有两个目的：一是协助学生寻求质量得到国际上承认的学校；二是通过对在泰国际学校教育质量和管理水平的评价，使这些学校达到有关机构根据泰国教育部（B. E2538）制订的在泰国际学校教育标准。当时，在泰国际学校的管理由泰国教育部私立教育委员会办公室负责。他们还专门成立了一个非常设的质量保证委员会（认证委员会），委托中介组织对在泰国际学校进行认证。这种自上而下的认证模式后来没有成功。

虽然 WASC 在 20 世纪 60 年代就在泰国开展认证，但直到 2005 年才开始仔细研究如何将国际学校认证标准与该国的要求和

① ACAMIS 是中蒙国际学校协会的英文名称（The Association of China and Mongolia International Schools）的简称。中蒙国际学校协会，于 1999 年由中国和蒙古的几所国际学校发起成立，是一个非政府非营利组织。该组织的使命主要是扩展所有成员校的教育规模，促进成员校和同类学校个人的专业成长，与其他组织和个人合作实现组织的目标，支持联结成员校的国家和地区网络关系，为成员校提供专业服务。目前，该组织在中国、蒙古，以及中国香港、中国澳门和中国台湾地区共有 57 所成员校。该组织每年都举办年度会议、成员校教师专业发展专题会议以及成员校学生的体育比赛等。

最近的立法相结合。课程教材中心与 CIS、NEASC 和 WASC 发展的对在华国际学校的质量保证模式，为泰国提供了很好的指向①。而泰国仿效的途径是通过 CIS、NEASC 和 WASC 的推介完成的。例如，2005 年，在 EARCOS 年会上，CIS/NEASC/WASC 介绍了四方合作认证的互动模式。据课程教材中心在华国际学校认证海外协调员王燕回忆，2008 年，在马来西亚召开的 EARCOS 年会上，王燕代表课程教材中心介绍四方的合作认证时，泰国教育部专门派了一位博士前去了解情况。从 2005 年开始，CIS、NEASC 和 WASC 通过一系列的会议后，与泰国教育质量保证办公室签订了备忘录，备忘录使认证活动正式化。上述三个认证机构后来又准备和起草了与四方的合作框架协议相似的文件，并于 2008 年在曼谷与泰国教育质量保证办公室正式签署（CIS 和 WASC 在 2008 年 5 月签署，NEASC 在 2008 年 9 月签署）②。

①② CIS、课程教材中心、NEASC 和 WASC：《四方会议纪要》，2005 年 11 月。

# 参考文献

1.［美］迪马吉奥、鲍威尔主编，姚伟译：《组织分析的新制度主义》，上海人民出版社2008年版。

2. 吴霓：《学校教育管理实施ISO9000族标准的研究与实践》，教育科学出版社2006年版。

3. 丁春华：《对程序概念的哲学探讨》，载《五邑大学学报（社会科学版）》2007年第1期。

4. 韩延明：《理念、教育理念及办学理念探析》，载《教育研究》2003年第9期。

5.［美］理查德·卡特著，张民强译：《现行美国教育体制》，载《河北师范大学学报》（教育科学版）2004年第6期。

6.［美］理查德·斯科特著，阎凤桥译：《比较制度分析的若干要素》，载《北京大学教育评论》2007年第1期。

7. 熊耕：《简析美国联邦政府与高等教育认证之间控制与反控制之争》，载《比较教育研究》2003年第8期。

8. 熊耕：《美国高等教育认证制度的起源及其形成动力分析》，载《外国教育研究》2004年第6期。

9. 阎凤桥：《“铁笼”是如何建造的？——外籍人员子女学校

认证制度在中国建立过程的案例分析》，载《北京大学教育评论》2007 年第 1 期。

10. 杨玉辉：《关于程序的理论探讨》，载《科学技术与辩证法》2002 年第 5 期。

11. 张东娇：《美国学校质量评估制度的审视与启示——认证制度和蓝丝带学校》，载《比较教育研究》2002 年第 3 期。

12. Pollock D，Van Reken R. E. *The Third Culture Kid Experience*; *Growing Up Among Worlds*. Yarmouth MA，Intercultural Press，1999.

13. Cynthia A. Davenport，How Frequently Should Accreditation Standards Change? How Accreditation Influences Assessment. *New Directions for High Education*，No. 113，Spring 2001.

14. Fail H，Thompson J，Walker H. Belonging Identity and Third Cuture Kids：Life histories of former international school students. *Journal of Research in International Education*，2004，Vol. 3.

15. Hill Ian，Early Stirrings：The Beginnings of the International Education Movement，*International Schools Journal*，Apr，2001，Vol. 20.

16. Nadine Dolby，Aliya Rahman. Research in International Education. *Review of Educational Research*，Sep 2008，Vol. 78.

17. Robertson E. Teacher's Perceptions of Accountability at an International School. *Journal of Research in International Education*，2003，Vol. 2.

18. Sylvester R. Mapping International Education：A Histori-

cal Survey 1893—1944. *Journal of Research in International Education*, 2002, Vol. 1.

19. Zilber E. International School Educators and Their Children: Implications for Educator-Parents, Colleagues and Schools. *Journal of Research in International Education*, 2005, Vol. 4.

# 索　引

B



C

## D



## F



## G

## M



## N



## O

## P



## Q



## R

# 附录一：在华国际学校认证工作纪实①

## 2000 年

◆ 8 月，北京京西学校人力资源部负责人拜访课程教材中心常务副主任徐岩，探讨对该校进行认证的可能性。

◆ 8 月 4 日，课程教材中心着手起草关于开展外籍人员子女学校认证工作的申请报告，准备报送教育部国际合作与交流司和基础教育司。

## 2001 年

◆ 1 月 2 日，课程教材中心向教育部国际合作与交流司递交《关于承接外籍人员子女学校基础教育阶段学历评估认证工作的请示》。该司政策规划处建议课程教材中心就此事进行调研并提交可行性报告。

◆ 2 月 16 日，课程教材中心有关人员就开展外籍人员子女学

① 《在华国际学校认证工作纪实》由莫景祺、高兰生、韩江萍整理，莫景祺审校。“在华国际学校”在文中使用中国教育行政部门的称谓——“外籍人员子女学校”。

校认证的可行性到北京京西学校调研。

◆ 2 月 19 日，课程教材中心有关人员就开展外籍人员子女学校认证的可行性，到北京市教委国际合作与交流处调研，课程教材中心听取了该处处长丁红宇关于北京市外籍人员子女学校办学情况的介绍，以及他对开展外籍人员子女学校认证工作的意见。

◆ 3 月 20 日，课程教材中心向教育部国际合作与交流司递交了《关于对外籍人员子女学校评估认证的请示》。该《请示》包括《对外籍人员子女学校评估认证的可行性报告》、《有关国际评估认证机构的资料》和《调研的有关情况》等三个附件。5 月 17 日，教育部国际合作与交流司有关负责同志批示："建议就课程教材中心承接任务的法律地位进行研究"。

◆ 4 月 24—27 日，北京京西学校邀请澳大利亚英语教育专家举办英语阅读课程培训班，课程教材中心派部分认证考察候选人员和教师参加了培训。

◆ 5 月 24 日，课程教材中心向教育部国际合作与交流司递交了《关于对外籍人员子女学校进行评估和学历认证的补充报告》。

◆ 5 月 30 日，北京京西学校校长约翰·麦克布赖德、理事会理事柯马凯、理事会理事白斯南和人力资源部主任王燕陪同 NEASC 的院校关系部主任伊娃·坎派茨博士，以及理查德·曼德维尔（Richard Mandeville）博士访问课程教材中心。双方相互介绍了各自的工作，并探讨了外籍人员子女学校认证问题。徐岩和莫景祺参加了会议。

◆ 8 月 14 日，课程教材中心召开外籍人员子女学校认证研讨会，研讨《外籍人员子女学校认证办法》（讨论稿）、《外籍人员子女学校认证标准》（讨论稿）和《外籍人员子女学校认证申请表》（讨论稿）三个文件。

◆8月14日，NEASC的伊娃·坎派茨代表NEASC/ECIS致函课程教材中心常务副主任徐岩，同意课程教材中心使用NEASC/ECIS的指标体系，并准许课程教材中心在中国境内翻印其提供的资料。

◆8月29日，课程教材中心下发了《关于向有关外籍人员子女学校征求意见的函》，就《外籍人员子女学校认证办法》（征求意见稿）、《外籍人员子女学校认证标准》（征求意见稿）和《外籍人员子女学校认证申请表》（征求意见稿）三个文件征求意见。

◆10月8日，课程教材中心向教育部国际合作与交流司递交了《关于对外籍人员子女学校学历认证准备工作情况的报告》，汇报了认证试点准备工作的情况，并请求教育部国际合作与交流司给予批复，授权课程教材中心开展外籍人员子女学校认证工作。

◆10月13—19日，应NEASC的邀请，莫景祺以观察员身份和王燕一起参加了NEASC/ECIS对泰国The Bangkok Patana School的联合考察团考察。伊娃·坎派茨是该考察团的成员。

◆11月12—14日，NEASC的代表伊娃·坎派茨再次访问了课程教材中心。徐岩、莫景祺等听取了她对《外籍人员子女学校认证办法》（征求意见稿）、《外籍人员子女学校认证标准》（征求意见稿）和《外籍人员子女学校认证申请表》（征求意见稿）三个文件的意见，并与她讨论了双方的合作事宜。

**2002年**

◆1月，课程教材中心接到北京京西学校的认证申请。

◆1月30日至2月1日，莫景祺、唐盛昌和李静纯代表课程教材中心对北京京西学校进行了初步考察。

◆2月10日，教育部印发《关于印发〈教育部基础教育课程教材发展中心职责任务、管理体制、机构设置和人员编制方案〉的通知》（教人［2002］1号），该《方案》规定："经政府部门批准，承担对在华外籍人员子女学校的评估认证工作"。

◆ 3月底，课程教材中心制定完成了《外籍人员子女学校认证办法》、《外籍人员子女学校认证申请表》和《外籍人员子女学校认证标准（试行）》三个文件。

◆ 3月25日，WASC执行副主任玛丽莲·乔治访问了课程教材中心。徐岩等参加了会见。双方互相介绍了各自开展国际学校认证的情况，并准备就合作问题进一步协商。

◆ 4月3—4日，课程教材中心邀请约翰·麦克布赖德对准备到该校考察的莫景祺、高兰生、程方平、张民选、董正璟、张浩良、陈伟骏、吴琦、李静纯、田立新、王桂珍和禹明等12位认证考察候选人员进行了培训。约翰·麦克布赖德讲解了国际学校认证的程序、办法、标准及工作规则。同时，课程教材中心还邀请教育部国际合作与交流司政策规划处副处长田立新介绍了外籍人员子女学校的发展现状及相关政策。莫景祺介绍了外籍人员子女学校认证工作的准备情况。徐岩参加了会议。

◆ 4月15—19日，受教育部国际合作与交流司的委托，课程教材中心先后组织三个调研组分赴上海、青岛、大连、广州和深圳，就修改《关于开办外籍人员子女学校暂行管理办法》进行调研。参加调研的有：莫景祺、张民选、董正璟、张浩良、田立新、陈旭芬、禹明、吴琦、唐盛昌、程方平和廖文祺。调研结束后，课程教材中心向教育部国际合作与交流司转交了各调研组的调研报告。

◆ 5月13—17日，课程教材中心对北京京西学校进行了考察团考察，参加考察的有：莫景祺（团长）、布赖恩·威尔克斯

(Brian Wilks，副团长)、唐盛昌、高兰生、程方平、张民选、张浩良、陈伟骏、吴琦、李静纯、董正璟、王桂珍和禹明。

◆ 5月17日，课程教材中心组织召开考察人员座谈会。唐盛昌、王桂珍、张浩良、张民选、李静纯、程方平、禹明、吴琦、高兰生、田立新、莫景祺、陈旭芬和廖文祺参加了会议。教育部国际合作与交流司政策规划处负责人听取了考察人员对《关于开办外籍人员子女学校暂行管理办法》的修改意见。

◆ 6月1—2日，受教育部国际合作与交流司的委托，课程教材中心组织召开了《关于开办外籍人员子女学校暂行管理办法》修订会议。参加会议的有：徐永吉、田立新、王大泉、周勤健、唐盛昌和莫景祺等。本次会议形成了《外籍人员子女学校管理办法》(草稿) 以及《关于修改〈关于开办外籍人员子女学校暂行管理办法〉的说明》。

◆ 6月3日，天津 MTI 国际学校向课程教材中心提出认证申请。

◆ 6月18日，课程教材中心第一届外籍人员子女学校认证委员会（以下简称课程教材中心认证委员会）成立暨2002年度第一次会议在北京召开。徐岩任第一届认证委员会主任，第一届认证委员会委员有：徐永吉、田立新、丁红宇、江彦桥、梁永洪、王桂珍、高兰生、唐盛昌、张民选和莫景祺。出席本次会议的委员有：徐岩、徐永吉、田立新、江彦桥、梁永洪、王桂珍、张民选和莫景祺。本次会议审议了考察团对北京京西学校的考察报告以及对该校认证结果的建议报告。

◆ 6月22—29日，应 NEASC 的邀请，课程教材中心有关人员参加了在美国波士顿召开的 NEASC/ECIS 联合年会，并访问了位于美国旧金山的 WASC。莫景祺与约翰·麦克布赖德在

NEASC/ECIS 联合年会上，作了题为《国际学校认证在中国》的联合发言。课程教材中心与 NEASC、ECIS、WASC 达成了签署《合作框架协议》的意向。

◆ 8 月 29—30 日，课程教材中心有关人员对天津 MTI 国际学校进行了初步考察。

◆ 9 月 11 日下午，教育部副部长章新胜听取了课程教材中心关于开展外籍人员子女学校认证准备工作的汇报。章新胜副部长对课程教材中心的准备工作给予了充分肯定，并做了重要指示。

◆ 9 月，课程教材中心授予北京京西学校“通过认证”证书，并向其授牌。同时，聘请约翰·麦克布赖德担任课程教材中心外籍人员子女学校认证工作顾问。

◆ 10 月 9—25 日，莫景祺随中国教育部考察团对韩国、泰国、马来西亚和新加坡等四国的国际学校管理情况和中国高等学校境外办学情况进行了考察。

◆ 10 月 29—30 日，课程教材中心邀请 NEASC、ECIS 和 WASC 的认证专家对课程教材中心的 15 位认证考察候选人员进行了培训。

◆ 10 月 31 日，课程教材中心与 NEASC、ECIS、WASC 的首次四方会议在北京召开。本次会议讨论了四方合作协议草案。教育部副部长章新胜会见了 NEASC、ECIS 和 WASC 的执行总裁。

◆ 11 月 16—20 日，课程教材中心对天津 MTI 国际学校进行了考察。

◆ 12 月 27 日，课程教材中心认证委员会 2002 年度第二次会议在北京召开。会议审议了考察团对天津 MTI 国际学校的考察报告以及对该校认证结果的建议报告。课程教材中心认证委员会建议课程教材中心授予该校“有条件通过”。徐岩、徐永吉、高兰生、张民选和莫景祺等参加了会议，江彦桥发来了书面意见。

## 2003 年

◆ 1 月 21—22 日，课程教材中心对北京顺义国际学校进行了初步考察。

◆ 2 月，课程教材中心以课题形式委托有关专家编写和研究《外籍人员子女学校考察团工作手册》、《外籍人员子女学校自评手册》和《中国中小学试行认证制度的可行性报告》。

◆ 7 月 23 日至 8 月 18 日，课程教材中心、CIS、NEASC 和 WASC 通过邮寄方式正式签署《合作框架协议》。

◆ 7 月，课程教材中心组织完成《外籍人员子女学校自评手册》（初稿）和《外籍人员子女学校考察团手册》（初稿）的编写。

◆ 8 月，课程教材中心组织完成《外籍人员子女学校应知中国法律法规汇编》的编写。

◆ 8 月，课程教材中心接到北京 BISS 国际学校和上海中学国际部的认证申请。根据原国家教委《关于开办外籍人员子女学校暂行管理办法》的规定和教育部对课程教材中心开展外籍人员子女学校认证的授权，上海中学国际部尚不属于课程教材中心的认证范围，因此，课程教材中心暂时未予受理。

◆ 9 月 24 日，课程教材中心在北京召开外籍人员子女学校认证研讨会，研讨《外籍人员子女学校考察团工作手册》（初稿）和《外籍人员子女学校自评手册》，并对部分认证考察候选人员进行了培训，为北京顺义国际学校的考察团考察做准备。参加会议的人员有：安蔚、毕家驹、张浩良、王燕、董正璟、高兰生、李静纯、王桂珍、吴琦、唐盛昌、禹明、阎凤桥、沈玉顺、陈伟骏、杨金平、叶义芸、张民选、赵学勤、杨亲德、刘世平、倪敏学和莫景祺。莫景祺介绍了对北京顺义国际学校进行考察团考察的准备情况；高兰生介绍了考察团工作手册的编写情况；王燕介绍了学校自评手册的编写情况。参加会议的还有约翰·麦克布赖德、北京顺义国际学校校长约翰·约翰逊（John Johnson）、北京顺义国际学校校务部主任池铮铮、NEASC 的伊娃·坎派茨和在课程教材中心实习的梁丽娟。

◆ 10 月 12—16 日，课程教材中心对北京顺义国际学校进行了考察。

◆ 10 月 21 日，高兰生、莫景祺和陈向明代表课程教材中心对上海长宁国际学校进行了资格考察。

◆ 11 月，课程教材中心外籍人员子女学校认证工作顾问约翰·麦克布赖德受课程教材中心委派，利用到吉隆坡参加 EARCOS 年会之机，代表课程教材中心出席了 2003 年度四方会议。

◆ 11 月 5 日，北京市教委下发《关于确认北京京西学校为学历教育学校的批复》。该批复根据课程教材中心对北京京西学校的认证结果确认该校为学历教育学校。

◆ 11 月 5—8 日，课程教材中心委派陈向明作为观察员参加 NEASC/CIS 对北京京西学校的中期考察。

◆ 11 月 17—18 日，课程教材中心对天津 MTI 国际学校进行了复核考察。

◆ 12 月 20 日，课程教材中心认证委员会 2003 年度第一次会议在北京金台饭店召开。会议审议了考察团对北京顺义国际学校的考察报告以及对该校认证结果的建议报告，审议了考察团对天津 MTI 国际学校的复核报告。课程教材中心认证委员会建议课程教材中心授予北京顺义国际学校和天津 MTI 国际学校“通过认证”。徐岩、徐永吉、江彦桥、梁永洪、张民选、唐盛昌、王桂珍、高兰生和莫景祺参加了会议。

◆ 12 月 23 日，课程教材中心授予北京顺义国际学校和天津 MTI 国际学校“通过认证”，并向两所学校颁发证书和授牌。

## 2004 年

◆ 1 月，课程教材中心接到上海耀中国际学校和上海美国学校的认证申请。

◆ 2 月 18 日，莫景祺、陈伟骏和王燕代表课程教材中心对上海美国学校进行了资格考察。考察团发现该校尚未由外交人员子女学校转为外籍人员子女学校，故课程教材中心未予受理。

◆ 3 月，莫景祺和高兰生完成了世行项目《中国外籍人员子女学校认证系统》的研究报告。

◆ 3 月 8—10 日，课程教材中心、CIS 和 NEASC 对上海耀中国际学校进行了联合初步考察。

◆ 3 月 29 日，唐盛昌、高兰生和阎凤桥代表课程教材中心对北京 BISS 国际学校进行了资格考察。

◆ 3 月 29 日，WASC 执行副主任玛丽莲·乔治访问了课程教材中心。玛丽莲·乔治对高兰生和董正璟进行了培训。此次培训是为 WASC 吸收课程教材中心认证候选考察人员参加该组织对学校的考察团考察作准备。莫景祺和梁丽娟参加了会议。

◆ 4 月 5—8 日，应 WASC 的邀请，课程教材中心派代表参加了该组织对天津 MTI 国际学校的考察团考察。

◆ 4 月 12—13 日，应 WASC 的邀请，课程教材中心派代表参加了该组织对北京 BISS 国际学校的中期考察。

◆ 5 月 11—12 日，课程教材中心对上海长宁国际学校进行了初步考察。

◆ 5 月 19—20 日，课程教材中心对北京 BISS 国际学校进行了初步考察。

◆ 5 月 28—29 日，课程教材中心对新挑选的 11 名认证考察候选人员进行了为期两天的培训。莫景祺介绍了外籍人员子女学校认证工作；高兰生作了关于考察团考察的报告；约翰·麦克布赖德作了关于国际学校认证的理论与实践的报告。

◆ 9 月 24 日，莫景祺、王燕、约翰·麦克布赖德和伊娃·坎派茨在北京京西学校，研讨课程教材中心外籍人员子女学校认证发展计划。会后，约翰·麦克布赖德和伊娃·坎派茨以课程教材中心外籍人员子女学校认证工作顾问的身份向课程教材中心提交了一份建议报告。

◆ 10 月 30 日至 11 月 2 日，2004 年度四方会议在越南胡志明市召开。莫景祺和高兰生代表课程教材中心参加了会议，并以非会员身份参加了美国东亚地区海外学校协会（EARCOS）第 36 届年会的部分活动。在会议期间，课程教材中心提出在课程教材中心分别与 WASC 和 CIS/NEASC 进行联合认证时，分别使用 WASC 和 CIS/NEASC 的国际学校认证标准加上课程教材中心的补充标准（后相继称“中国特色标准”和“中国背景标准”）。这一建议得到了其他三方的认可。

◆ 11 月 2 日，课程教材中心接到南京国际学校（通过电子邮件）的认证申请。

◆ 11 月 16—17 日，莫景祺和高兰生就修订《外籍人员子女学校认证标准》到上海和南京调研。

◆ 12 月 2—3 日，课程教材中心对南京国际学校进行了资格考察。

◆ 12 月 16—17 日，课程教材中心组织召开外籍人员子女学校认证标准研讨会，研讨用于课程教材中心与 CIS/NEASC 联合认证的“中国特色标准”，初步形成了“中国特色标准框架”。莫景祺、高兰生、王燕和安蔚等参加了会议。

**2005 年**

◆ 3 月 6—10 日，课程教材中心对北京 BISS 国际学校进行了考察团考察。

◆ 3 月 10 日，课程教材中心向国家认证认可监督管理委员会提交了《关于成立教育认证机构的报告》。

◆ 3 月 9—11 日，应上海市教委国际合作与交流处的邀请，课程教材中心委派约翰·麦克布赖德和王燕在上海市教委召开的在沪外籍人员子女学校会议上，介绍了课程教材中心开展外籍人员子女学校认证的情况。

◆ 3 月 13—17 日，课程教材中心对上海长宁国际学校进行了考察。参加考察的人员有：高兰生（团长）、陈向明（副团长）、陈伟骏、柯马凯、杨金平。

◆ 3 月 30—31 日，课程教材中心组织 10 位认证考察候选人员参加 CIS 在北京顺义国际学校举办的 CIS/NEASC 国际学校认证标准第七版的培训。

◆ 4 月 4—5 日，2005 年度第一次四方会议在上海中学召开。CIS 的代表戴维·斯泰因，NEASC 的代表伊娃·坎派茨，WASC 的代表玛丽莲·乔治，课程教材中心的代表徐岩、莫景祺和高兰生，课程教材中心外籍人员子女学校认证工作顾问约翰·麦克布赖德，课程教材中心外籍人员子女学校认证海外协调员王燕参加了会议。这次会议的主要内容包括：①研讨课程教材中心如何使用 CIS/NEASC 国际学校认证标准第七版；②研讨用于课程教材中心与 CIS、NEASC、WASC 联合认证的“补充标准”；③研讨四方联合认证指南的基本框架。在与会代表的共同努力下，本次会议取得了突破性进展：①会议提出，课程教材中心将发展针对“中国背景”的补充标准，作为课程教材中心/CIS/NEASC，课程教材中心/CIS/WASC，课程教材中心/CIS/NEASC/WASC 等联合认证时使用 CIS/NEASC 国际学校认证标准第七版的补充，以及课程教材中心/WASC 联合认证时使用“WASC 聚焦学习”国际学校认证标准的补充，并责成高兰生和戴维·斯泰因负责起草；②产生了四方联合认证指南的基本框架。在此基础上，与会人员在文件的起草方面进行了明确分工。③四方商定于 2005 年 11 月 3—4 日，在海南省三亚市再召开一次四方会议，讨论上一次四方会议纪要，通报各方工作进展情况，确定四方联合认证的有关文件。三亚会议由 CIS 主持。

◆ 4 月 11—13 日，课程教材中心与 CIS、NEASC 对南京国际学校进行了联合初步考察。高兰生代表课程教材中心参加了考察。

◆ 4 月 14—15 日，课程教材中心与北京京西学校联合召开“中外基础教育论坛”。这次论坛的主题为“21 世纪的教与学”。与会代表分别就探究性学习、图书馆与学习、电脑技术与学习、领导与学习四个题目进行了研讨。来自公办学校、民办学校和外籍人员子女学校的校长、教师一百多人参加了会议。这次会议是为公办学校、民办学校和外籍人员子女学校提供交流平台的一次尝试，也是为课程教材中心认证过的外籍人员子女学校提供服务的一次尝试。会议的组织、内容和效果受到了与会代表的好评。徐岩、莫景祺和陈萍参加了会议。

◆ 4 月 16—17 日，课程教材中心认证委员会 2005 年度第一次会议在上海召开。会议审议了考察团对北京 BISS 国际学校和上海长宁国际学校的考察报告以及认证结果的建议报告。课程教材中心认证委员会建议课程教材中心授予北京 BISS 国际学校“通过认证”；授予上海长宁国际学校“有条件通过认证”。徐岩、徐永吉、江彦桥、梁永洪、张民选、王桂珍、高兰生和莫景祺参加了会议。

◆ 4 月，课程教材中心为北京 BISS 国际学校颁发“通过认证”证书和挂牌。

◆ 5 月，课程教材中心接到上海瑞金国际学校的认证申请。

◆ 6 月 9—10 日，莫景祺和王燕代表课程教材中心对上海瑞金国际学校进行了资格考察。

◆ 6 月 22—28 日，应 NEASC 和 WASC 的邀请，课程教材中心考察组（曹志祥、莫景祺和高兰生）对 NEASC 和 WASC 进行了访问。6 月 22—24 日，考察组在波士顿观摩了 NEASC 的海外美国及国际学校委员会会议。在考察期间，考察组进一步了解了 NEASC 国际学校认证的标准及指南、以及机构的使命与理念等，并听取了部分国际学校校长的发言。6 月 25—28 日，考察组在旧金山观摩了 WASC 的学校认证委员会会议，了解了 WASC 认证委员会分组阅读和讨论考察团报告等活动。课程教材中心副主任曹志祥应邀介绍了课程教材中心开展外籍人员子女学校认证的情况，并回答了有关问题。

◆ 9 月 24—28 日，课程教材中心对上海瑞金国际学校进行了初步考察，并为上海长宁国际学校颁发了“通过认证”证书。

◆ 10 月 18 日，课程教材中心第二届认证委员会及第一届外籍人员子女学校认证咨询委员会成立会议在北京召开。课程教材中心副主任曹志祥担任课程教材中心第二届认证委员会主任。张民选担任第一届认证咨询委员会主任。新成立的认证咨询委员会的主要职责是为课程教材中心外籍人员子女学校认证工作提供法律、政策和专业咨询。

◆ 10 月 23—27 日，课程教材中心与 NEASC、CIS 对上海耀中国际学校进行了联合考察团考察。这是课程教材中心与 NEASC、CIS 对外籍人员子女学校的首次联合考察团考察。此次考察使用的标准是 CIS/NEASC 国际学校认证标准第六版加课程教材中心强调的内容。

◆ 11 月 4—5 日，2005 年度第二次四方会议在海南省三亚市召开。本次会议基本完成了"中国背景标准 A"和四方联合认证指南的修订。课程教材中心的曹志祥（4 日下午返京）、莫景祺和高兰生，CIS 的戴维·斯泰因，NEASC 的伊娃·坎派茨，WASC 的玛丽莲·乔治参加了会议；约翰·麦克布赖德以四方协调员、课程教材中心认证委员会委员和课程教材中心外籍人员子女学校认证工作顾问的身份参加了会议。

◆ 12 月 15 日，课程教材中心接到上海美丘第一幼儿园的认证申请。

## 2006 年

◆ 2 月 13 日，高兰生和吴琦代表课程教材中心访问广州裕达隆国际学校，与该校沟通认证申请事宜。

◆ 2 月 16—17 日，莫景祺和高兰生代表课程教材中心对上海美丘第一幼儿园进行了资格考察，并到上海瑞金国际学校对其自评工作进行了指导。

◆ 3 月 16 日，课程教材中心认证委员会 2006 年度第一次会议在北京召开。会议审议了考察团对上海耀中国际学校的考察报告及认证结果的建议报告。

◆ 4 月 22 日，课程教材中心在北京召开外籍人员子女学校认证研讨会，研讨外籍人员子女学校办学的政策、法律和管理等问题。来自北京和天津的 12 所外籍人员子女学校的代表（北京京西学校、北京 BISS 国际学校、北京顺义国际学校、北京依顿国际幼儿园、北京瑞金英国学校、北京耀中国际学校、北京协力国际学校、北京哈罗英国学校、北京蒙台梭利国际幼儿园、北京大韩学校、天津 MTI 国际学校）以及认证候选考察人员，共计 29 人参加了会议。参加会议的认证候选考察人员有：阎凤桥、高兰生、杨金平、安蔚和王文才。曹志祥、莫景祺、韩江萍、陈启德和梁丽娟参加了会议。会上，课程教材中心副主任曹志祥介绍了课程教材中心的情况；北京市教委国际合作与交流处处长宋立军做了关于外籍人员子女学校政策的报告；课程教材中心评价处处长莫景祺介绍了课程教材中心外籍人员子女学校认证工作；北京大学教授周俊业做了《依法促进外籍人员子女学校健康有序发展》的报告，并就外籍人员子女学校办学过程中遇到的相关法律问题，回答了与会代表的提问。北京京西学校理事会理事柯马凯和学校人力与资源部主任王燕介绍了北京京西学校的管理工作。

◆ 4 月 25—26 日，课程教材中心对上海美丘第一幼儿园进行了初步考察。

◆ 5 月 26—27 日，课程教材中心与 WASC 在北京京西学校召开会议，制订用于课程教材中心与 WASC 联合认证的“中国背景标准 B”和双方联合认证程序等文件。

◆ 6 月 1 日，课程教材中心对北京大韩学校进行了资格考察。

◆ 8 月，《外籍人员子女学校应知中国法律法规汇编》修订完成。

◆ 9 月 12—16 日，课程教材中心与 WASC 在北京、上海和广州三地举行了联合认证培训会。三地的培训由 WASC 的执行副主任玛丽莲·乔治和课程教材中心认证委员会、课程教材中心认证咨询委员会委员高兰生共同主持。他们分别对北京、上海和广州的外籍人员子女学校代表，课程教材中心认证委员会和认证咨询委员会委员、认证候选考察人员近 50 人进行了学校自评和考察团考察的培训。莫景祺和韩江萍参加了本次培训。北京大韩学校、上海长宁国际学校和广州美国人学校对本次培训提供了场所，并给予了其他方面的支持。

◆ 9 月 16—22 日，NEASC、CIS 与课程教材中心对北京顺义国际学校进行了联合考察团考察。在这次考察中，三方首次使用了 CIS/NEASC 国际学校认证标准第七版加课程教材中心的“中国背景标准 A”。本次考察为期 7 天，考察团由三方成员共计 19 人组成。高兰生（副团长）、陈伟骏和邹正代表课程教材中心参加了考察。

◆ 10 月 23—24 日，课程教材中心与 WASC 对北京大韩学校进行了联合初步考察。高兰生代表课程教材中心参加了考察。

◆ 10 月 26 日，CIS 在上海耀中国际学校浦东校区举行培训会。培训的内容为如何使用 CIS/NEASC 国际学校认证手册第七版，以及 CIS、NEASC 和课程教材中心联合认证指南。在培训会上，高兰生介绍了联合认证。课程教材中心派莫景祺、王燕、约翰·麦克布赖德、高兰生、杨金平、陈伟骏、倪敏学、马岳年 8 位认证考察候选人员参加了培训。

◆ 11 月 13—19 日，2006 年度四方会议在法国尼斯举行。此次会议形成了一个面向外籍人员子女学校的四方联合认证公告。

◆ 11 月 11—17 日，CIS、课程教材中心与 NEASC 对南京国际学校进行了联合考察团考察。在本次考察中，三方使用了 CIS/

NEASC 国际学校认证标准第七版加课程教材中心的“中国背景标准 A”。杨金平（副团长）和王文静代表课程教材中心参加了考察。

◆ 12 月 6 日，课程教材中心接到苏州新加坡国际学校的认证申请。

**2007 年**

◆ 1 月 19 日，课程教材中心认证委员会和认证咨询委员会 2007 年度第一次会议在北京召开。会议审议了考察团对北京顺义国际学校和南京国际学校的考察报告以及认证结果的建议报告。课程教材中心认证委员会建议课程教材中心授予上述两所学校“通过认证”。参加会议的认证委员会委员有：曹志祥、莫景祺、周俊业、约翰·麦克布赖德、王桂珍、高兰生、唐盛昌和格兹·海登。格兹·海登（南京国际学校校长）只参加了对北京顺义国际学校认证结果的审议。在本次会议上，课程教材中心还召开了与会人员座谈会，听取他们对课程教材中心外籍人员子女学校认证的意见和建议。课程教材中心认证咨询委员会委员徐永吉和宋立军参加了会议。杨金平、王燕和韩江萍列席了会议。

◆ 3 月 15 日，课程教材中心、WASC 和 CIS 三方代表在北京召开预备会，为 3 月 16 日召开的培训会做准备。同时，三方代表还商定了以下事项：①对天津 MTI 国际学校的中期考察依据 WASC 的“聚焦学习”国际学校认证标准加“中国背景标准 B”；②王燕和玛丽莲·乔治分别代表课程教材中心与 WASC 对厦门国际学校进行联合初步考察；③由于苏州新加坡国际学校的新校长还没有到任，因此对该校的初步考察延期进行。莫景祺、高兰生和韩江萍代表课程教材中心参加了会议。

◆ 3 月 16 日，课程教材中心、CIS、NEASC 和 WASC 在北

京举行联合培训会。高兰生、玛丽莲·乔治和玛格丽特·阿尔瓦雷斯（Margaret Alvarez）分别代表课程教材中心、WASC 和 CIS 对与会代表进行了培训。培训内容包括：课程教材中心、CIS、NEASC 和 WASC 四家机构介绍；四方联合认证程序；如何成为合格的考察团成员等。来自北京 BISS 国际学校、北京耀中国际学校、北京京西学校的五十多位志愿者参加了培训。课程教材中心的韩江萍及认证候选考察人员杨金平、阎凤桥、安蔚、苏关凯玲、王文静、王燕和柯马凯参加了培训。

◆ 3 月 17—18 日，ACAMIS 年会在北京召开。ACAMIS 由 31 个国际学校组成，涉及两万多名学生。该协会致力于中蒙国际学校的交流与发展，旨在促进国际学校向优质教育目标发展。

◆ 3 月 22—23 日，课程教材中心与 WASC 对厦门国际学校进行了联合初步考察。王燕代表课程教材中心参加了考察。

◆ 4 月 11—13 日，课程教材中心与 WASC 对天津 MTI 国际学校进行了联合中期考察。董正璟代表课程教材中心参加了考察。

◆ 4 月，课程教材中心接到北京京西学校的第二轮认证申请。

◆ 5 月 23—26 日，课程教材中心与 CIS、NEASC 对北京京西学校进行了第二轮认证的联合初步考察。陈伟骏代表课程教材中心参加了考察。

◆ 5 月 14 日，上海新加坡国际学校向课程教材中心提出了认证申请。

◆ 6 月 6 日，广州恩慧学校向课程教材中心提出了认证申请。

◆ 6 月，课程教材中心接到北京 BISS 国际学校的第二轮认证申请。

◆ 8 月，通过 CIS，课程教材中心接到上海德威英国国际学校的认证申请。

◆ 8 月 17 日，王燕和韩江萍代表课程教材中心对上海新加坡国际学校进行了资格考察。

◆ 9 月 7 日，课程教材中心根据资格考察小组的考察报告，正式受理上海新加坡国际学校的认证申请。

◆ 9 月 20 日，高兰生代表课程教材中心对广州恩慧学校进行了资格考察。

◆ 9 月 21 日，高兰生和王桂珍代表课程教材中心赴上海瑞金国际学校，对该校自评报告的撰写进行指导。

◆ 9 月 25 日，王燕和高兰生代表课程教材中心对苏州新加坡国际学校进行了资格考察和初步考察。

◆ 9 月 25 日，北京耀中国际学校向课程教材中心提出了认证申请。

◆ 9 月 25 日，深圳蛇口国际学校向课程教材中心提出了认证申请。

◆ 10 月 16 日，课程教材中心与 CIS 对上海新加坡国际学校进行了联合初步考察。陈伟骏代表课程教材中心参加了考察。

◆ 10 月 23 日，课程教材中心根据资格考察小组的考察报告，正式受理苏州新加坡国际学校的认证申请。

◆ 10 月 23 日，陈向明和蔡盛泽代表课程教材中心对北京 BISS 国际学校进行了中期考察。

◆ 10 月 30 日，莫景祺和高兰生代表课程教材中心对深圳蛇口国际学校进行了资格考察。

◆ 11 月 8 日，高兰生代表课程教材中心到上海瑞金国际学校进行自评指导。这是课程教材中心对上海瑞金国际学校进行的第四次指导。

◆ 11 月 9—10 日，2007 年度四方会议在苏州召开。在本次会议上，四方分别通报了认证工作的进展情况，讨论了联合认证中的沟通机制。曹志祥、莫景祺、高兰生、韩江萍、玛丽莲·乔治、伊娃·坎派茨、玛格丽特·阿尔瓦雷斯、约翰·麦克布赖德、王燕和陈伟骏参加了会议。会议决定 2008 年四方会议在昆明举行，主持方为 WASC。

◆ 11 月 11—15 日，课程教材中心与 WASC 对上海长宁国际学校进行了联合考察。陈向明（副团长）和吴琦代表课程教材中心参加了考察。

◆ 11 月 12—13 日，课程教材中心、CIS 和 NEASC 对上海耀中国际学校进行联合特殊考察。

◆ 11 月 18—22 日，课程教材中心对上海美丘第一幼儿园进行了考察。参加考察的人员有：高兰生（团长）、杨金平（副团长）、苏杭、苏关凯玲、倪敏学和琳恩·泰勒（Lynn Talor）。

◆ 11 月 19 日，课程教材中心根据资格考察小组的考察报告，正式受理深圳蛇口国际学校的认证申请。

## 2008 年

◆ 1 月 22—24 日，CIS 和课程教材中心对上海德威英国国际学校进行了联合初步考察（课程教材中心同时进行资格考察）。高兰生代表课程教材中心参加了考察。

◆ 3 月 2—6 日，课程教材中心与 WASC 对厦门国际学校进行了联合考察团考察。杨金平（副团长）和阿曼达·克拉克代表课程教材中心参加了考察。同时，国际文凭组织（IBO）也派人员对该校进行了考察。

◆ 3 月 9—14 日，课程教材中心对上海瑞金国际学校进行了考察。参加考察的人员有：王桂珍（团长）、董正璟、赖俊杰、马岳年和苏关凯玲。本次考察首次使用了新修订的课程教材中心《外籍人员子女学校认证标准》(2006 版)。该校是继上海美丘第一幼儿园之后，课程教材中心独立认证的第二所学校。

◆3 月 14—16 日，2008 年度 ACAMIS 年会在上海德威英国国际学校举行。在本次会议上，课程教材中心、CIS、NEASC 和 WASC 对国际学校的志愿者进行了认证培训，进一步宣传了课程教材中心外籍人员子女学校认证以及四方联合认证。高兰生和韩江萍、玛丽莲·乔治、玛格丽特·阿尔瓦雷斯和伊娃·坎派茨分别代表课程教材中心、WASC、CIS 和 NEASC 参加了会议。截至 2008 年 3 月，ACAMIS 已有 42 个成员校。

◆3 月 18—20 日，课程教材中心、CIS 和 NEASC 对北京耀中国际学校进行了联合初步考察。倪敏学代表课程教材中心参加了考察。

◆3 月 21 日，太湖国际学校向课程教材中心提出了认证申请。

◆3 月 31 日至 4 月 3 日，课程教材中心与 WASC 对北京大韩学校进行了联合考察团考察。王桂珍（副团长）和李静纯代表课程教材中心参加了考察。

◆4 月 5—11 日，CIS、课程教材中心和 NEASC 对苏州新加坡国际学校进行了联合考察团考察。王燕（副团长）和夏晶代表课程教材中心参加了考察。

◆4 月 16 日，经过修订的课程教材中心外籍人员子女学校认证文件正式印发。这些文件包括：《工作章程》(2008 版)、*The Working Protocol* (2008 *Edition*)、*Accreditation Standards* (2008 *Edition*)、*The Self-Study* (2008 *Edition*)、*Accreditation Visits* (2008 *Edition*).

◆4 月 28—29 日，课程教材中心第三届认证委员会和第二届认证咨询委员会成立暨课程教材中心认证委员会和认证咨询委员会2008年度第一次会议在北京召开。会议产生了课程教材中心新一届认证委员会和认证咨询委员会。曹志祥任第三届认证委员会主任，高兰生任副主任，周俊业、江彦桥、唐盛昌、王桂珍、杨金平、陈伟骏、约翰·麦克布赖德、格兹·海登、王燕和莫景祺（兼秘书）为认证委员会委员。徐永吉任第二届认证咨询委员会主任。张民选任副主任，徐岩、佴永锦、陶洪建、聂瑞麟、黄兴胜、梁永洪、邱晓平、蔡盛泽、周俊业和孙建荣为认证咨询委员会委员。两委会审议了考察团对上海美丘第一幼儿园、上海长宁国际学校、上海瑞金国际学校、北京大韩学校和厦门国际学校的考察报告及认证结果的建议报告。课程教材中心认证委员会建议课程教材中心授予上海美丘第一幼儿园、上海长宁国际学校和上海瑞金国际学校“通过认证”；授予北京大韩学校“有条件通过认证”；对厦门国际学校的认证结果所涉及的相关法律问题请求有关政府部门解释之后，再作决定。曹志祥、高兰生、唐盛昌、王桂珍、杨金平、陈伟骏、王燕、莫景祺、韩江萍、徐永吉、张民选、徐岩、佴永锦、陶洪建、聂瑞麟、黄兴胜、梁永洪和周俊业参加了会议。

◆5月6日，广州裕达隆国际学校向课程教材中心提出了认证申请。

◆6月，受教育部国际合作与交流司委托，就《外籍人员子女学校审批和管理办法》（征求意见稿）征求了周俊业、高兰生、王燕和柯马凯的意见。

◆6月10日，北京加拿大国际学校向课程教材中心提出了认证申请。

◆9月11日，高兰生和韩江萍代表课程教材中心对太湖国际学校进行了资格考察。

◆ 9 月 12 日，北京德威英国国际学校向课程教材中心提出了认证申请。

◆ 9 月 17—19 日，CIS、课程教材中心和 WASC 对太湖国际学校进行了联合初步考察。王燕代表课程教材中心参加了考察。

◆ 9 月 19 日，高兰生和韩江萍代表课程教材中心对北京加拿大国际学校进行了资格考察。

◆ 10 月 12—17 日，课程教材中心、CIS 和 WASC 对北京 BISS 国际学校进行了联合考察团考察。王桂珍（副团长）和阎凤桥代表课程教材中心参加了考察。同时，国际文凭组织（IBO）也派人员对该校进行了考察。

◆ 10 月 19—23 日，课程教材中心和 WASC 对深圳蛇口国际学校进行了联合考察团考察。苏杭（副团长）、苏关凯玲和邹正代表课程教材中心参加了考察。

◆ 10 月 20—24 日，课程教材中心、CIS 和 NEASC 对北京京西学校进行了联合考察团考察。王桂珍（副团长）、孙建荣和莫景祺（以观察员身份）代表课程教材中心参加了考察。同时，国际文凭组织（IBO）也派人员对该校进行了考察。

◆ 10 月 21 日，上海协和国际学校向课程教材中心提出了认证申请。

◆ 10 月 31 日，高兰生和莫景祺代表课程教材中心对北京德威英国国际学校进行了资格考察。

◆ 11 月 7—8 日，2008 年度四方会议在昆明举行。本次会议由 WASC 主持。会上，四方分别提交了认证工作进展报告，并分别介绍了认证工作的进展情况。会议讨论了 2007 年苏州四方会议纪要、联合认证中的人员安排、特殊考察、后续程序以及联合培训等问题。会议决定，2009 年度四方会议将在桂林举行，主持方为 NEASC。玛丽莲·乔治、伊娃·坎派茨、玛格丽特·阿尔瓦雷斯、约翰·麦克布赖德、莫景祺、高兰生和韩江萍参加了会议。

◆ 11 月 10 日，课程教材中心对上海协和国际学校进行了资格考察。

◆ 11 月 20 日，课程教材中心认证委员会和认证咨询委员会 2008 年度第二次会议在北京举行。会议审议了考察团对苏州新加坡国际学校、深圳蛇口国际学校、北京 BISS 国际学校和北京京西学校的考察报告及认证结果的建议报告。课程教材中心认证委员会建议课程教材中心授予苏州新加坡国际学校、深圳蛇口国际学校和北京京西学校“通过认证”；授予北京 BISS 国际学校“有条件通过认证”。参加会议的两委会委员有：曹志祥、高兰生、江彦桥、唐盛昌、王桂珍、杨金平、王燕、徐岩、佴永锦、陶洪建、聂瑞麟、任军、蔡盛泽、周俊业、孙建荣和莫景祺。苏杭作为考察团副团长参加会议。韩江萍和刘辰宇列席了会议。

◆ 12 月 8—10 日，课程教材中心、CIS、NEASC 和 WASC 对北京加拿大国际学校进行了联合初步考察。王文静代表课程教材中心参加了考察。

◆ 12 月 8—9 日，王桂珍和柯马凯代表课程教材中心对上海协和国际学校进行了初步考察。

◆ 12 月 16 日，高兰生和莫景祺代表课程教材中心对广州裕达隆国际学校进行了资格考察。

◆ 12 月 30 日，大连美国国际学校向课程教材中心提交了认证申请。

## 2009 年

◆ 1 月 20 日，课程教材中心对大连美国国际学校进行了资格考察。

◆ 2 月 23—25 日，课程教材中心、CIS 和 WASC 对北京德威英国国际学校进行了联合初步考察。陈伟骏代表课程教材中心参加了考察。

◆ 3 月 13—15 日，2009 年度 ACAMIS 年会在北京加拿大国际学校举行。课程教材中心向参加 ACAMIS 会议的代表介绍了课程教材中心和课程教材中心外籍人员子女学校认证。15 日，课程教材中心、CIS、NEASC 和 WASC 对来自国际学校的志愿者进行了认证培训，并介绍了四方联合认证。王燕、玛格丽特·阿尔瓦雷斯、伊娃·坎派茨、玛丽莲·乔治分别代表课程教材中心、CIS、NEASC 和 WASC 进行了讲解。莫景祺、韩江萍和刘辰宇参加了会议。

◆ 3 月 16—18 日，课程教材中心、CIS 和 WASC 对大连美国国际学校进行了联合初步考察。王燕代表课程教材中心参加了考察。

◆ 3 月 21—27 日，课程教材中心和 CIS 对上海新加坡国际学校进行了联合考察团考察。苏杭（副团长）和吴伟伦代表课程教材中心参加了考察。

◆ 5 月 18—19 日，王桂珍（团长）和吴敏代表课程教材中心对北京大韩学校进行了特殊考察。

◆ 5 月 20 日，课程教材中心认证委员会 2009 年度第一次会议在北京召开。会议审议了考察团对上海新加坡国际学校、北京大韩学校的考察报告，以及对两所学校认证结果的建议报告。参加会议的是在京的课程教材中心认证委员会委员。认证委员会委员曹志祥、莫景祺、王燕、王桂珍、周俊业、杨金平，以及赴上海新加坡国际学校考察的代表吴伟伦参加了会议。韩江萍和刘辰宇列席了会议。这是第一次就同一审议内容分片召开认证委员会会议。

◆ 6 月 17 日，课程教材中心认证委员会 2009 年度第一次会议继续在上海举行。会议继续审议了考察团对上海新加坡国际学校的考察报告，对北京大韩学校的特殊考察报告，以及对两所学校认证结果的建议报告。参加会议的是在沪及周边地区的认证委员会委员。认证委员会委员高兰生、唐盛昌、江彦桥和格兹·海登参加了会议，韩江萍列席了会议。课程教材中心认证委员会建议课程教材中心授予上海新加坡国际学校“有条件通过认证”；授予北京大韩学校“通过认证”。

◆ 9 月 15—17 日，课程教材中心、CIS 和 WASC 对广州裕达隆国际学校进行了联合初步考察。

◆ 10 月 11—16 日，课程教材中心、CIS 和 NEASC 对北京耀中国际学校进行了联合考察团考察。王桂珍（副团长）、杨金平和韩江萍（以观察员身份）代表课程教材中心参加了考察。

◆ 10 月 24—30 日，课程教材中心、CIS 和 WASC 对上海德威英国国际学校进行了联合考察。陈伟骏（副团长）、孙建荣和池铮铮代表课程教材中心参加了考察。

◆ 11 月 5—8 日，2009 年度四方会议在桂林举行。本次会议由 NEASC 主持。本次会议交流了各方的认证工作进展状况，讨论了联合认证中的沟通与交流问题，包括资格考察结果要向合作方反馈、经常保持联系、考察人员背景介绍、考察人员信息的核实等。会议还就特殊考察的条件，2010 年 3 月在香港举行的 ACAMIS 会议上的联合培训，如何减轻学校在认证方面的经济负担进行了讨论。参加本次会议的人员有：伊娃·坎派茨、玛格丽特·阿尔瓦雷斯、玛丽莲·乔治、约翰·麦克布赖德、莫景祺、高兰生、王燕和韩江萍。会议决定，2010年度四方会议将在成都举行，会议的主持方为CIS。

◆12月8日，成都爱思瑟国际学校向课程教材中心提交了认证申请。

◆12月10—11日，课程教材中心对成都爱思瑟国际学校进行了资格考察和初步考察。此次考察是课程教材中心“追补”的考察程序。至12月，该校即将完成WASC的自评程序。2010年3月，学校即将接受WASC和课程教材中心的联合考察团考察。

## 2010年

◆1月19日，广州美国人国际学校向课程教材中心提出认证申请。

◆2月23日，课程教材中心向教育部国际合作与交流司递交了《关于邀请国际学校协会认证专员玛格丽特·阿尔瓦雷斯来华访问出具签证证明的请示》。国际合作与交流司有关部门在审核过程中发现CIS有来自台湾的成员校。国际合作与交流司有关部门要求CIS的领导发一封电子邮件声明：虽然CIS有来自台湾的成员校，但坚持台湾属于中国，世界上只有一个中国的立场。课程教材中心据此起草了给CIS联络人玛格丽特·阿尔瓦雷斯的一封信，并请王燕翻译后于3月4日通过电子邮件发出。当日，玛格丽特·阿尔瓦雷斯回信告知她将把此信转给CIS的执行主任理查德·坦奇（Richard Tangye）。随后，国际合作与交流司有关部门进一步发现：在CIS的650个会员校名单中，台湾与中国被并列为两个国家，在介绍“Taipei European School”时，将台湾写为“Taiwan ROC”。该部门通过课程教材中心要求CIS对上述问题进行修改：将台湾列入中国一栏；将台湾表述为“Taiwan，China”；

将台北表述为“Taibei，China”；并希望CIS通过课程教材中心向中国教育部有关部门发表一个声明：CIS一贯坚持台湾属于中国，世界上只有一个中国的立场。3月26日，课程教材中心外籍人员子女学校认证办公室（以下简称“课程教材中心认证办公室”）又通过王燕用电子邮件向CIS的玛格丽特·阿尔瓦雷斯转达了国际合作与交流司有关部门的要求。4月12日，玛格丽特·阿尔瓦雷斯给莫景祺发来电子邮件告知他们的执行主任理查德·坦奇将代替其参加课程教材中心在广东省佛山市南海区召开的“教育国际化论坛”，并借机与莫景祺就其网站所涉及的台湾问题进行沟通。4月27日晚，莫景祺与理查德·坦奇就上述问题进行了沟通，理查德·坦奇对国际合作与交流司有关部门所关注的问题进行了回应：①撤掉CIS国际学校名录在线版本中所有带“ROC”的注解；②在2010年9月出版的印刷品中，这些注解将被删除；③在新版中，其成员校将按区域列出，不再按国家列出。4月29日，理查德·坦奇给莫景祺发了一封电子邮件，对上述回应作了书面声明。

◆ 3月5日，青岛MTI国际学校向课程教材中心提出了认证申请。

◆ 3月9日，课程教材中心第四届认证委员会和第三届认证咨询委员会成立暨两委会2010年度第一次会议在北京举行。在会上，课程教材中心领导向各位委员颁发了聘书；课程教材中心认证办公室向两个委员会报告了开展外籍人员子女学校认证工作的情况；两委会委员审议了考察团对北京耀中国际学校和上海德威英国国际学校的考察报告，以及对两所学校认证结果的建议报告。建议课程教材中心授予北京耀中国际学校“通过认证”，授予上海德威英国国际学校“有条件通过认证”。教育部国际合作与交流司还利用本次会议就《外籍人员子女学校审批和管理办法》（征求意见稿）征求了与会委员的意见。课程教材中心第四届认证委员会委员包括：曹志祥（主任）、高兰生（副主任）、江彦桥、蔡盛泽、唐盛昌、王桂珍、杨金平、陈伟骏、王燕、孙建荣、周俊业、柯马凯、池铮铮、汤姆·厄尔曼特（Tom Ulmet）和莫景祺。课程教材中心第三届认证咨询委员会包括：徐永吉（主任）、张民选（副主任）、方庆朝（副主任）、安延、陶洪建、黄兴胜、邱晓平、杨伟人、梁永洪、张向阳、袁靖宇和刘永波。韩江萍和刘辰宇列席了会议。蔡盛泽、唐盛昌、张民选、杨伟人和张向阳因故未出席会议。

◆ 3 月 14 日，课程教材中心参加了在香港举行的 ACAMIS 会议。CIS、课程教材中心和 WASC（NEASC 未参加）在香港加拿大国际学校对来自国际学校，志愿成为四方联合认证考察团成员的 18 位人员进行了培训。王燕建议：(1) 利用每年三月 ACAMIS 会议，在四方培训中加入课程教材中心要培训的内容；培训对象主要为国际学校中的中国人，甚至可扩展到中国民办学校的人员，课程教材中心可对经过培训的人员颁发证书。(2) 培训内容四方要进一步整合，将课程教材中心的培训内容整合进去。

◆ 3 月 14—18 日，课程教材中心与 WASC 对成都爱思瑟国际学校进行了联合考察。孙建荣（副团长）和董正璟代表课程教材中心参加了考察。

◆ 3 月 18—19 日，课程教材中心与 WASC 对上海长宁国际学校进行了中期考察。苏杭代表课程教材中心参加了考察。

◆ 4 月 20 日，王燕和韩江萍代表课程教材中心对广州美国人国际学校进行了资格考察。

◆ 4 月 22 日，课程教材中心根据资格考察小组的考察报告，正式受理广州美国人国际学校的认证申请。

◆ 4 月 18—22 日，课程教材中心与 WASC 对天津 MTI 国际学校进行了联合考察。柯马凯（副团长）和苏杭代表课程教材中心参加了考察。

◆ 5 月 7 日，高兰生和莫景祺代表课程教材中心对青岛 MTI 国际学校进行了资格考察。

◆ 5 月 22—28 日，课程教材中心、CIS 和 WASC 对太湖国际学校进行了联合考察团考察。王桂珍（副团长）和杨金平代表课程教材中心参加了考察。

◆ 5 月 24—25 日，课程教材中心与 CIS 对上海新加坡国际学校进行联合再次考察。苏杭代表课程教材中心参加了考察。

◆ 5 月 24—25 日，受江苏省教育厅的委托，课程教材中心派高兰生、池铮铮和韩江萍对南京英国国际学校进行了办学资质考察，考察之后向江苏省教育厅转送了考察小组的《南京英国国际学校办学资质考察报告》。这是课程教材中心第一次接受教育行政部门委托对国际学校的办学资质进行考察。

◆ 5 月 26 日下午，莫景祺应邀到北京京西学校参加国际合作与交流司召开的《外籍人员子女学校审批和管理办法》（征求意见稿）征求意见会。参加会议的还有：孙霄兵、徐永吉、黄兴胜、安延、任军、周俊业、柯马凯、王燕、池铮铮和李兰婷。

◆ 6 月 4 日，王桂珍和韩江萍代表课程教材中心对广州南湖国际学校进行了资格考察。

◆ 6 月 4 日，王燕和姜瑜代表课程教材中心对广州美国人国际学校进行了初步考察。初步考察结束后，王燕和姜瑜向课程教材中心提出以下建议：①同意该校以简捷途径进入自评，自评时间为 2010 年 6 月至 12 月。②该校在自评结束后向课程教材中心提交一份进展报告。进展报告的内容要在该校连续三年给 WASC 的进展报告的基础上，主要针对“中国背景标准”。③课程教材中心考察团可在2010年12月5—9日对该校进行考察，5日为到达日，6—8日为工作日。考察团可由4～5人组成，其中1人为团长。④考察结束后，考察团须在WASC 2009年考察团报告的基础上，针对“中国背景标准”完成一份考察报告。⑤此次课程教材中心以简捷途径认证结束后，与WASC同步进入2012年课程教材中心/WASC联合认证程序。⑥以上建议需以书面形式通知学校。

◆7月2日，课程教材中心认证委员会2010年度第二次会议在北京举行。会议审议了考察团对成都爱思瑟国际学校、天津MTI国际学校和太湖国际学校的考察报告和对上海新加坡国际学校的特殊考察报告，以及考察团对上述学校认证结果的建议报告。课程教材中心认证委员会建议课程教材中心授予成都爱思瑟国际学校、天津MTI国际学校和上海新加坡国际学校“通过认证”；授予太湖国际学校“有条件通过认证”。参加会议的认证委员会委员有：唐盛昌、周俊业、王桂珍、高兰生、柯马凯、孙建荣、杨金平、王燕、池铮铮、汤姆·厄尔曼特和莫景祺。苏杭作为考察团副团长参加了会议。韩江萍、刘辰宇和徐涛列席了会议。

◆9月9日，太湖国际学校校长西蒙·桑德斯（Simon Saunders）致信韩江萍，对课程教材中心授予其“有条件通过认证”表示不理解。西蒙·桑德斯认为：CIS和WASC授予了无条件认证，而课程教材中心的条件比较苛刻；考察报告B2：1—7的评定是“M”（达到标准），为什么还不能通过（实际上对课程教材中心的信函有些误解）。课程教材中心认证办公室起草了给该校长的回信，并征求了赴该校的课程教材中心考察人员王桂珍和杨金平的意见，请王燕翻译后于9月13日发出，信中表达了课程教材中心授予其“有条件通过认证”的含义和原因，澄清了彼此的误会。当日，西蒙·桑德斯回信认为他完全理解他们与三方（课程教材中心、CIS、WASC）之间的沟通不够，他允诺将5月份发给CIS的关于“健康和安全”的改进文件发给课程教材中心，并希望课程教材中心能够在2010年尽早对其进行特殊考察。课程教材中心认证办公室回信建议在2010年11月的第三周派考察人员对该校进行特殊考察。

◆ 9月13—14日，课程教材中心与CIS、WASC对广州裕达隆国际学校进行了再次考察。高兰生代表课程教材中心对该校进行了考察。

◆ 9月20日，课程教材中心举办在京认证考察候选人员研讨会。研讨内容包括：外籍人员子女学校的内部管理；外籍人员子女学校的课程设置；考察过程中经常遇到的法律、法规和政策问题；外籍人员子女学校的财务管理；在联合认证中，中方人员与外方人员的合作问题。参加本次会议的人员有：王燕、周俊业、杨金平、阎凤桥、池铮铮、王文静、徐涛、夏锦春、费聪、郑昀、李兰婷、范红、莫景祺、韩江萍和詹姆斯·克里甘（James J. Kerrigan）。应课程教材中心的邀请，王燕就外籍人员子女学校的内部管理问题，周俊业就考察过程中经常遇到的法律、法规和政策问题，王文静就外籍人员子女学校的课程设置问题，詹姆斯·克里甘就外籍人员子女学校的财务管理问题，杨金平就在联合认证中中方人员与外方人员的合作问题分别作了讲解。在讲解过程中，与会者进行了研讨。

◆ 10月14—15日，王燕代表课程教材中心对青岛MTI国际学校进行了初步考察。

◆ 11月1日，课程教材中心接到苏州德威英国国际学校的认证申请。

◆11月5—6日，2010年度四方会议在成都举行。本次会议由CIS主持。本次会议的主要议题是：①讨论了2009年四方会议纪要；②四方分别通报了过去一年围绕四方合作的工作情况；③候选学校和被认证学校现在和即将到来的周期；④中国有关法律法规变化的情况；⑤加强认证过程的讨论；⑥2011年的ACAMIS会议；⑦2011年四方会议的地点；⑧教育国际化问题。会议确定了以下事项：①今后的四方会议一年两次；2011年3月在ACAMIS会议期间的四方会议由课程教材中心主持；2011年11月3—6日在西安召开的四方会议由WASC主持；2012年3月在南京ACAMIS会议期间的四方会议由NEASC主持；2012年11月在南京召开的四方会议由CIS主持。②从2011年3月开始，四方在ACAMIS会议上发起和赞助对外籍人员子女学校负责政府事务人员的培训会；③给参加联合认证考察人员的一封信由玛格丽特·阿尔瓦雷斯和玛丽莲·乔治起草；④2011年9月召开教育国际化研讨会暨民办学校评估认证研讨会，CIS、NEASC和WASC的代表以教育国际化项目组顾问身份参加本次会议。参加本次会议的有：莫景祺、高兰生、王燕、玛格丽特·阿尔瓦雷斯、米歇尔·波平乔克（Michael Popinchalk）和玛丽莲·乔治。

◆11月17日，课程教材中心对太湖国际学校进行再次考察。

◆11月18日，课程教材中心在上海举办在沪认证考察候选人员研讨会，研讨内容包括：①外籍人员子女学校的内部管理；②外籍人员子女学校的课程设置；③考察过程中经常遇到的法律、法规和政策问题；④外籍人员子女学校的财务管理；⑤在联合认证中，中方人员与外方人员的合作问题。参加本次会议的人员有：莫景祺、高兰生、江彦桥、唐盛昌、李西亭、倪敏学、蔡盛泽、汤姆·厄尔曼特、塔末·罗达博（Tammy Rodabaugh）和兰·约翰逊（Lan Johnson）。应课程教材中心的邀请，汤姆·厄尔曼特就外籍人员子女学校的内部管理问题，江彦桥就考察过程中经常遇到的法律、法规和政策问题，塔末·罗达博就外籍人员子女学校的课程设置问题，兰·约翰逊就外籍人员子女学校的财务管理问题，高兰生就在联合认证中中方人员与外方人员的合作问题分别作了讲解。在讲解过程中，与会者进行了研讨。

◆ 11 月 21—25 日，课程教材中心与 CIS、NEASC 对上海耀中国际学校进行了联合考察。高兰生（联合团长）和孙建荣代表课程教材中心参加考察。此次考察是课程教材中心对该校进行的第二轮认证的考察团考察，是 CIS 和 NEASC 的 5 年中期考察。

◆ 11 月 29—30 日，受江苏省教育厅的委托，课程教材中心派莫景祺、杨金平和池铮铮对无锡伊顿国际学校进行了办学资质考察，考察之后向江苏省教育厅转送了考察小组的《无锡伊顿国际学校办学资质考察报告》。这是课程教材中心第二次接受教育行政部门委托对外籍人员子女学校进行办学资质的考察。

◆ 12 月 1 日，陈伟骏和莫景祺代表课程教材中心对苏州德威英国国际学校进行了资格考察。

◆ 12 月 5—9 日，课程教材中心委派王燕（团长）、陈伟骏、阙宜和梁紫斐对广州美国人国际学校进行考察团考察。学校自评采用了简捷途径，考察团考察内容为“中国背景标准”。课程教材中心在此次考察后，将与 WASC 同步进入 2012 年课程教材中心/WASC 联合认证程序。

◆ 12 月 9 日，高兰生和韩江萍代表课程教材中心对增城裕达隆国际学校进行了资格考察。

◆ 12 月 10 日，课程教材中心在广州裕达隆国际学校举办了广州及周边地区认证候选考察人员研讨会。研讨内容包括：①外籍人员子女学校的内部管理；②外籍人员子女学校的课程设置；③考察过程中经常遇到的法律、法规和政策问题；④外籍人员子女学校的财务管理；⑤在联合认证中，中方人员与外方人员的合作问题。参加本次会议的人员有：莫景祺、韩江萍、高兰生、冯兴雷、王桂珍、吴琦、禹铭、王燕、伊莱恩·惠伦（Elaine Whelen）、钱志明、陈思佳、吴敏和梁紫斐。应课程教材中心的邀请，王燕就外籍人员子女学校的内部管理问题，冯兴雷就考察过程中经常遇到的法律、法规和政策问题，伊莱恩·惠伦就外籍人员子女学校的课程设置问题，高兰生就在联合认证中中方人员与外方人员的合作问题分别作了讲解。在讲解过程中，与会者进行了研讨。

◆12月26日，课程教材中心认证委员会2010年度第三次会议在北京举行。会议审议了考察团对广州美国人国际学校和上海耀中国际学校的考察报告和对太湖国际学校的特殊考察报告，以及考察团对上述学校认证结果的建议报告。课程教材中心认证委员会建议课程教材中心授予上海耀中国际学校和太湖国际学校“通过认证”；授予广州美国人国际学校“有条件通过认证”。会议还讨论和起草了对北京京西学校、北京顺义国际学校、上海瑞金国际学校、上海美丘第一幼儿园和北京BISS国际学校年度进展报告的回复意见。参加会议的认证委员会委员有：高兰生、周俊业、王桂珍、柯马凯、孙建荣、王燕、池铮铮、陈伟骏和莫景祺。未参加会议的委员唐盛昌、江彦桥、蔡盛泽、杨金平和汤姆·厄尔曼特提供了书面意见。韩江萍和刘辰宇列席了会议。

## 2011年

◆1月6日，课程教材中心函复上海瑞金国际学校，告知该校

2009年度和2010年度进展报告收悉。

◆ 1月11—14日，课程教材中心与CIS对广州南湖国际学校进行了联合初步考察。课程教材中心委派高兰生代表课程教材中心参加了考察。

◆ 1月12日，课程教材中心委派莫景祺和董正璟对广州英国学校进行了资格考察。课程教材中心根据考察结果，函复该校受理其认证申请，并请其做好初步考察的准备工作。

◆ 2月26日—3月4日，课程教材中心与CIS、WASC对北京德威英国国际学校进行了联合考察团考察。课程教材中心委派陈伟骏和苏杭代表课程教材中心参加了考察。

◆ 3月6—10日，课程教材中心与WASC对青岛MTI国际学校进行了联合考察团考察。课程教材中心委派池铮铮和梁紫斐代表课程教材中心参加了考察。

◆ 3月7—8日，课程教材中心与CIS、WASC对增城裕达隆国际学校进行了联合初步考察。课程教材中心委派高兰生代表课程教材中心参加了考察。

◆ 2011年3月13日，课程教材中心与CIS、NEASC和WASC利用中蒙国际学校协会（ACAMIS）在上海协和国际学校召开年会之机，举行了四方联合培训。培训的主要内容是：对学校认证的理解、联合认证及其程序、中国背景标准以及如何成为考察团成员等。来自在华外籍人员子女学校的管理者、教师近六十人参加了培训。莫景祺、韩江萍、王燕代表课程教材中心，玛格丽特·阿尔瓦雷斯代表CIS，玛丽莲·乔治代表WASC，米歇尔·波平乔克代表NEASC参加了会议。课程教材中心的代表于3月11日下午参加了ACAMIS的招待会，于3月12日下午参加了与参加ACAMIS年会的在华外籍人员子女学校校长的见面会。

◆3月13—15日，课程教材中心与WASC对深圳蛇口国际学校进行了联合中期考察。课程教材中心委派苏杭代表课程教材中心参加了考察。

◆3月14—16日，课程教材中心与WASC对北京大韩学校进行了联合中期考察。课程教材中心委派王桂珍代表课程教材中心参加了考察。

◆4月6日，课程教材中心委派高兰生对北京哈罗国际学校进行了资格考察。课程教材中心根据考察结果于4月11日函复该校受理其认证申请，并建议其向有关部门申请变更校名事宜。

◆4月16—22日，课程教材中心与CIS、WASC对大连美国国际学校进行了联合考察团考察。课程教材中心委派柯马凯代表课程教材中心参加了考察。

◆4月18—19日，课程教材中心与CIS、WASC对苏州德威英国国际学校进行了联合初步考察。课程教材中心委派高兰生和陈伟骏代表课程教材中心参加了考察。

◆5月9—12日，课程教材中心与CIS对北京哈罗英国国际学校进行了联合初步考察。课程教材中心委派王燕代表课程教材中心参加了考察。

◆5月18日，课程教材中心委派池铮铮和韩江萍对沈阳远见国际学校进行了资格考察。课程教材中心根据考察结果于6月17日函复该校受理其认证申请，并请其做好初步考察的准备工作。

◆5月26日，课程教材中心委派莫景祺和韩江萍对北京法国国际学校进行了资格考察。课程教材中心根据考察结果于6月17日函复该校受理其认证申请，并请其做好初步考察的准备工作。

◆6月2日，课程教材中心委派王燕和韩江萍对昆明国际学校进行了资格考察。课程教材中心根据考察结果于6月17日函复学校受理其认证申请，并请其做好初步考察的准备工作。

◆ 6 月 14—15 日，课程教材中心委派高兰生和何一鸣对上海瑞金国际学校进行了中期考察。

◆ 6 月 16—17 日，课程教材中心委派高兰生、禹明和崔建社对广州英国学校进行了初步考察。

◆ 6 月 30 日，课程教材中心在北京召开认证委员会会议，会议审议了考察团对北京德威英国国际学校、青岛 MTI 国际学校和大连美国国际学校的考察报告及认证结果的建议报告。认证委员会建议授予这三所学校“通过认证”。参加会议的认证委员会委员有：高兰生、王桂珍、杨金平、王燕、孙建荣、周俊业、柯马凯、池铮铮、汤姆·厄尔曼特、莫景祺。蔡盛泽和江彦桥发来了书面审阅意见。会议还邀请了部分认证咨询委员会委员列席了会议。列席认证委员会会议的认证咨询委员会委员有：梁永洪、刘永波、张向阳、徐永吉、陈跃等。韩江萍和刘辰宇列席了会议。

◆ 10 月 17—18 日，课程教材中心委派王燕和王桂珍对北京法国国际学校进行了初步考察。课程教材中心根据考察结果于 11 月 17 日函复学校，转送了考察团《北京法国国际学校初步考察报告》，并建议学校进入自评阶段。

◆ 11 月 4 日，课程教材中心、CIS、NEASC 和 WASC 在西安高新一中举行了四方会议。会议由课程教材中心主持。参加会议的有：高兰生、王燕、韩江萍、玛格丽特·阿尔瓦雷斯、米歇尔·波平乔克和玛丽莲·乔治。高新一中的校长介绍了学校的情况，并陪同大家参观了校园。会议主要讨论了以下问题：①四方分别回顾了过去一年的工作；②批准了 2010 年成都四方会议纪要；③学校认证的信息；④四方在中国文化背景下合作的价值；⑤当被认证的外籍人员子女学校发生危机时，认证机构如何处理；

⑥新政府法规使外籍人员子女学校面临的社会保险问题；⑦联合考察团报告的共同模板；⑧在2012年南京召开的ACAMIS会议上的四方联合培训问题；⑨2012年的四方会在南京召开，会议将由NEASC主持；⑩课程教材中心介绍了于2012年8月在北京即将召开的教育国际化研讨会的情况。

◆11月9日，课程教材中心委派陈伟骏和范丽娟对上海德威英国国际学校进行了特殊考察。

◆11月13—16日，课程教材中心与CIS、NEASC对北京顺义国际学校进行了联合考察团考察。此次考察是CIS/NEASC的5年中期考察，是课程教材中心5年周期的第三轮全面考察。课程教材中心委派王桂珍和杨金平代表课程教材中心参加了考察。

◆11月17—18日，课程教材中心委派池铮铮和崔建社对昆明国际学校进行了初步考察。

## 2012年

◆2月24日，课程教材中心组织召开外籍人员子女学校认证委员会会议。认证委员会审议了考察团对上海德威英国国际学校和北京顺义国际学校的考察报告以及认证结果的建议报告。认证委员会建议授予上海德威英国国际学校通过认证，授予北京顺义国际学校再次通过认证。参加会议的认证委员会委员有：高兰生、蔡盛泽、唐盛昌、王桂珍、杨金平、陈伟骏、王燕、孙建荣、周俊业、汤姆·厄尔曼特、莫景祺。韩江萍列席了会议。

◆3月11日，课程教材中心、CIS、NEASC和WASC在南京国际学校召开的ACAMIS会议上举办了联合培训会，来自在华外籍人员子女学校的管理者和教师近四十人参加了会议。参加会议的有：莫景祺、高兰生、王燕、玛格丽特·阿尔瓦雷斯、米歇尔·波平乔克和玛丽莲·乔治。

◆3月12日，课程教材中心、CIS、NEASC和WASC在南京国际学校举行了四方会议，四方分别回顾了过去一年的工作，并讨论了以下问题：①在任何形式的考察之前给考察人员标准化的信；②制订报告的标准版式；③提交报告的标准程序；④进展报告的问题；⑤后续程序的问题；⑥在ACAMIS会议上的联合培训问题；⑦进一步合作的内容，例如教育国际化问题；⑧下次会议的轮换和计划。会议由NEASC主持。参加会议的有：莫景祺、高兰生、王燕、玛格丽特·阿尔瓦雷斯、米歇尔·波平乔克和玛丽莲·乔治。

◆4月，经请示领导同意，开始组织专家对外籍人员子女学校认证文件（2008版）的修订工作。这些文件包括：《认证章程》（中英文版）、《中国背景标准》（英文版）、《认证标准》（英文版）、《学校自评》（英文版）、《认证考察》（英文版）、《外籍人员子女学校相关法律法规汇编》（中英文版）、《认证办公室工作规范》（中文版）。

◆4月21—27日，课程教材中心与CIS、WASC对广州裕达隆国际学校进行了联合考察团考察。课程教材中心委派王桂珍和达婉中代表课程教材中心参加了考察。

◆4月22—26日，课程教材中心与WASC对昆明国际学校进行了联合考察团考察。课程教材中心委派孙建荣和阙宜代表课程教材中心参加了考察。

◆6月11日，课程教材中心组织召开外籍人员子女学校认证委员会会议。认证委员会审议了考察团对广州裕达隆国际学校和昆明国际学校的考察报告以及认证结果的建议报告。认证委员会建议分别授予广州裕达隆国际学校和昆明国际学校带条件通过认证。参加会议的认证委员会委员有高兰生、蔡盛泽、王桂珍、杨金平、王燕、孙建荣、周俊业、池铮铮、汤姆·厄尔曼特、莫景祺。韩江萍列席了会议。

◆ 9月28日，课程教材中心向澳门科技大学发函，拟邀请该校孙建荣教授以考察团副团长身份参加对苏州德威英国国际学校的考察，请该校予以支持。

◆ 10月13—19日，课程教材中心与CIS、WASC对苏州德威英国国际学校进行了联合考察团考察。课程教材中心委派孙建荣和苏杭代表课程教材中心参加了考察。

◆ 10月15—16日，课程教材中心对沈阳远见国际学校进行了初步考察。课程教材中心委派王燕和孟学军代表课程教材中心参加了考察。

◆ 10月22—26日，课程教材中心与CIS、NEASC对南京国际学校进行了联合考察团考察。课程教材中心委派董正璟和陈伟骏代表课程教材中心参加了考察。陈伟骏因故未到。

◆ 11月17—23日，课程教材中心与CIS、WASC对增城誉德莱国际学校进行了联合考察团考察。课程教材中心委派苏杭和范亚娟代表课程教材中心参加了考察。

◆ 11月18日，课程教材中心与NEASC在上海耀中国际学校举办联合培训会，培训CIS/NEASC国际学校认证标准第8版和中国背景标准。来自在华外籍人员子女学校的近五十位管理者和教师参加了会议。课程教材中心选派莫景祺、韩江萍、高兰生、唐盛昌、王燕、王桂珍、池铮铮和张蕾参加了会议。

◆ 11月20—22日，课程教材中心与CIS、NEASC对苏州新加坡国际学校进行了联合考察团考察。此次考察是CIS/NEASC的5年中期考察，是课程教材中心5年周期的全面考察。课程教材中心委派王燕代表课程教材中心参加了考察。

◆ 11 月 28—29 日，课程教材中心受江苏省教育厅的委托，委派韩江萍、高兰生和池铮铮对南京伊顿国际学校的办学资质进行了考察。随后，课程教材中心向江苏省教育厅转送了考察小组的《南京伊顿国际学校办学资质考察报告》。

# 附录二：在华国际学校发展概况

国际学校是为全球流动人口的子女提供教育服务的学校。从世界范围来看，国际学校是全球化的产物，融入全球化的国家和地区几乎都有国际学校。在华国际学校（教育行政部门称为“外籍人员子女学校”）是中国改革开放的产物，是随着中国改革开放后国际交往的日益频繁，在中国境内合法设立的外国机构、外资企业、国际组织的驻华机构的数量不断增加，在中国工作和居住的外籍人员逐年增多，外籍人员子女在中国境内接受教育的需求逐年增强而出现的。在华国际学校的办学主体为在中国境内合法设立的外国机构和合法居留的外国人，设立的审批权为国务院教育行政部门①，招生对象为在中国境内持有居留证件的外籍人员子女，管理体制实行董事会领导下的校长负责制，学校对课程设置和教材的选择有很大的自主权。这类学校的办学主要为英美模式，有的选用国际文凭组织的课程，有的选用美国课程，有的选用英国课程，有的国别学校如日本人学校、法国学校等则使用本国课

---

① 根据国务院2012年9月23日发布的《国务院关于第六批取消和调整行政审批项目的决定》（国发〔2012〕52号），设立在华外籍人员子女学校的审批权已下放省级人民政府教育行政部门。

程。学校校长和教师的主体为外籍人员，学校中的中方员工则占少数。

在华国际学校最早出现在20世纪80年代中期。1995年以前，经各地政府部门批准开办的在华国际学校有9所（北京3所、天津1所、上海2所、大连1所、广州2所），正在筹建的有8所①。1995年，国家教委发布了《关于外籍人员子女学校设立的暂行管理办法》，进一步规范了此类学校设立的审批和管理，明确了对此类学校设立的审批权为国家教委，对此前经地方政府部门审批设立的在华国际学校要经国家教委重新登记审批。《关于外籍人员子女学校设立的暂行管理办法》的颁布，极大地促进了在华国际学校的发展，在华国际学校的数量迅速增长。1995年经国家教委（1998年后为教育部）审批设立的在华国际学校为3所，2000年增至49所，2005年增至86所，2010年增至102所，2012年增至116所。今后，设立“在华国际学校”的审批权已下放省级人民政府教育行政部门。截至2012年11月21日，经国务院教育行政部门批准设立的“在华国际学校”共116所。

## 教育部公布经批准设立的外籍人员子女学校名单②

### 北京市

1. 北京协力国际学校（1996年5月7日）

① 教育部档案：有关“国际学校”的资料. 98—1995—Y—394.0004，第71页。

② 中华人民共和国教育部教育涉外监管信息网：http://www.jsj.edu.cn/index.php/default/news/index/24，2013年8月13日。

2. 北京蒙台梭利国际幼儿园（1996 年 6 月 11 日）

3. 北京京西学校（1996 年 6 月 11 日）

4. 北京 BISS 国际学校（1996 年 6 月 11 日）

5. 北京耀中国际学校（1996 年 6 月 11 日）

6. 北京韩国幼儿园（1996 年 12 月 19 日，1998 年 8 月 1 日更名为北京韩国国际学校，2000 年 12 月 19 日批准增设高中部）①

7. 北京顺义国际学校（1997 年 12 月 29 日）

8. 北京大韩学校（1998 年 5 月 28 日）

9. 北京龙学国际学校（2000 年 2 月 24 日）

10. 北京乔治布朗国际幼儿园（2002 年 1 月 21 日，2002 年 7 月 18 日更名为北京巧智博仁国际幼儿园）

11. 北京中关村国际学校（2003 年 5 月 30 日）

12. 北京依顿国际幼儿园（2003 年 7 月 17 日）

13. 北京英国学校（2003 年 7 月 28 日）

14. 北京德威英国国际学校（2004 年 1 月 16 日）

15. 北京澳大利亚国际学校（2004 年 6 月 3 日）

16. 北京哈罗英国学校（2005 年 6 月 7 日）

17. 北京瑞金英国学校（2005 年 6 月 12 日）

18. 北京三弈国际幼儿园（2005 年 10 月 3 日）

19. 北京加拿大国际学校（2006 年 7 月 28 日）

20. 北京法国国际学校（2007 年 1 月 23 日）

## 上海市

1. 上海德国学校（1995 年 7 月 31 日）

---

① 括号内为教育部批准办学时间。

2. 上海法国学校（1996 年 3 月 29 日）

3. 上海美丘第一幼儿园（1996 年 4 月 8 日）

4. 上海奥伊斯嘉日本语幼儿园（1996 年 4 月 8 日）

5. 上海新加坡国际学校（1996 年 7 月 24 日）

6. 上海长宁国际学校（1996 年 11 月 5 日）

7. 上海虹桥幼儿园（1997 年 7 月 7 日，2002 年 12 月 24 日更名为上海虹桥国际学校）

8. 上海泰宁国际幼儿园（1998 年 3 月 25 日）

9. 上海协和国际学校（1998 年 7 月 30 日）

10. 上海恩吉尔幼儿园（1998 年 10 月 27 日）

11. 上海韩国学校（1999 年 10 月 27 日，2006 年 6 月 2 日批准增设高中部）

12. 上海东进日本人幼儿园（2000 年 2 月 4 日）

13. 幼儿天地国际幼儿园（2000 年 5 月 23 日，2007 年 4 月 30 日终止）

14. 上海英国学校（2002 年 3 月 6 日）

15. 上海李文斯顿美国学校（2002 年 7 月 1 日）

16. 上海瑞金国际学校（2002 年 11 月 25 日）

17. 上海德威英国国际学校（2003 年 8 月 11 日）

18. 上海西华国际学校（2004 年 7 月 28 日）

19. 上海耀中国际学校（2009 年 2 月 9 日）

20. 上海日本人国际学校（2010 年 7 月 26 日）

21. 上海不列颠英国学校（2012 年 8 月 29 日）

## 天津市

1. 天津日本人补习学校（1998 年 5 月 12 日，1999 年 10 月 19

日更名为天津日本人学校）

2. 天津 MTI 国际学校（1999 年 1 月 28 日）

3. 天津爱华幼儿园（1999 年 11 月 15 日）

4. 幼儿天地国际幼儿园（2000 年 2 月 14 日）

5. 天津瑞金国际学校（2000 年 3 月 21 日）

6. 天津韩国国际学校（2000 年 5 月 23 日）

7. 天津世源幼儿园（2005 年 3 月 30 日）

8. 天津韩国星国幼儿园（2005 年 10 月 4 日）

9. 天津英思立国际学校（2009 年 2 月 1 日，2009 年 10 月 13 日更名为天津惠灵顿国际学校）

10. 天津杰美司国际学校（2011 年 8 月 9 日）

## 重庆市

重庆耀中国际学校（2001 年 8 月 23 日）

## 河北省

沧州振华韩国国际学校（2002 年 1 月 21 日）

## 广东省

1. 广州日本人学校（1995 年 6 月 13 日）

2. 广州恩慧学校（1996 年 4 月 15 日）

3. 广州美国人国际学校（1996 年 8 月 27 日）

4. 广州奥伊斯嘉日本语幼儿园（1997 年 7 月 7 日）

5. 广东蛇口国际学校（1997 年 11 月 25 日）

6. 广州裕达隆国际学校（1998 年 7 月 14 日，2012 年 6 月 8 日更名为广州誉德莱国际学校）

7. 珠海科爱赛国际学校（2000 年 6 月 20 日）

8. 蛇口科爱赛国际学校（2002 年 12 月 3 日）

9. 中海壳牌石油化工有限公司国际学校（2002 年 12 月 14 日）

10. 广州南湖国际学校（2003 年 3 月 31 日）

11. 深圳韩国国际学校（2004 年 11 月 20 日）

12. 深圳深美国际学校（2005 年 5 月 16 日）

13. 增城裕达隆国际学校（2005 年 8 月 4 日，2012 年 6 月 8 日更名为增城誉德莱国际学校）

14. 广州英国学校（2005 年 8 月 31 日）

15. 深圳日本人学校（2008 年 4 月 23 日）

16. 深圳南山国际学校（2009 年 10 月 22 日）

17. 珠海国际学校（2012 年 7 月 25 日）

18. 东莞文盛国际学校（2012 年 11 月 21 日）

## 江苏省

1. 无锡新区国际学校（1995 年 8 月 24 日）

2. 南京国际学校（1996 年 3 月 29 日）

3. 苏州新加坡国际学校（1996 年 6 月 5 日）

4. 太湖国际学校（2000 年 1 月 17 日）

5. 苏州依顿国际学校（2004 年 2 月 11 日）

6. 苏州日本人学校（2005 年 2 月 28 日）

7. 无锡韩国人学校（2006 年 9 月 21 日）

8. 苏州德威英国国际学校（2007 年 4 月 7 日）

9. 南京英国学校（2010 年 10 月 26 日）

10. 无锡伊顿国际学校（2011 年 5 月 3 日）

## 山东省

1. 青岛 MTI 国际学校（1996 年 9 月 18 日）
2. 青岛国际学校（1998 年 9 月 3 日）
3. 济南国际学校（1999 年 9 月 9 日）
4. 烟台韩国学校（2001 年 12 月 4 日）
5. 青岛韩国国际学校（2004 年 7 月 28 日）
6. 青岛悦华韩国学校（2005 年 2 月 24 日）
7. 青岛日本人学校（2005 年 4 月 1 日）
8. 威海中世韩国国际学校（2006 年 8 月 30 日）
9. 青岛未来韩国国际幼儿园（2006 年 10 月 30 日）
10. 青岛青云国际学校（2008 年 5 月 21 日）
11. 青岛耀中国际学校（2010 年 12 月 17 日）
12. 青岛美亚国际学校（2011 年 7 月 12 日）

## 福建省

1. 厦门国际学校（1997 年 8 月 1 日）
2. 岷厦国际学校（1998 年 7 月 21 日）
3. 福州国际学校（2000 年 10 月 20 日）

## 吉林省

1. 延边外籍人员子女学校（1998 年 5 月 6 日）
2. 长春美国国际学校（2007 年 7 月 4 日）

## 陕西省

1. 西安国际学校（1999 年 4 月 19 日）

2. 西安嘉惠国际学校（2006 年 2 月 24 日）

## 辽宁省

1. 大连日本人学校（2000 年 5 月 23 日）
2. 大连韩国国际学校（2004 年 8 月 30 日）
3. 大连美国国际学校（2004 年 10 月 26 日）
4. 大连枫叶外籍人员子女学校（2005 年 8 月 31 日）
5. 沈阳韩国国际学校（2008 年 3 月 24 日）
6. 沈阳远见国际学校（2010 年 6 月 28 日）

## 云南省

昆明国际学校（2003 年 5 月 22 日）

## 浙江省

1. 杭州国际学校（2004 年 7 月 28 日）
2. 杭州日本人学校（2008 年 4 月 23 日）

## 湖北省

1. 武汉国际文法学校（2004 年 11 月 20 日）
2. 武汉长江国际学校（2011 年 1 月 13 日）

## 湖南省

长沙玮希国际学校（2010 年 10 月 26 日）

## 青海省

西宁外籍人员子女学校（2000 年 2 月 17 日）

## 四川省

1. 成都爱思瑟国际学校（2009 年 7 月 3 日）
2. 四川乐盟国际学校（2011 年 12 月 21 日）

## 江西省

南昌国际学校（2011 年 2 月 18 日）

# 后 记

本书是基于课程教材中心在华国际学校认证实践写成的。我想以在华国际学校认证制度的基本框架为纲，通过介绍在华国际学校认证的基本理念和实施方法，对建立和完善我国的学校评估制度和学校教育质量保障机制有所启发和借鉴。

本书虽由我一人执笔完成，但从一定意义上讲是集体智慧的结晶。自2000年开展在华国际学校认证工作以来，来自我国教育行政部门、国外学校认证机构（CIS、NEASC、WASC）、在华国际学校、课程教材中心等利益相关主体的代表和专家围绕在华国际学校认证制度的建立和完善进行了充分的互动，在实践中有许多创新，并积累了生动、丰富的经验。这是本书的源泉和基础。我作为本书的作者要感谢为建立和完善在华国际学校认证制度做出贡献的所有人员。我在这里要特别感谢参与课程教材中心在华国际学校认证工作的专家团队，专家们将在华国际学校认证工作作为一项事业，在实践中认真工作、深入研究，不断提出创新性的意见和建议。这些制度化的意见和建议成为了本书的重要内容。

在写作过程中，一些国外朋友曾经提供的相关资料使我受益匪浅，在此对他们表示衷心的感谢。他们是：国际学校协会

(CIS) 的戴维·斯泰因和玛格丽特·阿尔瓦雷斯；北美新英格兰院校协会（NEASC）的伊娃·坎派茨和米歇尔·波平乔克；美国西部院校协会（WASC）的玛丽莲·乔治。我还要特别感谢高兰生和韩江萍。高兰生曾阅读过本书的初稿和最后一稿，并提出了许多建议性意见。我的同事韩江萍长期负责在华国际学校认证工作的具体实施，本书也饱含着她的智慧和心血。本书成稿后，她还帮助我对相关史实进行了核实。我还要感谢徐岩。她作为我的老领导曾经鼓励我总结在华国际学校认证的经验和做法。她阅读了本书最后一稿，给予了许多鼓励和指点。

衷心感谢人民教育出版社的领导和同志们。郭戈对本书的编写出版给予了持续关心和大力支持，刘立德对书稿的修改给予了热情帮助和指导，朱珊、诸惠芳、刘捷、杨帅对本书提出了许多宝贵意见，为本书的编辑出版付出了辛勤汗水。

莫景祺
2014 年 12 月